¡No te compares!

Aprende a vivir *libre* de la tiranía del yo y del mundo obsesionado con la competencia

SHANNON POPKIN

EDITORIAL
PORTAVOZ

Título del original: *Comparison Girl: Lessons from Jesus on Me-Free Living in a Measure-Up World*, © 2020 por Shannon Popkin y publicado por Kregel Publications, una división de Kregel Inc., 2450 Oak Industrial Dr. NE, Grand Rapids, MI 49505, U.S.A. Todos los derechos reservados. Traducido con permiso.

Edición en castellano: *¡No te compares!* © 2020 por Editorial Portavoz, filial de Kregel Inc., Grand Rapids, Michigan 49505. Todos los derechos reservados.

Traducción: Nohra Bernal

Las personas e historias retratadas en este libro se utilizan con permiso. Para proteger la privacidad de estos individuos, se han cambiado algunos nombres y detalles de sus historias.

Se insta a la lectora que se encuentra en una relación abusiva a buscar el consejo de un pastor u otra persona de confianza, especialmente antes de tomar decisiones drásticas en un intento por practicar el mensaje de este libro de "ser libre". Este libro no pretende reemplazar la atención profesional.

Las cursivas en los versículos bíblicos son énfasis de la autora.

EDITORIAL PORTAVOZ
2450 Oak Industrial Drive NE
Grand Rapids, Michigan 49505 USA
Visítenos en: www.portavoz.com

ISBN 978-0-8254-5956-6 (rústica)
ISBN 978-0-8254-6893-3 (Kindle)
ISBN 978-0-8254-7740-9 (epub)

3 4 5 edición / año 29 28 27 26 25

Impreso en los Estados Unidos de América
Printed in the United States of America

A mis tres hijos: Lindsay, Cole y Cade.
Que siempre encuentren la confianza, la libertad y el gozo de vivir
en la entrega y no en la comparación.

Libros escritos por Shannon Popkin

____

¡No seas una mujer controladora!

¡No te compares!

¡No te compares! para chicas

Moldeada por las promesas de Dios

Contenido

Reconocimientos

Ken, gracias por animarme a entregar hasta la última gota que exigió escribir este libro. Escribirlo no habría sido posible sin tu amor y tu apoyo. Estoy muy agradecida por tenerte a mi lado, por la manera en que me haces reír, por ayudarme a mantenerme concentrada en nuestras metas del reino y por compartir el tesoro de la vida. Eres un regalo inmenso para mí.

Lindsay, tu fidelidad a Jesús y tu confianza en Él en tu vida de estudiante universitaria me llena de alegría más de lo que puedo expresar. Cole, celebro contigo todo lo que Dios ha hecho y estoy muy orgullosa de ti. Cade, observarte servir a otros con tu música, tus palabras y tu sentido del humor me llena de gozo. A veces alguno de ustedes se acerca a preguntarme si tengo lágrimas en mis ojos y cómo es posible que me ponga a llorar. Con frecuencia esta es la razón: Verlos a ustedes tres navegar por la vida y lanzarse a la aventura de entregar sus dones al mundo en actitud de adoración a Dios produce en mí un gozo inefable. Las lágrimas son la única manera que tengo para expresarlo.

Mamá y papá, gracias por ser obreros de la viña de las 6:00 de la mañana (Mateo 20) que me enseñaron el gozo y el honor de servir a Jesús. Su amor por el Señor fue el fundamento para el mío. Gracias por amar a nuestros hijos, por invertir en todos nosotros y por servir un "banquete" cada noche, semana tras semana. Estoy infinitamente agradecida por ustedes dos.

Raquel Norton, Jamie Brauns, Jackie VanDyke y Kristi Huseby, ustedes son verdaderas amigas que me inspiran a seguir a Jesús sin reservas. Gracias por invertir en mí, por compartir juntas la vida y por recordarme siempre aquello que es verdad.

Guerreras de oración "Prayeriors", este libro no sería posible sin sus oraciones. Gracias por su compromiso de servir juntamente conmigo de esta manera. Un agradecimiento especial a Ruth, a la tía Jo, a Pearl, a Karen y a Bonnie por todas las notas, los textos y los versículos de ánimo. Saber que ustedes oran me anima más de lo que se imaginan.

Pearl Allard y Erika VanHaitsma, ¡ustedes son las mejores asistentes que alguien podría desear! Gracias por apoyarme con tanta excelencia y gozo. Un agradecimiento especial para Johanna Froese (¡y a la mano de Pearl!) por la imagen de la cubierta de este libro.

Vivian Mabuni, Kate Motaung, Lee Nienhuis, Katie Reid y Brenda Yoder. Gracias por su ministerio conjunto con las palabras. Su sabiduría colectiva ha sido un gran regalo para mí. Grinklings, gracias por orar por mí, por enriquecerme con sus ideas y por brindarme su aliento.

¡Gracias al equipo de Kregel por invertir en mí y hacer un esfuerzo adicional en este proyecto! Janyre y Sarah, ustedes son editoras con "e" mayúscula. Gracias a Catherine, Steve, Katherine, Joel y a todas las otras manos que remaron en la misma dirección. Que el Señor se agrade con su labor. Gracias también a Pablo Genzink por su excelente trabajo de camarógrafo. Convertiste unos comentarios y un recinto lleno de amigas en un poderoso recurso para el estudio bíblico.

Y al Señor Jesús, que se hizo pequeño y se entregó a sí mismo a fin de librarme del desvío hacia la destrucción, *gracias*. He amado aprender el sonido de tu voz con el estudio de las páginas de tu Palabra. Gracias por el privilegio de comunicar a mis amigas estos pensamientos acerca de ti.

Cómo llegas a obsesionarte
con la comparación

He oído que tu recuerdo más temprano revela algo acerca de lo que es importante para ti. El mío tuvo lugar en la iglesia cuando tenía alrededor de cuatro años. Estábamos en el área del balcón y me habían dejado sentarme sola en una fila más adelante de mis padres, a un lado. Recuerdo que me sentía grande, sosteniendo mi himnario en alto y cantando con gran satisfacción. Entonces vino una interrupción.

Me sorprendió una mujer detrás de mí que se inclinó para ayudarme a voltear mi himnario (que a *ella* le pareció que estaba al revés). Cuando lo puso de nuevo en mis manos, yo fruncí el ceño. La mujer y sus amigas bajaron la vista con miradas amables pero altivas, y no me gustó. Para nada.

Enseguida me enderecé con mi cabeza en alto y volteé mi himnario a la posición original. Así es como me *gusta* sostener mi himnario, muchas gracias. Ya está.

Desde pequeña he detestado esos momentos en los que mis errores quedan penosamente en evidencia. Detesto quedar expuesta o que me miren despectivamente. Prefiero que el mundo entero me vea como una aparición resplandeciente de perfección, como alguien sin defecto. Incluso cuando mis carencias son naturales (como no poder leer a los cuatro años), mi corazón se inclina al perfeccionismo, la independencia y el orgullo.

Como podrás imaginar, esta tendencia no me ha traído gran libertad y gozo. En lugar de eso, ha producido un gran temor de lo que piensan los demás y al qué dirán, un afán por demostrar que valgo y dar la talla, y un gran temor a que la gente descubra mis faltas.

11

Estos miedos, afanes y temores me convirtieron en una mujer obsesionada con la comparación.

SENTIRSE MENOS

Darla era una de mis amigas más queridas de la universidad. Teníamos mucho en común; nos reíamos por dondequiera que fuéramos. Sin embargo, existía una categoría en la que yo me sentía muy inferior a Darla: las citas amorosas.

Darla tenía novios en serie. Si arrojaba a un joven al fondo del mar, en menos de una semana ya tenía una nueva "pesca". Yo, en cambio, tenía mucho menos experiencia en las citas amorosas. De vez en cuando, algún joven me invitaba a salir y rara vez florecía una relación que duraba poco. Mientras que el calendario de citas de Darla tenía pocos días disponibles, el mío tenía muy pocos días ocupados.

Nunca hablamos de ello. Nunca le dije a Darla: "¿Por qué atraes más a los muchachos que yo?". Pero yo me lo preguntaba. ¿Era más bonita que yo? ¿Era más entretenida su conversación? ¿Era más encantadora su personalidad?

Yo no permitía que esas preocupaciones afloraran mucho a la superficie. Quería a mi amiga y no quería sentir celos de ella, de manera que oculté mis comparaciones internas. ¡*Definitivamente* yo no habría querido que mis fracasos sentimentales (especialmente comparados con Darla) salieran a relucir en público! Pero eso fue exactamente lo que sucedió.

Un día, Darla y yo estábamos con un grupo de estudiantes en el apartamento de alguien, cuando se decidió que sería divertido jugar el juego de "Cuánto conoces a la persona con quien sales". Para jugarlo, varios novios del grupo se fueron a la cocina para anotar las respuestas a algunas preguntas, mientras sus novias esperaban en la sala. Cuando los muchachos regresaban, si las respuestas de las mujeres coincidían con las de sus novios, ganaban puntos.

No había suficientes parejas, de modo que Darla y yo acordamos jugar como compañeras de habitación. Ella fue a la cocina y yo me quedé en la sala. Sonreí cuando Darla regresó junto con aquellos novios corpulentos, cada uno con un montón de tarjetas con las respuestas.

Solo recuerdo una pregunta de ese juego, que me dejó el ánimo por el piso. La pregunta fue: "¿Con qué frecuencia sales con alguien?". Estas eran mis opciones:

A. Al menos una vez por semana
B. Una semana sí y otra no
C. Una vez al mes
D. Menos de una vez al mes

¿Con cuánta frecuencia salgo con un muchacho? ¡Prácticamente nunca! D era la respuesta obvia. ¡Pero yo no pensaba revelar *esa* información en un recinto lleno de muchachos con quienes yo *quería* salir! Me aterraba la idea de ganarme la fama de "la muchacha a la que nunca invitan a salir".

Tenía pocos segundos para preparar mi respuesta y el raciocinio que rondaba en mi cabeza era algo así como: "Está bien, el año pasado salí con uno, dos... tres muchachos, creo. Y con cada uno tuve alrededor de... veamos... ¿unas cuatro o cinco citas? Es decir, unas quince citas. Más o menos. Digamos que quince. De modo que, si se divide quince por doce, eso es más de una cita al mes. En promedio. De modo que se puede decir que salgo con muchachos más de una vez al mes...".

"B" —respondí confiada—. Una semana sí y otra no.

De inmediato, Darla puso cara de desconcierto. Era su turno de voltear la tarjeta en sus manos y descubrir la respuesta, pero no lo hizo. Se quedó ahí parada entre todos esos novios, con una mirada inquisitiva.

De repente, mi corazón se llenó de temor. Por pensar únicamente en la impresión que tendrían otros de mí, no había tenido en cuenta que Darla no conocía mi juego secreto de multiplicación-racionalización. En el tono característico que se usa para corregir a un niño pequeño que miente, ella dijo: "Shan...". Era evidente que nuestras respuestas no coincidían. Fue tan evidente que me arriesgaba a ser llamada "la muchacha a la que nunca invitan a salir pero finge que sí". Fue una verdadera tortura.

Los otros esperaron en silencio, intercambiando miradas entre Darla y yo mientras nosotras nos mirábamos fijamente. Podía adivinar por su expresión de ruego que ella hubiera deseado que yo cambiara mi respuesta, ¡pero eso sería una tortura peor! Quedar catalogada, en público, como "la muchacha a la que nunca invitan a salir pero finge que sí y luego lo confiesa", era demasiado vergonzoso. No fui capaz.

Después de esperar lo máximo posible, Darla levantó la tarjeta que revelaba la verdad.

"D. Menos de una vez al mes".

Fue un momento indignante para mí. Un grupo completo de mis compañeros había sido testigo de mi intento flagrante de exagerar mi historia de citas amorosas, para luego verla encogerse a su verdadera dimensión.

Durante muchos, muchos años, no hablé acerca del suceso. Ni siquiera con Darla. Solo cuando relataba anécdotas de mi vida universitaria para mi hija (que asiste a la misma universidad), pude al fin hablar del tema y reírme de cómo mi vida sentimental quedó al descubierto. Mi hija rio, abrió los ojos y dijo: "Mamá, ¡eso es *horrible*!".

Estoy de acuerdo. ¡Fue horrible!

El desprecio por nuestra deficiencia

¿Has tratado de ocultar una verdad acerca de ti? ¿Tienes recuerdos de décadas sepultadas en la vergüenza, de las cuales no has podido hablar con nadie? ¿Has estirado la verdad como una banda elástica para lucir mejor, para luego sentir el azote en tu cara cuando se devuelve?

Hay algo en nosotras que desprecia nuestra propia deficiencia. Detestamos que se nos considere "menos". Ansiamos ser aceptadas y admiradas. No ignoradas ni excluidas. ¡Queremos dar la talla! Y por ello caemos en el hábito de mirar a lado y lado para compararnos con otros.

¿Has visto esas cintas de medición laser que emiten una fina luz roja y dan medidas instantáneas? Cuando yo era adolescente y joven, mi mente era como una cinta de medir que nunca se apagaba. Dondequiera que iba, tomaba medidas y me preguntaba cómo me encontraba yo comparada con otros. Me obsesionaban preguntas como:

¿Qué piensa él de mí?

¿Cómo me veo?

¿Soy tan bonita como ella?

¿Sonó tonto lo que dije?

Yo no hablaba abiertamente de mis inseguridades. Estoy segura de que muchas de mis compañeras pensaban que yo era una persona confiada y fuerte, pero en lo oculto de mi corazón, me comparaba constantemente con otros. Ansiaba saber lo que los demás pensaban de mí. Saber cómo me medían *los demás*. Saber cómo estaba yo en comparación con otros.

Cuando alguien me halagaba, yo consideraba el gesto como oro puro. Guardaba cuidadosamente cada halago en los archivos de mi mente y regresaba a mis archivos con frecuencia para asegurarme de yo no era un completo fracaso.

Asimismo, aprendí intuitivamente a usar la comparación para suprimir mi inseguridad con orgullo. Me proponía encontrar una mujer que, de alguna manera, *no estuviera a mi altura*. Tal vez no era tan lista o popular. O no era tan bonita. Yo me consolaba pensando: *Al menos soy mejor que ella*. Me decía a mí misma que eso era practicar la gratitud, cuando en realidad estaba alimentando el orgullo.

Sentirse lo máximo

Un día, cuando era una maestra joven, la directora de la escuela me llamó aparte y me dijo: "Shannon, quiero que sepas que, de todos los maestros de la escuela, *tú eres* a quien más han valorado los padres. Eres la más solicitada para ser la maestra de sus hijos. ¡Sigue adelante con tu buen trabajo!". Mi corazón casi estalla de orgullo.

¡Me valoraban! ¡Era *más* solicitada que los demás! Tuve la humildad de reservarme esta información, pero en los meses siguientes, cada vez que cometía un error o que alguien cuestionaba mi trabajo, yo me consolaba con el recuerdo de aquel elogio de la directora. Recordaba sus palabras exactas y las usaba para disipar la inseguridad. Y los meses se convirtieron en años.

Me avergüenza pensar en cuántas veces repasé esas palabras. Años después, cuando esos padres recordaban a qué maestra pedían para su hijo tanto como recordaban el lugar donde habían estacionado su auto el primer día escolar, yo seguía aferrada al recuerdo desgastado de este elogio caducado, como Linus a su manta de seguridad. *Fuiste la más solicitada ese año*, me repetía a mí misma. *¡La más solicitada!*

Me da pena contarte esto. Casi me revuelve el estómago. Aún más difícil es reconocer que la comparación todavía me atormenta. Todavía me preocupa más lo que las personas piensan que lo que Dios piensa. Y todavía busco instintivamente extinguir mi inseguridad con los halagos que me han hecho. Tan pronto como este libro salga, estoy segura de que me sentiré tentada a obsesionarme con los comentarios y las clasificaciones en Amazon.

A propósito, las redes sociales tampoco me ayudan en esto. Siento mucha compasión por los muchachos de hoy que crecen rodeados de información instantánea con la cual medirse con otros. Ni siquiera tienen que preguntarse qué piensan los demás. La prueba son Instagram y Snapchat.

Siento compasión también por los adultos. Ya superamos la etapa de compararnos con otras mujeres en nuestro salón de clases en la escuela. Ahora tenemos las redes sociales que nos bombardean con millones de mujeres al mismo tiempo, dándonos evidencia tangible con la cual medirnos. Quién toma vacaciones mejores que nosotras. Quién invierte más tiempo en manualidades y salidas con sus hijos. Quién tiene la casa más organizada y moderna. Qué hijo en la secundaria posa para selfies con la mamá, mientras el mío me exige, en eventos sociales, mantenerme tan lejos como un campo de fútbol.

He aprendido que la comparación es como una droga. Cuanto más nos comparamos, más queremos compararnos. Constatar si damos la talla se convierte en una obsesión. Con los teléfonos siempre en mano, es prácticamente imposible pasar una tarde sin revisar nuestro récord de vistas, me gusta y comentarios.

La comparación tampoco es algo que mantengamos aislado de lo demás. Es algo que penetra cada área de nuestra vida y nos persigue en cada etapa. Comparamos desde cuando éramos madres jóvenes hasta que somos abuelas, desde que éramos nuevas en un trabajo hasta que nos jubilamos, desde que éramos recién casadas hasta que celebramos el aniversario cincuenta. Sencillamente no podemos dejar de hacer esto que nos roba el gozo, que agota nuestro sentido de valía personal, que nos frena. No podemos parar de jugar "el juego de la comparación".

¿Es realmente un juego?

Es irónico que llamemos la comparación un juego, porque estoy segura de que Satanás la considera una estrategia de guerra que usa en nuestra contra. Permíteme explicar por qué lo digo. La comparación produce dos resultados. A veces nos comparamos y nos consideramos superiores, lo cual conduce a:

- orgullo
- egocentrismo
- obsesión con las metas
- perfeccionismo
- juicio y crítica
- arrogancia exagerada
- obsesión con el logro

Otras veces, nos comparamos y nos consideramos inferiores, lo cual conduce a:

- humillación
- complejos
- temores obsesivos
- resignación
- inseguridad
- sentimiento de indignidad
- vergüenza
- autodesprecio
- celos

Yo no quiero caracterizarme por ninguna de estas cosas y supongo que tú tampoco. Son vicios verdaderamente feos de los cuales preferiríamos librarnos. Nos mantienen cautivas, a veces por décadas, lo cual es precisamente lo que Satanás quiere. La comparación no es un juego; es un ataque. Y, si hemos de escapar de ella, tenemos que reconocer nuestras ideas equivocadas y el hecho de que el enemigo nos impulsa a creerlas.

Siempre que escuches una voz que diga: "Mira, esa mujer es mucho más delgada que tú", recuerda que no es Jesús quien habla, sino tu enemigo. Y cuando oigas una voz que dice: "Fíjate, ella no tiene ni idea de cómo vestirse", recuerda que no es Jesús quien habla, sino tu enemigo.

El Rey Jesús

Tal vez hayas oído la famosa cita atribuida al presidente Theodore Roosevelt: "La comparación es el ladrón del gozo". Y, si te pareces a mí, esperas que las Escrituras respalden esta idea. Pero no es así. De hecho, con frecuencia veo que Jesús nos invita a comparar. ¿Te parece difícil creerlo?

Cuando Jesús vino y anduvo en sandalias por caminos polvorientos y compartió nuestras comidas, nuestras historias y nuestro dolor, Él encontró mujeres obsesionadas con la comparación, mujeres llenas de celos, arrogancia, complacencia y vergüenza como nosotras. Aun así, Jesús no les enseñó a renunciar a toda comparación. Antes bien, muchas de sus lecciones incluyeron comparaciones explicativas. Piensa en las historias que Jesús contó sobre el buen samaritano, el fariseo y el cobrador de impuestos, y los edificadores sabios y necios.

Jesús también comparó a las personas en la vida real. Como cuando una viuda ofrendó un par de monedas insignificantes y Jesús dijo que ella había dado más que los demás. O cuando Marta protestó porque su hermana no ayudaba en la cocina y Jesús dijo que María había escogido la mejor parte. Jesús usó constantemente comparaciones e historias acerca de la comparación para enseñar una manera diferente de ver las cosas.

En el mundo existe una manera particular de sopesar las cosas. Existe un sistema establecido que funciona de la siguiente manera: Si quieres ser alguien a los ojos del mundo, tienes que superar a alguien más. Si quieres recibir honra, tienes que buscar tener la delantera. Si quieres ser importante, tienes que demostrar que tienes más y que eres más. En pocas palabras, tienes que dar la talla. Y, por la manera en que todas nos enredamos tratando de lograrlo, es evidente que hemos tomado nota y acatado la orden. Sin embargo, déjame decirte lo que pasamos por alto.

Este mundo lleno de medidas, junto con el que mide, Satanás, son dos grandes enemigos de Dios. Por cuenta de su enemistad contra

Dios, estos dos enemigos me tientan a vivir conforme a las reglas del mundo, a sus juegos y sus trucos. Y existe un enemigo más: el yo. Porque mientras el mundo y el diablo me incitan a "jugar el juego de la comparación", mi realidad es esta: ¡Yo quiero jugar! Yo quiero ser celosa. Yo quiero ser la primera. Yo quiero protestar cuando alguien lleva la delantera. Con todo, cuando cedo a mi deseo pecaminoso de dar la talla, me vuelvo partícipe de un sistema mundano gobernado por un tirano malvado que quiere destruirme.

Un día, muy pronto, Jesús regresará para establecer su reino y en aquel día todo cambiará. Todo el mundo va a reestructurarse bajo el reinado del Rey Jesús. Muchos que son ignorados, despreciados o considerados "últimos" en esta vida, serán los principales en la vida venidera.

Jesús nos invita a vivir ahora de la manera en que desearemos vivir entonces, rechazando nuestras ansias de compararnos y procurando obtener las recompensas de su reino, en lugar de afanarnos por las recompensas del mundo que se desvanecen. Cabe aclarar que no nos libraremos por completo de esta batalla con la comparación hasta el día que Satanás sea expulsado y todo sea hecho nuevo. No obstante, hoy, cuando elijo vivir conforme a los valores del reino de Jesús, me alejo del humo del mundo obsesionado con competencias y comparaciones, y respiro el aire limpio del reino.

COMPARACIONES INSTRUCTIVAS QUE HACE JESÚS

De acuerdo, pero ¿cómo puedo cambiar esto? ¿Cómo me niego a la comparación y abandono la obsesión de medirme? ¿Cómo sigo a Jesús a cambio? De este modo: aprendo a escuchar la voz de Jesús. Escucho lo suficiente y con la suficiente atención hasta que empiezo a reconocer la voz de Jesús. Tanto que, cuando escucho algún mensaje que dice: "No vales" o empiezo a pensar: "Tú eres mejor que ella", discierno lo suficiente para decir: "Eso no es lo que diría Jesús". Cuanto más escucho a Jesús, más sopeso lo que pienso. En vez de entretener ciegamente las ideas pecaminosas y egocéntricas, empiezo a reconocer el siseo del enemigo en mis propios pensamientos.

Jesús dijo que sus ovejas lo siguen y conocen su voz (Juan 10:4) y, gracias a Dios, su voz está registrada en las páginas de nuestra Biblia. Cuando nos inclinamos a escuchar, oiremos repetidamente la voz de Jesús que habla acerca de su reino. Él siempre usó declaraciones sucintas y contrastantes para describir cómo su reino se diferencia del mundo. Creo que Él quiso que estas declaraciones quedaran grabadas en la mente de las personas y les ayudaran a reorientar la manera en que se veían a sí mismas, a los demás y al mundo. Creo que Él quiere lo mismo para las mujeres de hoy que se comparan. Por eso he organizado este estudio alrededor de lo que yo denomino las "comparaciones instructivas" que hace Jesús.

Encontré por primera vez las comparaciones instructivas que hace Jesús cuando pasaba mis días limpiando narices, cambiando pañales y doblando pantalones miniatura, y me comparaba con otras mujeres cuyas rutinas parecían ser mucho más importantes y dignas. En mi frustración por ansiar reconocimiento, recuerdo que hojeaba mi Biblia en busca de los versículos en letra roja, las palabras de Jesús. Anhelaba escuchar directamente a mi Señor y adquirir su perspectiva acerca de mi vida, en lugar de ceder a la tentación del enemigo con sus mensajes de desprecio. El ejercicio funcionó.

Allí, sentada en mi sala llena de juguetes desparramados, sin maquillaje y una camisa llena de manchas de regurgitaciones de bebés, las comparaciones instructivas que hace Jesús cobraron vida. Estas son algunas palabras que oí de Jesús.

La mayor de ustedes es la que sirve.
La que se exalta será humillada y la que se humilla será exaltada.
La que es primera será la última. La que es última será la primera.

Me intrigaban esas palabras. Me propuse en mi corazón experimentar la grandeza que no dependía de un salario ni de un título. Si era cierto que yo podía convertirme en una de las "grandes del reino" simplemente inclinándome a servir, la sala de mi casa era el punto de partida perfecto.

Saqué un cuaderno de notas y empecé a hacer una lista de las enseñanzas revolucionarias de Jesús. Mientras estudiaba, me di cuenta de que Jesús no lanzaba al azar sus comparaciones instructivas, sino que las entretejía cuidadosamente en las historias y en las conversaciones con personas que, como yo, se comparaban.

Jesús respondió en tiempo real a personas reales que:

- Comparaban su pecado con el pecado de otros
- Comparaban su riqueza y sus posesiones
- Comparaban su apariencia
- Comparaban su servicio a Dios
- Comparaban su estatus o posición social

Escuchar estas interacciones entre Jesús y las personas propensas a compararse en siglos pasados fue como encontrarme a mí misma en la Biblia. Me vi retratada en los discípulos que ansiaban reconocimiento. Me vi retratada en los fariseos que llevaban ropa llamativa para ser vistos. Me vi retratada en el cobrador de impuestos que sentía vergüenza de su pecado. Me vi retratada en el hombre que no quiso entregar sus riquezas y convertirse en un hombre común. En cada caso, tenía mucho qué aprender de este reino revolucionario de Jesús.

Aunque mis hijos ya dejaron atrás los pantalones pequeños que yo acostumbraba doblar, las enseñanzas de Jesús me acompañan continuamente hasta el día de hoy. Ahora, mi sala de estar está ordenada, los salarios y los títulos son la norma, pero todavía soy propensa a compararme. Más que nunca, necesito protegerme de mi enemigo invasivo escuchando la voz de mi Pastor.

Volver continuamente a las comparaciones instructivas que hace Jesús es como si alguien enderezara mi himnario en mis manos, como cuando tenía cuatro años. No puedo decir que sea un ejercicio cómodo ni sencillo; muchas veces es humillante. Sin embargo, reorientar mi perspectiva conforme a la de Jesús es lo que calma mi corazón y restaura mi confianza y mi gozo.

Una vida libre de la tiranía del yo

Si tienes esta lucha de medirte y compararte con otras personas, te invito a que me acompañes en un estudio de seis semanas acerca de las comparaciones instructivas de Jesús, y las historias y conversaciones que incluyen. Sugiero que tengas a mano un rotulador rojo para que puedas marcar tu libro y tu Biblia cuando encuentres las comparaciones instructivas que hace Jesús. Te sorprenderá cuántas veces aparecen y te asombrará la manera en que estas declaraciones, tan intensas como la tinta roja, pueden reorientar tu manera de pensar y ayudarte a verte a ti misma y a los demás desde la perspectiva del reino.

A lo largo de nuestro estudio juntas, observarás un tema clave. La comparación en la que quedo atrapada es completamente egocéntrica. Cuando entro en un recinto, puede que mire a otros, pero mi enfoque siempre está en mí. Me proyecto y asumo una determinada actitud. Me encojo y evito. Sin importar hacia dónde me dirija, estoy pensando en mí y me obsesiono con evaluarme, lo cual es agotador. En cambio, si entro en un recinto lleno de personas con la mentalidad de Jesús, *libre* de egocentrismo, puedo sencillamente enfocarme en otros que están presentes. Por supuesto, me percataré de lo que es diferente en mí, pero mis diferencias no me añaden ni me quitan valor, sino que me ofrecen oportunidades únicas para servir. Exaltar a Dios y a los demás con lo que tengo y con lo que soy me permite ocupar un lugar al cual pertenecer, y eso no es agotador sino emocionante.

Vivir libre de egocentrismo es lo que me guarda de caer en la comparación que se obsesiona con poner el yo primero. Cuando pongo a una persona primero que yo, de manera natural dejo de intentar sobrepasarla. Y cuando la exalto, al mismo tiempo dejo de mirarla con desprecio. Y cuando me inclino a servirla, olvido compararme con ella.

La comparación libre de egocentrismo mira a alguien y dice: "¿Qué puedo ofrecerle a esta persona que nadie más puede ofrecer?" o "¿De qué maneras ha dotado Dios a esta persona para ayudarme a crecer?". Cuando yo celebro mi propia singularidad y rehúso sentirme amenazada por la singularidad que observo en otra persona, mi vida experimenta una transformación total. Cuando no estoy atada al temor de no dar la talla ni al orgullo de ser la primera, puedo disfrutar de las relaciones con otros, puedo compartir mis dones y puedo disfrutar a Dios como nunca imaginé que fuera posible. ¡Puedo vivir libre de la tiranía del yo! Esto significa vivir...

- libre de inseguridad;
- libre de celos y envidia;
- libre del aguijón de no dar la talla;
- libre del egocentrismo;
- libre de la lucha incesante de sobrepasar a otros o ser la primera;
- libre para ser la persona única que Dios quiso que yo fuera;

- libre para animar y alentar a otros; y
- libre para dar de mí y servir a otros con gozo.

Por supuesto, esto es exactamente lo que Satanás *no* quiere. Él sabe que participar en una comunidad de personas que sirven las unas a las otras y que glorifican a Dios es lo que nos protege del cautiverio, mientras que la comparación nos mantiene cautivas. Por eso, Satanás seguirá tentándonos a caer en la comparación egocéntrica. Y Jesús seguirá invitándonos a vivir libres de ello. ¿Anhelas, como yo, gozar de las libertades de la lista anterior? Me emociona mucho poder experimentar una vida libre de la tiranía del yo al estudiar contigo las comparaciones instructivas de Jesús y aprender a vivir como Él vivió.

Acerca del estudio

Considera la posibilidad de hacer este estudio con una amiga o en un grupo. He dividido los capítulos en lecciones. Algunos capítulos tienen más lecciones que otros y todos empiezan con un pasaje bíblico relacionado. Te animo a no saltar las lecturas bíblicas; no quiero que te pierdas la experiencia de escuchar a Jesús en directo. Aunque he leído estas historias decenas de veces, la revolucionaria perspectiva de Jesús se vuelve más y más clara con cada lectura. Mi anhelo es que tú también lo experimentes.

Te darás cuenta de que cada lección concluye con una meditación qué condensa la verdad de la lección, además de algunas aplicaciones prácticas y preguntas para tu estudio bíblico personal. Espero que uses un cuaderno de notas o un diario personal para anotar tus respuestas y tus planes de acción. Si lo estudias en grupo, las líderes pueden usar la "Guía para líderes de grupo" al final del libro. Puedes encontrar otros recursos también en www.portavoz.com/ShannonPopkin.

Amiga, pongamos fin a estos ataques de comparación que nuestro enemigo ha usado contra nosotras por tanto tiempo. En lugar de compararnos las unas con las otras, exaltemos a Dios y sirvámonos mutuamente. En lugar de vivir atormentadas por la comparación, derrotémosla, entreguemos nuestras vidas para servir al prójimo y seamos libres.

Toma tu diario y escribe algunas ideas como punto de partida:

≈ ¿Cuáles de las siguientes motivaciones te impulsan más?
  - El deseo de demostrar que vales y de dar la talla
  - El miedo a lo que piensan los demás y al qué dirán
  - El miedo a que descubran tus deficiencias

≈ ¿Con qué historia mía te identificas más y por qué?
  - El himnario al revés: Querer ser vista como alguien sin defectos
  - La vida sentimental puesta al descubierto: La tentación de inflar la verdad acerca de ti
  - La maestra más solicitada: Aplacar tus inseguridades con orgullo

≈ Piensa en tu vida. ¿El hecho de compararte con otras personas te ha robado el gozo, minado tu sentido de valía personal o te ha frenado?

≈ ¿De qué males quisieras librarte? Señala los más prioritarios para ti.
  - Inseguridad
  - Celos y envidia
  - Egocentrismo y el sufrimiento por no dar la talla
  - El afán continuo de superar o aventajar a los demás

≈ ¿Batallas más con sentimientos de inferioridad o de superioridad? ¿Qué dirían al respecto las personas que te aman? Tal vez quieras preguntarle a alguien.

≈ ¿Cuál crees que es la principal transformación que Dios quiere obrar en la manera en que te ves a ti misma y a los demás, por medio de este estudio?

Capítulo uno

De la competencia a la entrega

Mi amiga Alison vivió la terrible experiencia de ver en directo con su familia el incendio de su casa. Estaban en el prado del frente de la casa y, cuando cruzaban la calle para alejarse de las llamas, descalzos y en pijama, un hombre se acercó en su auto y se detuvo a preguntar: "¿Esa es su casa?".

Más tarde, se enteraron de que él era el pirómano en serie que había *provocado* el incendio.

Al parecer, esto no es tan extraño como podría sonar. Los criminólogos han descubierto que los pirómanos en serie acostumbran regresar al lugar del incendio que han provocado para observar la escena con un sentimiento de poder e importancia.[1]

Yo creo que esta es la manera en que Satanás nos mira cuando las destructoras llamas de la comparación azotan nuestra vida.

Él se contenta con permanecer en las sombras, observando con satisfacción cómo nosotras nos alejamos las unas de las otras por celos u orgullo. Sin embargo, en este capítulo quiero retirar esa cortina que lo oculta en las sombras y alumbrar con un intenso reflector al enemigo que desde hace demasiado tiempo ha encendido y puesto divisiones entre nosotras con su sabiduría corrompida que nace de la envidia.

Derribemos estos muros de comparación entre nosotras y unámonos en humildad y libres de todo egoísmo, para exaltar a nuestro Rey Jesús y ofrecer a cada una un lugar al cual pertenecer.

---

1. Meghan Holohan, "6 Infamous Arsonists y How They Got Caught", Mental Floss, 3 de enero de 2012, http://mentalfloss.com/article/29633/6-infamous-arsonists -and-how-they-got-caught. Ver también Matthew Rosenbaum, "Inside the Mind of an Arsonist", ABC News, 2 de enero de 2012, https://abcnews.go.com/US/mind -arsonist-head-los-angeles-fire-starters/story?id=15274504.

Lección 1: ¿Compararse o entregarse?
Lee Santiago 3:13-18 y Juan 10:1-11

EN SEXTO GRADO, yo era una niña traviesa, imaginativa y despreocupada con gafas y pecas. Mi mejor amiga, Kathy, y yo, nos divertíamos juntas pasándonos notitas escondidas en el sacapuntas, con palabras en código secreto en caso de que fuéramos descubiertas. Teníamos muchas pijamadas y reíamos toda la noche con historias inventadas.

Todo cambió en el campamento de sexto grado. Kathy quedó en una cabaña diferente y yo estaba con algunas niñas que tenían maquillaje y ropa de moda, y hablaban acerca de muchachos. Yo estaba segura de que los muchachos también hablaban de ellas. En especial de Kim, la niña rubia de cabello largo, pestañas gruesas y la sonrisa con los hoyuelos más monos.

Cuando desempacamos, Kim dijo a sus amigas que prefería ducharse en la noche, y todas estuvieron de acuerdo. Al parecer, era mucho mejor ducharse en la noche. Sin embargo, yo no había planeado bañarme en absoluto. ¡Era un *campamento*! Puesto que no había empacado ni toalla ni champú, empecé a temer lo que, al cabo de un par de días, Kim y sus amigas pudieran pensar de la niña que no se duchaba ni en la mañana *ni* en la noche.

Cuando las niñas salieron de las duchas, yo miré con curiosidad cómo Kim enrollaba su cabello húmedo en rulos de esponja de color rosa. En la mañana quedé boquiabierta. El largo cabello rubio de Kim se había transformado en hermosos bucles que rebotaban sobre sus hombros cuando se movía. Me dio mucha curiosidad, por decir lo menos. También me llené de alegría y esperanza porque, aunque era obvio que yo no estaba a la altura de Kim y sus amigas, ella había revelado el secreto de su envidiable belleza. *¡Rulos de esponja!*

Padecí tres días de campamento sin ducha y sintiéndome fuera de lugar, deseando poder encontrarme con Kathy y volver a la rutina de pasar notitas y reírnos en sacos de dormir. Pero de algún modo supe que esos días habían quedado en el pasado. Regresé a casa resuelta a crecer y a reinventarme. ¿Y qué era lo primero en la lista? Rulos de esponja.

Mi mamá fue muy amable y me consiguió unos, y esa noche me

duché y enrollé mi cabello más bien corto, castaño y húmedo, en los rulos rosa, al estilo de Kim. A la mañana siguiente me quité los rulos y corrí al espejo. *Quedé boquiabierta*, pero no por haber visto algo envidiable o hermoso. ¡Me veía como si hubiera sido electrocutada!

El campamento de sexto grado fue un momento decisivo. Mi vida pasó de ser despreocupada a vergonzosa. De tranquila a insegura. De plácida a inadecuada hasta el hartazgo. De la noche a la mañana, en sentido literal, mis ojos fueron abiertos. Vi algo que antes había estado oculto. Una dimensión que había pasado por alto. Un mundo entero se abría delante de mí. El mundo de la comparación.

LAS LÍNEAS DE COMPARACIÓN

Vuelve al pasado y toma una fotografía mental de ti misma en la escuela. En tu mano hay una taza medidora de vidrio que contiene tus dones, tus aptitudes y tus talentos. La mezcla incluye tu personalidad, al igual que tu trasfondo familiar y tus experiencias. Tu taza rebosa de potencial... y ese potencial es exactamente lo que Satanás quiere robar, matar y destruir. Él quiere robarte la vida misma.

Satanás no pelea limpio. Él no espera a que una niña crezca lo suficiente como para procesar sus experiencias de manera objetiva. Antes de que ella logre siquiera entender quién es, la incita a medir lo que hay en su taza y a compararse con alguien más. De hecho, creo que Satanás organiza sus ejércitos para atacar precisamente cuando una niña, parpadeando desconcertada, descubre por primera vez que, en efecto, *hay* líneas en su taza medidora.

Por supuesto, no tengo pruebas de esto. Pero cuando observo que una niña de once o doce años pasa del juego de pasarse notitas irrelevantes, de abrazar a sus amigas y de incluir a todas en sus juegos, a quedar repentinamente atrapada en prácticas como *sexting* y cortarse el cuerpo, y en tácticas de niña mala, casi puedo ver demonios merodear. ¿Y cómo la atacan? ¿Cuál es su táctica? Señalan las líneas de su taza medidora y la incitan a compararse.

Recuerda tu yo en la secundaria. ¿Hubo momentos en los que sentiste que no dabas la talla? Tal vez tu servicio de vóleibol era débil o tu ropa no estaba a la moda. Tal vez un muchacho terminó una relación contigo y se puso a alardear de ello. Cuando te mediste y descubriste que no dabas la talla, ¿qué pasó? ¿Desarrollaste nuevas inseguridades? ¿Te enfocaste más en ti misma? Piensa también en las ocasiones en las que te comparaste y quedaste en ventaja sobre otras personas. Quizá tus calificaciones eran mejores o tus piernas más delgadas. Quizá los muchachos se fijaban más en ti. Al compararte con otros descubriste que "eras mejor" que alguien, y ¿qué pasó? ¿Te sentiste más importante y arrogante? ¿Te enfocaste más en ti misma?

A Satanás no le importó si eras la niña que se comparaba y perdía o la niña que se comparaba y ganaba. Tanto la inferioridad como la superioridad conducen al cautiverio del egocentrismo, que puede prolongarse a lo largo de décadas. Lo único que Satanás tiene que hacer es seguir señalando perversamente las líneas y tentarnos a compararnos.

LA PERSPECTIVA DE PABLO

¿Dudas que Satanás tenga algo que ver con esta lucha con la comparación? Pablo no lo dudó. En 2 Corintios 10–11, cuando Pablo respondía a algunos críticos en la iglesia que lo discriminaban para hacerlo sentir inferior, él empezó su respuesta hablando acerca de la guerra espiritual (2 Corintios 10:4). De modo que Pablo discierne lo que se esconde detrás de los ataques de comparación. Él ve más allá de sus opositores que levantan sus tazas medidoras junto a la suya y señalan las líneas, y él discierne la obra del enemigo. Pablo dijo: "Ellos, midiéndose a sí mismos y comparándose consigo mismos, carecen de entendimiento" (2 Corintios 10:12, NBLA). A diferencia de sus opositores, que no comprendieron que había una guerra espiritual de la cual ellos eran partícipes, Pablo entendió y estaba preparado para responder debidamente.

Tengo que ser franca. Aunque me encanta esta verdad que fluye de la pluma de Pablo, él era un hombre adulto entrenado en teología y en lógica. ¿Qué hay de una niña en edad escolar? Espero que te indigne pensar que Satanás lance ataques de comparación contra tu yo joven e ingenuo. Espero que te enoje aún *más* pensar que él te mantenga cautiva a lo largo de décadas, sirviéndose de la misma estrategia gastada.

Ha llegado la hora de seguir el ejemplo de Pablo y reconocer que la comparación no es un juego, sino una estrategia de guerra que usa Satanás, nuestro enemigo desde la infancia.

LO QUE QUIERE SATANÁS

La Biblia no nos presenta la historia completa de Satanás y sus demonios. De la misma forma que yo le cuento a mis hijos detalles acerca de su padre y no de mis antiguos novios, la Biblia cuenta la historia de Jesús y de su Iglesia, no del malvado rival que trata de robar a la novia.

La poca información que tenemos sobre Satanás queda velada en forma de poemas y profecías, pero hay algunas certezas. Satanás ostentó alguna vez un rango y una posición en el cielo, pero en su descontento quiso que su trono se elevara aún más. Despreció el hecho de ser menos que Dios, y pretendió exaltarse a sí mismo diciendo: "Seré como el Altísimo".[2] ¿Ves la palabra "como" que denota comparación?

La perdición de Satanás empezó con la comparación. Él se comparó con Dios, lo cual para un ser creado fue un atrevimiento. Dios no toleró el orgullo de Satanás y cayó del cielo como un rayo (Lucas 10:18). Cuando Satanás aterrizó, no lo hizo con mansedumbre. Satanás es un mentiroso y la verdad no tiene lugar en él, de modo que vive en el engaño de que él es de alguna manera el rival de Dios. Desde que cayó, deambula por la tierra con la obstinada determinación de desafiar la preeminencia de Dios. ¿Y cómo ataca Satanás a Dios? Hiriéndonos y destruyéndonos a nosotros. Él nos ve como instrumentos para demostrar su posición blasfema.

Muchas veces pasamos por alto neciamente esta batalla cósmica que tiene lugar en los lugares celestiales. Tropezamos con la comparación pensando únicamente en nuestras prioridades egoístas, a lo cual Satanás no se opone. Desde el primer día con Eva, Satanás ha sugerido que saquemos a Dios de la historia y subamos al trono de nuestras vidas sin Él (Génesis 3:5). Nuestro enemigo se contenta con quedar oculto, susurrando sus mensajes de comparación, y luego disfrutando perversamente al ver cómo marchamos como diminutos tiranos que quieren ser más y tener más. Nuestra casa no es lo bastante grande. Nuestra cintura no es lo bastante delgada. Nuestro ascenso no es suficiente. Satanás disfruta también cuando nos enfurruñamos y nos

---

2. Ver Judas 1:6 y Apocalipsis 12:9. También, observa que en Isaías 14:12-14, aunque Isaías habla del rey de Babilonia, atribuye la rebeldía de este rey a la obra de Satanás.

encogemos como "minitiranas" *ofendidas* hasta que ninguna casa es lo bastante grande, ninguna cintura es lo bastante delgada, ningún ascenso es lo bastante elevado. Poco a poco empezamos a parecernos a Satanás, que insistió en tener un trono más elevado, y para Satanás esto constituye una victoria. Él quiere que ignoremos a Dios y nos ensimismemos, porque esto resulta en nuestra destrucción. En cambio, Jesús vino para mostrarnos otro camino.

Despojarse de uno mismo

Si Jesús tuviera una taza medidora, estaría llena hasta el borde y rebosando. De hecho, sería imposible encontrar un recipiente que pudiera contener todo su valor y aun así caber en el universo. En el cielo, con la gloria desvelada, el valor supremo del Hijo de Dios es incontestable. Su valor simplemente excede cualquier comparación. Aun así, en la tierra Jesús no se preocupó por demostrarlo.

La llegada de Jesús no fue un espectáculo de la realeza. La noche en que nació, su madre lo acostó en un pesebre porque no había lugar para ellos en el mesón (Lucas 2:7). Su padre era un sencillo carpintero sin riqueza y sin posición social. Incluso, físicamente, Jesús tenía un cuerpo promedio, nada extraordinario. Isaías 53:2 dice: "No hay parecer en él, ni hermosura; le veremos, mas sin atractivo para que le deseemos".

Jesús pasó gran parte de su tiempo con "los más pequeños", sanando sus enfermedades y dolencias. También invirtió en aquellos que tenían riqueza y poder. Jesús compartió comidas y conversaciones con personas con pecados escandalosos, y con religiosos devotos. Convivió con doce discípulos comunes, mostrando humildad lavándoles los pies. Jesús dio ejemplo de su reino revolucionario humillándose a sí mismo, no exaltándose. Jesús vino "no para ser servido, sino para servir, y para dar su vida en rescate por muchos" (Mateo 20:28).

Solo un ser humano podía dar su vida para expiar por completo los pecados de la humanidad. Por esta razón Jesús se hizo hombre. Y solo un sustituto perfectamente justo podía ser herido por *nuestras* transgresiones y molido por *nuestros* pecados, y de ese modo cancelar la deuda de nuestro pecado (Isaías 53:5; Colosenses 2:14). Solo el Hijo de Dios tenía el poder para resucitar de los muertos triunfando sobre Satanás y sus ejércitos, humillándolos en público (Colosenses 2:15, NVI). Solo Jesús podía servirnos de esa manera, y eso es exactamente lo que hizo.

Jesús tomó lo que tenía y no dudó un segundo en entregarlo. Filipenses 2:7 dice que Jesús "se despojó a sí mismo, tomando forma de siervo, hecho semejante a los hombres". Isaías 53:12 dice que Jesús "derramó su vida hasta la muerte". A partir del momento en que nació hasta el momento de su muerte, Jesús no escatimó en entregarse. Antes bien, lo dio todo y derramó su vida por completo.

LA ENTREGA DE MÍ MISMA

Cuando Jesús nos invita a seguirle y a vivir bajo su gobierno, no lo hace con promesas de cumplir por fin nuestros sueños de dar la talla. Jesús quiere que destaquemos, pero conforme al sistema de valores de *su* reino, no conforme al mundo. **Satanás quiere fomentar el egocentrismo y la comparación, que es la obsesión con las líneas medidoras. El Rey Jesús nos señala la entrega, la generosidad, que es derramar nuestra taza.**

Mientras el reinado de Satanás tiene sin duda una fecha de expiración, el gobierno de Jesús será eterno. Tenemos que decidir a qué gobernante vamos a imitar: ¿Al maligno que insiste en levantar su trono más alto y que un día será arrojado al "pozo del abismo" (Apocalipsis 9:1)? ¿O al Justo, que en la demostración más extraordinaria de humildad que el mundo haya conocido jamás, estuvo dispuesto a ir a la cruz, ha sido exaltado y se le ha dado un nombre "que es sobre todo nombre" (Filipenses 2:9)?

En el reino de Jesús, los grandes son los que sirven. Quienquiera que se humille será exaltado, y quienquiera que se exalte será humillado (Mateo 23:12). Hoy se nos invita a vivir de la manera en que desearemos vivir cuando se establezca el reino revolucionario del Señor: vivir para glorificar a Dios y para servir a los demás como lo hizo Jesús, enfocarnos en la manera en que podemos derramar la taza. Sin embargo, "la grandeza venidera" no es nuestra única recompensa. Hay otro beneficio más inmediato. Si queremos suprimir las mentiras de la comparación y la tentación de vivir bajo la obsesión con las líneas medidoras, lo único que tenemos que hacer es volver nuestra atención a la boca por donde se derrama la taza y enfocarnos en el servicio a los demás.

Cuando inclino mi taza medidora, las líneas se vuelven irrelevantes, y eso es hermoso. Cuando entro en un recinto y pregunto "¿a quién puedo servir aquí?, ¿qué necesidades puedo suplir?, ¿qué tengo para ofrecer?, ¿dónde puedo derramar aquello que tengo?", tengo una actitud completamente diferente que cuando me mido comparándome con todas las personas que veo. En vez de preocuparme por mi apariencia, por cómo me expreso o lo que todos piensan, al derramar de lo que tengo para dar con generosidad me *libero* a mí misma de la comparación. Soy más confiada, menos insegura. Me siento más gozosa, menos afligida. Estoy más satisfecha, soy menos perfeccionista. ¡Concentrarme en dar es la manera de librarme de la tiranía del yo!

¿Líneas medidoras o derramar la taza?

Evalúa tu vida y la manera en que te relacionas con otros. ¿Estás más centrada en las líneas medidoras o en derramar la taza medidora? Marca con una X cada característica que te describe:

Vivir obsesionada con las líneas medidoras

___ En lo secreto, siento celos del éxito de otros.

___ Me siento frustrada e incluso humillada por mis propias limitaciones o errores.

___ Tengo una ambición excesiva por demostrar lo que valgo o por aventajar a otros.

___ Soy una perfeccionista en el trabajo, en el ejercicio, en la maternidad, etc.

___ Con frecuencia me indigna que otros no vivan como yo creo que deberían vivir.

___ Me siento indigna porque no doy la talla.

___ Soy insegura y me obsesiona lo que otros piensan de mí.

___ Llevo cuentas de mis logros y no tardo en exhibirlos en las redes sociales.

___ Me aíslo y me alejo porque me siento insegura o intimidada.

___ Me cuesta ser auténtica y exponerme, de modo que no tengo verdadera comunión con otros.

Vivir concentrada en derramar mi taza

___ Callo mis éxitos y me cuido de ser asequible.

___ No me preocupa mucho la aprobación o la desaprobación de los demás.

___ Me siento a gusto con mis límites y solo hago lo que puedo.

___ Uso mis dones y fortalezas para edificar a otros.

___ Me alegra servir con humildad, ya sea tras bambalinas o como protagonista, según resulte más útil para todos.

___ No busco reconocimiento, y quienes sirven juntamente conmigo lo saben.

___ Tengo un espíritu enseñable cuando surgen discrepancias.

___ Soy cuidadosa de poner los intereses de los demás por delante de los míos.

___ Disfruto de la unidad y la armonía en las relaciones.

___ Tengo comunión con un grupo diverso de personas.

Como yo, ¿te identificas más de lo que quisieras con la primera lista y menos con la segunda? Si es así, ¿es posible que hayamos sido engañadas? Amiga, dejemos atrás este mundo oscuro de competir y medirse. Refugiémonos en el reino donde las personas viven con humildad y generosidad, y no se comparan las unas con las otras. Sigamos a nuestro Jesús y, finalmente, seamos libres.

≈ ¿Cuáles son las características de "vivir obsesionada con las líneas medidoras" que más te han redargüido o más te han preocupado? Haz una lista de lo que la comparación con otros ha robado, matado y destruido en tu vida.

≈ En tu Biblia (o usando versículos impresos), lee la profecía de Isaías 53 sobre la venida de Cristo y con una flecha hacia abajo (↓) marca todas las maneras en que Jesús se entregó a sí mismo o se humilló a sí mismo. Escribe una oración, usando algunas frases del pasaje de Isaías 53, dando gracias a Jesús por haberse entregado por completo con tan bella humildad.

≈ Lee Filipenses 2:3-11 y enumera las maneras como Jesús se entregó a sí mismo y se volvió siervo. Escribe una manera en que Dios te pide a ti "entregarte" a ti misma. ¿Cómo podría esto liberarte de la comparación de la inferioridad o la superioridad?

Para meditar: Marcos 10:45

El Hijo del Hombre no vino para ser servido, sino para servir, y para dar su vida en rescate por muchos.

Cuando inclino mi taza medidora y la derramo para servir a otros, las líneas dejan de importar. *Señor, ayúdame a experimentar libertad de la comparación humillándome como tú te humillaste.*

Lección 2: La sabiduría que nace de la envidia
Lee Santiago 3:13–4:10 y 1 Reyes 3

"Bueno, me alegro por ti", dije con una mueca desdeñosa en el teléfono. Acababa de leer la publicación de una amiga acerca de cuán amable y generosa había sido su hija con sus hermanos. Cualquier otro día, su fotografía y su comentario no me habrían molestado. Pero *ese* preciso día, después de resolver varias peleas entre hermanos sobre quién tomó aquella chaqueta o teléfono o turno, la celebración de mi amiga de la gran virtud de su hija me resultó molesta.

Los celos, la ambición egoísta y la rivalidad son resultados naturales de la comparación. Eso es obvio, ¿no es así? No puedes volverte celosa ni ambiciosa ni egoísta sin antes enfocarte primero en las líneas de tu taza medidora. Sin embargo, esta es la parte que puede parecer no tan obvia. Tienes a un enemigo que *quiere* que tú te amargues con celos y que *conspira* para seducirte a la ambición egoísta. Las fuerzas maquinadoras del mal quieren incitarte a la comparación.

No creas esto simplemente porque yo lo digo. Te invito a que tú misma descubras la conexión que existe entre los celos (el resentimiento por no dar la talla) o la ambición egoísta (el deseo de aventajar a otros) con los propósitos de Satanás en el mundo. En los versículos impresos a continuación:

- Encierra en un círculo las tendencias o tentaciones a compararse.
- Subraya las referencias a Satanás, a su régimen o gobierno.

Pero si tienen envidias amargas y ambiciones egoístas en

el corazón, no encubran la verdad con jactancias y men-

tiras. Pues la envidia y el egoísmo no forman parte de la

sabiduría que proviene de Dios. Dichas cosas son terre-

nales, puramente humanas y demoníacas. Pues, donde

hay envidias y ambiciones egoístas, también habrá desor-

den y toda clase de maldad (Santiago 3:14-16, NTV).

¿Ves la conexión? **Nuestros celos y nuestras ambiciones egoístas son como un grafiti en el muro de nuestra vida que dice: "Satanás estuvo aquí".**

Cuando pongo mala cara malhumorada porque alguien tiene más en su taza medidora y digo: "¿Por qué ella y no yo?", o cuando me esfuerzo por superar a otros diciendo: "¡Debo demostrar que tengo más que ella!", soy la prueba palpable de que el maligno sigue triunfando.

CELOS AMARGOS

Si me hubieras dicho que yo iba a amargarme y a sentir celos de mi amiga Melissa, yo lo habría negado rotundamente. Amo profundamente a Melissa, especialmente por la manera en que ella me ayudó a enfrentar una dolorosa decepción hace varios años. Yo había trabajado durante nueve meses derramando mi corazón para escribir mi primer libro y, dos semanas antes de la entrega del manuscrito, el proyecto del libro fue cancelado. Me dijeron que no era nada personal. Big Publications estaba en el proceso de disolver el departamento que había producido la serie de estudios bíblicos Amazing,[3] de la cual era parte mi libro. Con todo, fue descorazonador.

Melissa me acompañó en largas caminatas durante las semanas posteriores a esto, orando por mí y dándome ánimo y apoyo. Ella fue increíblemente amable y generosa durante ese período. Meses después, Melissa me llamó para comunicarme una noticia. Big Publications quería publicar su nuevo libro, pero ella no sabía qué responder por causa de mí. "Shannon, si tú quieres que yo rechace el proyecto, lo haré", dijo ella. Me asombró la disposición de mi amiga a renunciar a un sueño cuando eso podía herirme. ¡Qué tierna humildad! Su bondad y su interés por mí hizo que me resultara fácil darle mi bendición sincera. "¡*Por supuesto* que debes aprovechar esta oportunidad!", le dije.

Días después de la llamada de Melissa, yo recibí dos correos electrónicos. En el primero me informaron que otra editorial había rechazado mi libro, lo cual trajo una ola de decepción e hizo más difícil soportar el segundo correo. En él, Melissa anunciaba a sus amigas que acababa de firmar un contrato con Big Publications. Por supuesto, esto no me sorprendió, pero un detalle sí. No me había dado cuenta de que el libro de Melissa formaría parte de la serie Amazing, que al parecer no iba a cancelarse como había pensado en un principio.

Mi amiga había sido muy desinteresada y bondadosa, pero aun así mi enemigo usó este pequeño detalle como un gran malestar que me arrojó a las aguas amargas de la comparación. *¿Por qué la serie Amazing ofrece un espacio al libro de Melissa y no al mío? ¿Por qué ella era aceptada y yo rechazada? ¿Por qué Dios quiso que su libro fuera publicado, y no el mío?* Me quedé mirando fijamente la pantalla de mi computadora, con un nudo de celos en la garganta y a punto de derramar lágrimas amargas.

Entonces oí un mensaje, claro y sonoro. *Debes apartarte de Melissa. Tan solo borra el mensaje y aléjate. Duele demasiado.*

Era la voz del enemigo que usaba los celos con el propósito de destruir mi relación con Melissa.

Sabiduría terrenal

A Satanás le encanta cuando hay enemistad entre los miembros del

---

3. No es el nombre real del editor ni de la línea de productos.

pueblo de Dios. A él le encanta crear divisiones, conflictos, desconfianza y desacuerdo entre la mujer que se compara y su amiga cercana. Él le dice que su indignación es normal, que protegerse a sí misma es necesario. *Por supuesto* que ella tiene que alejarse de la persona de la que siente celos. ¿Qué otra opción le queda?

Sin embargo, los celos siempre se alimentan de la sabiduría terrenal. Santiago 3:14-15 dice: "Pero si tienen celos amargos y ambición personal en su corazón... Esta sabiduría no es la que viene de lo alto, sino que es terrenal, natural, diabólica" (NBLA).

La sabiduría, ya sea de lo alto o terrenal, siempre dice: "Deberías hacer *esto*". Quiere tomarte de la mano y guiarte en una dirección determinada. ¿Cómo puedes entonces distinguir entre las dos? He aquí una clara distinción. La sabiduría terrenal dice: "Debes hacer lo que te conviene a *ti*". Te guía a descender por el camino del egocentrismo, de la protección de tus propios intereses y de la promoción de ti misma. En cambio, la sabiduría de lo alto dice: "Debes hacer no solo aquello que te conviene a ti, sino procurar también el bien de los demás".[4] ¿Te das cuenta cómo la descripción de Santiago de la sabiduría de lo alto sugiere una mentalidad libre de la tiranía del yo? Él dice: "La sabiduría de lo alto es primeramente pura, después pacífica, amable, condescendiente, llena de misericordia y de buenos frutos, sin vacilación, sin hipocresía" (Santiago 3:17, NBLA).

Cuando te dejas guiar por la sabiduría de lo alto, encuentras la manera de estar en paz con otras personas. Eres razonable. Muestras misericordia. Eres generosa. En cambio, cuando los celos te atan de manos, con frecuencia esto te conduce a un camino de aislamiento, que te aleja precisamente de las personas que podrían ofrecerte el mayor apoyo. Irónicamente, la sabiduría terrenal, cuyo enfoque primordial es el yo, sirve solo para destruirte. Y una manera de hacerlo es creando divisiones y alejándote de tus amigos.

---

4. El propósito de la sabiduría de lo alto es liberarnos del cautiverio del egocentrismo. Con su astucia, Satanás tergiversa la verdad, llevando a algunos a caer en el cautiverio del menosprecio de sí mismos, en especial cuando sufren maltrato. Si crees que alguien está en una relación abusiva, te ruego que busques el consejo de un pastor, un amigo o un consejero de confianza antes de tomar decisiones drásticas en un intento por practicar el mensaje acerca de "ser libre" de Santiago 3:14-15 y de este libro.

Medita acerca de cómo los celos dividieron a las dos mujeres en la siguiente historia bíblica.

LA ESPADA DE SALOMÓN

Salomón acababa de ascender al trono cuando dos mujeres acudieron a él a presentarle su disputa. Vivían en la misma casa, cada una con un hijo recién nacido, y durante la noche una de ellas al darse vuelta había aplastado trágicamente a su hijo y lo había asfixiado. Cuando se despertó y se dio cuenta de la tragedia, a hurtadillas intercambió su bebé muerto por el bebé de la otra mujer, que estaba vivo. Cuando la otra madre se despertó, quedó horrorizada al encontrar al bebé muerto a su lado. Y quedó igualmente horrorizada cuando se dio cuenta de que ese bebé no era el suyo.

A falta de testigos, las dos madres presentaron su caso al rey Salomón, a quien Dios, en una oportunidad épica, acababa de concederle un don. ¿Qué había pedido él? Sabiduría (1 Reyes 3:7, 9). Así pues, con su recién adquirida sabiduría de lo alto, Salomón presentó a las madres una "solución" que reveló de manera brillante tanto el egoísmo extremo de una de las madres como la abnegación extrema de la otra. Mandó que partieran en dos al bebé vivo.

De inmediato, la verdadera madre dijo: "¡Ah, señor mío! Dad a ésta el niño vivo, y no lo matéis" (1 Reyes 3:26). ¿Ves su abnegación? Ella prefería renunciar a su hijo y entregarlo a la otra mujer en lugar de verlo morir y, con esto, Salomón supo que ella era inocente. Ahora observa el egoísmo extremo de la madre que era culpable.

Es evidente que ella se horrorizó al encontrar a su bebé sin vida en la noche. ¡Que horrible pena tuvo que soportar! No obstante, el hecho de ver que la otra madre era feliz disfrutando lo que a ella le había sido arrebatado, le resultó igualmente insoportable. Ella decidió que secuestrar al otro bebé, e incluso verlo morir, era preferible a soportar las punzadas amargas de los celos. La madre culpable ilustra de manera escalofriante lo que sucede cuando se atiende a la sabiduría que dice "debes hacer lo que te conviene a *ti*".

Esta sabiduría terrenal que nace de la envidia nos toma de la mano y nos lleva a declarar la guerra contra todo aquel que disfruta algo. "No deberías ser tú la que sufre la muda frialdad de la pena —dice entre dientes—, ¡sino ella!". Estos mensajes demoníacos de egoísmo extremo que susurra el enemigo a nuestros oídos cuando vivimos en la comparación produce feroces rivalidades, codicia, odio y guerras entre personas (ver Santiago 4:1-3). Y cuando terminan, queda un abismo entre quienes debían haber sido amigos cercanos.

Resistir a mi enemigo, no a mi amigo

Mi amiga Melissa y yo tenemos algo en común con estas dos mujeres. Tenemos el mismo enemigo que acecha nuestra amistad y aprovecha cada oportunidad para atacar y dividirnos con su sabiduría perversa.

El día que abrí el correo electrónico de Melissa, sentí una tentación muy fuerte de sentir celos y de apartarme de ella como medida de auto-protección, pero Dios en mi interior fue más poderoso. Melissa había sido para mí una amiga desinteresada y verdadera. Se había ofrecido incluso a renunciar a su propia bendición por pura consideración humilde para conmigo. ¡Sería una locura alejarme de una amiga como ella!

He aprendido que es urgente dejar esta clase de asuntos resueltos de inmediato, de modo que clamé al Señor desesperada: "Señor, ayú-dame a resistir la tentación de romper nuestra amistad por egoísmo. ¡Ayúdame más bien a gozarme con Melissa y a celebrar todas las formas como tú la usas!". En ese preciso instante oprimí el botón "responder", y escribí a Melissa un mensaje sincero, prometiéndole que iba a animarla a todo lo largo del camino con el proyecto de su nuevo libro, y a apoyarla de todas las maneras posibles.

¿Sabes qué sucedió después? Cuando el correo desapareció de mi pantalla, también desapareció cualquier vestigio de celos. Había resistido al enemigo y él había huido (Santiago 4:7). La sabiduría de lo alto me había hecho libre.

Querida amiga, quiero que tú también experimentes esta libertad. ¿Cómo vas a negarte hoy a obrar conforme a los celos, el egocentrismo y la autodefensa? ¿A quién vas a animar y con quién te vas a alegrar con una actitud desinteresada? ¿Cómo vas a resistir al diablo y a vivir *libre* de la tiranía del yo?

≈ En tu diario, describe cualquier situación de conflicto inter-personal o relaciones tirantes que se han visto afectadas negativamente por los celos o la ambición egoísta. Luego, lee Santiago 4:1-10, una vez para cada situación. Escribe las frases que Dios use para redargüirte o consolarte. ¿Cómo te pide Dios que respondas?

≈ Lee Santiago 3:17-18 y enumera las características de la sabiduría de lo alto. Ahora escoge una situación o relación difícil que más te haga sentir tentada a buscar defenderte. Escribe la sabiduría de lo alto que más se aplica a tu situación, empezando cada declaración con las palabras: "Yo debo...". ¿Qué consejo divino pondrás en práctica hoy?

≈ En 1 Reyes 3:16-27, ¿cómo ayudó la sabiduría de Salomón a identificar la culpa? Permite que esta sabiduría revele a tu propio corazón lo que necesitas para resolver los conflictos que has citado. ¿Cómo responderías si una de estas personas muriera o fuera lastimada? Arrepiéntete de todo egoísmo o celos extremos que Dios revele a tu corazón.

Para meditar: Santiago 3:14-15 (NBLA)

Pero si tienen celos amargos y ambición personal en su corazón... Esta sabiduría no es la que viene de lo alto.

La sabiduría terrenal dice que "debes hacer lo que más te conviene *a ti*". La sabiduría de lo alto dice que "debes hacer lo que conviene a los demás". *Dios, ayúdame a resistir al diablo negándome a actuar por celos, egoísmo o autodefensa.*

Lección 3: Los muros de comparación reforzados con el orgullo
Lee 1 Pedro 5:5-11

SUPE ACERCA DE una mujer llamada Penny que decidió autopublicar un libro acerca de cómo producir un millón de dólares. Sin embargo, Penny no tenía en realidad un millón de dólares; ni siquiera tenía suficiente para pagar sus cuentas. Se había creado un problema para ella misma, ya que podía despertar sospechas acerca de su credibilidad como "millonaria" si Penny empezaba a trabajar como camarera o abría una guardería. De modo que la única manera en la que Penny hacía dinero era vendiendo un libro según el cual ella no *necesitaba* ganar dinero.

¿Qué puede impulsar a alguien a inventar una historia como esta y meterse en semejante encrucijada de comparación? Muchas razones, quizá, pero yo diría que el motivo principal es el orgullo. No un orgullo saludable, como cuando alguien se siente satisfecho de su trabajo o de sus logros. Yo creo que es el orgullo perjudicial que quiere demostrar al mundo que su taza medidora tiene más que la de todos los demás.

POR QUÉ LA COMPARACIÓN ALIMENTA EL ORGULLO

En el caso de las mujeres que se comparan, nuestro orgullo adquiere muchas formas. Por ejemplo:

- El orgullo envidioso dice: "Desearía ser tan genial como ella".
- El orgullo celoso dice: "Me enoja que ella sea genial".
- El orgullo arrogante dice: "Me alegra mucho ser genial".
- El orgullo inseguro dice: "Me avergüenza no ser genial".

Y en cada caso nuestro orgullo se alimenta de nuestras comparaciones con los demás. C. S. Lewis escribe:

Decimos que las personas se enorgullecen de ser ricas, listas o atractivas, pero no es así. Se enorgullecen de ser más ricas, más listas o más atractivas que las demás. Si todas las personas fueran ricas, listas o atractivas por igual, no habría nada de qué enorgullecerse. Es la comparación lo que hace a alguien orgulloso: el placer de estar por encima de los demás.[5]

También es la comparación lo que produce el orgullo *herido*, o el disgusto que se siente por el hecho de estar por debajo del resto. El orgullo pregunta siempre: *¿Doy la talla?* Puede ser que el orgullo mire

---

5. C. S. Lewis, *Mere Christianity* (San Francisco, CA: Harper One, 1952), 122. Publicado en español con el título *Mero Cristianismo*, por Editorial Andrés Bello, 1994.

a su alrededor dondequiera que llega, pero su única preocupación es el yo. Aborrece quedar en evidencia como "menos que" alguien, como quien está "por debajo" de otras personas.

En la historia de Satanás vemos el orgullo impulsado por la comparación. Recuerda que fue el desprecio de Satanás por estar por debajo de Dios lo que desencadenó su expulsión del cielo. "Fue por orgullo que el diablo se convirtió en diablo", dice Lewis.[6] De modo que, cuando elegimos seguir al Rey Jesús y rechazar la comparación, tenemos que considerar seriamente nuestro orgullo.

El peligro de los muros de comparación

Después de publicar su historia millonaria, Penny se mudó lejos e interpuso una gran distancia entre ella y las personas que la conocían. La distancia era esencial para mantener la fachada, especialmente porque Penny no poseía realmente la gran mansión o el Ferrari que aparecían en sus fotos de Instagram. A fin de aparecer con todo ello en sus fotos, tenía que apartarse muy lejos de las personas que la conocían bien.

Imagina lo que le costó a Penny sus decisiones, particularmente en el ámbito de sus relaciones. Ella eligió una vida totalmente aislada. Por otro lado, yo debo considerar los efectos de mi propio orgullo que se alimenta de la comparación. En la vida real o virtual, cuando yo elimino lo que no me hace lucir bien y te presento una versión retocada de mi vida que parece una talla medidora llena (gracias a una buena iluminación y excelentes ángulos fotográficos), solo refuerzo los muros invisibles de comparación que nos dividen. Puede que esta clase de muros me hagan sentir segura, pero en realidad son peligrosos. Me ponen en grave peligro.

En 1 Pedro 5:8 leemos: "Sean de espíritu sobrio, estén alerta. Su adversario, el diablo, anda al acecho como león rugiente, buscando a quien devorar" (NBLA). Pedro, el discípulo de Jesús que escribió esto, sabía algo acerca de los ataques de Satanás. Cuando Pedro escribió estas palabras acerca de resistir al enemigo, me pregunto si estaba pensando en su propio corazón temeroso, sacudido por el diablo, aquella noche cuando se calentaba junto al fuego mientras arrestaban a Jesús.

---

6. Lewis, *Mere Christianity*, 122.

La comparación de Pedro, alimentada por el orgullo, se manifestó muchas veces, pero una de las ocasiones más obvias fue cuando le aseguró a Jesús que, a diferencia de los otros, él nunca le fallaría (Marcos 14:29). Pedro estaba siempre esforzándose por destacarse entre los otros discípulos. Él quería ser reconocido como el más fuerte. El más consagrado. Superior. Pero, como bien sabes, los leones atacan al individuo que está aislado, no a los que se congregan y se mantienen juntos.

Pocas horas después de que Pedro le dijera a Jesús que nunca iba a fallarle, mientras estaba solo, junto al fuego, negó conocer siquiera a Jesús (Lucas 22:31-34, 55-57), y esto me lleva a plantearme preguntas. ¿Qué habría sucedido si Pedro hubiera estado junto con los otros discípulos en unidad y solidaridad aquella noche? Quizá tendríamos una historia de once discípulos "firmes en un mismo espíritu, luchando unánimes por la fe del evangelio. De ninguna manera... atemorizados por sus adversarios" (Filipenses 1:27-28, NBLA).

La única manera en que podemos permanecer firmes es juntos, como un rebaño, no aislados detrás de nuestros muros de comparación. **La humildad, que promueve el espíritu comunitario, nos protege contra los ataques de Satanás.** Con tu Biblia abierta en 1 Pedro 5:1-11, examina conmigo las palabras de Pedro acerca de cómo cuida el rebaño de Jesús (Juan 21:17) advirtiendo contra la comparación que se alimenta del orgullo.

La humildad es mi lugar seguro

Como oveja de Jesús, estoy más segura cuando me humillo, me agacho y me refugio bajo la mano poderosa de Dios (1 Pedro 5:6). En ese lugar seguro, en compañía del rebaño, no tengo que preocuparme por parecer pequeña, inferior o imperfecta a los ojos de los demás. La humildad me permite depositar en Dios toda mi ansiedad de no llenar la medida de algo (v. 7), sabiendo que no seré abandonada, que Él cuida de mí.

El diablo quiere devorar

El rugido de Satanás en mi oído suena muchas veces como: "¿Qué pensará la gente? ¡Que no sepan que tu taza medidora no está llena!".

Con el zumbido todavía en mis oídos, hago cosas como exagerar la verdad o salpicar mi conversación de pequeñas presunciones. Salgo del lugar seguro bajo la mano de Dios para tomar las riendas, Satanás huele mi orgullo y se relame (v. 8). Su ego se alimenta cada vez que yo salto a defender, proteger o exaltar mi propio yo, puesto que obviamente con mi actitud declaro que no se puede confiar en Dios.

En cambio, cuando tapo mis oídos para no oír los rugidos de Satanás y confiar en las promesas de Dios de que un día Él me perfeccionará, afirmará, fortalecerá y establecerá (vv. 9-10), soy capaz de quitar mis ojos de las líneas medidoras de la taza y de ponerlos en la boca por donde se derrama. Y así dejo al enemigo con hambre.

No soy la única

Resistir al enemigo supone refutar la idea de que yo soy la única que enfrenta oposición (v. 9). Cuando pienso que soy la única (lo cual es otra forma de orgullo), me veo tentada a sentir vergüenza (porque obviamente nadie es tan débil ni patética como yo) o a la autoconmiseración (porque obviamente Dios reservó esta pena para mí y para nadie más). ¿Te das cuenta de estas mentiras que surgen de la comparación?

He aquí lo que es verdad. Soy parte de una familia de personas que sufren. Todas tenemos luchas. Todas necesitamos a los demás. Es mi orgullo egoísta lo que me incita a preguntarme "¿qué van a pensar?", y a retraerme y aislarme, haciéndome más susceptible a los ataques de Satanás. Por otro lado, la humildad que no está bajo la tiranía del yo promueve la comunión familiar. Soy mucho más fuerte cuando enfrento los ataques del enemigo en solidaridad con otros, en lugar de enfrentarlos sola.

Necesito revestirme de humildad como un vestido

Todas necesitamos revestirnos de humildad (v. 5). Cuando digo todas me refiero a todas. El orgullo de una persona pone en riesgo la humildad de todas las demás. Necesito revestirme de humildad de la misma manera que me visto para encontrarme con una amiga para almorzar: de manera consciente y deliberada. Por supuesto, Satanás nos sugiere otras opciones para vestirnos. Él no escatima en presentarnos toda clase de capas y chales tejidos con hilos de orgullo.

Las vestiduras de orgullo causan, de lejos, una fuerte impresión, pero cuando me visto con ellas me siento quisquillosa, lo cual me lleva a distanciarme de otros y a mirarme en el espejo constantemente. Y tiento a mis amigas a hacer lo mismo, lo cual nos pone a todas en peligro cuando estamos solas. Hay un enemigo que acecha por doquier y que ruge en nuestros oídos, y *juntas* estamos más seguras. De modo que necesito despojarme de orgullo y revestirme de las cálidas, suaves y hermosas vestiduras de humildad, que son el atuendo perfecto para las relaciones armoniosas.

La protección de la humildad

En su libro *The Freedom of Self-Forgetfulness*, Tim Keller dice: "La esencia de la humildad del evangelio no es pensar más de mí mismo o menos de mí mismo, sino pensar menos en mí mismo".[7] La humildad nos libera para que dejemos de preocuparnos por las líneas de la taza medidora. Nos permite ver realmente a las demás personas, en lugar de estar preocupadas por la manera en que ellas nos ven. En humildad, inclinamos nuestra taza medidora para derramarla en servicio a otros, en lugar de sostenerla según nuestra conveniencia para demostrar que tenemos más. **El orgullo refuerza nuestros muros de comparación, pero la humildad los hace caer.**

Hace poco experimenté esto cuando salí a almorzar con un grupo de amigas. Estábamos contándonos novedades y, cuando llegó mi turno, podía haber evitado los detalles desagradables y solo contar lo agradable, pero en lugar de eso conté a mis amigas lo que realmente había sucedido en mi corazón esa semana.

En esos días, alguien a quien admiro profundamente había publicado un comentario negativo acerca de algo que yo había escrito, y que confirmaba todos mis temores. *Nadie más recibe críticas como estas. ¿Debería darme por vencida y ya? ¿Desearán todas que yo haga eso?* Durante varios días, batallé en medio de la confusión que producen la vergüenza y la inseguridad. Sin embargo, le conté a mis amigas que,

---

7. Timothy Keller, *The Freedom of Self-Forgetfulness* (Chorley, Inglaterra: 10Publishing, 2012), 32. Publicado en español por Andamio con el título *Autoolvido: El camino de la verdadera libertad*.

cuando busqué al Señor, Él me había mostrado algo nuevo: Mi perfeccionismo estaba plagado de orgullo.

¿Por qué importaba tanto ese comentario? ¿Por qué sentía como si el mundo entero lo estuviera mirando? Mi espíritu herido era la evidencia de que mis ojos estaban fijos en *mí* misma. Yo necesitaba la humildad para aceptar que nada más era mi proceso de aprendizaje, como sucede a todos los demás, y retomar la labor de crecer y mejorar como persona.

Después de contar a mis amigas lo que había sucedido con aquel comentario negativo, ellas me brindaron aliento, perspectiva y apoyo. Pero también hubo otro beneficio.

El derrumbamiento de muros

Después del almuerzo, mientras mi amiga Julie y yo caminábamos juntas, ella me agradeció por haber hablado con franqueza acerca de mi debilidad. Me contó que cuando las otras habían comentado sus novedades alrededor de la mesa, empezaron a surgir en ella sentimientos de inferioridad. *Estas mujeres tienen oportunidades asombrosas,* pensó ella. *¿Por qué no se han abierto aún puertas similares para mí?* En cambio, cuando yo comenté mis luchas al sentir que no daba la talla, Julie se sintió menos sola, lo cual era el propósito inicial de nuestro encuentro para almorzar.

Al día siguiente, recibí una llamada de Julie. Ella acababa de recibir un mordaz correo electrónico de su hermano, que estaba indignado por la manera en que Julie había descrito la historia de su vida en un artículo reciente. Le dijo que ella se hacía pasar por una víctima y la llamó una mentirosa beata, lo cual no solo fue injusto sino desastroso. Julie había contado un recuerdo doloroso de su pasado con el propósito de animar a otras personas que sufren,[8] pero ahora era ella quien sufría.

Le dije: "Julie, este ataque de tu hermano es también un ataque de tu enemigo, ¡y tienes que *resistirlo*! Tu motivación al escribir ese artículo no fue justificarte ni hacerte la víctima. Tu motivación fue servir a otras personas. *Esa* es la verdad". Satanás estaba rugiendo en

---

8. "Julie" no traicionó a nadie al contar su historia. Ella solo compartió su propia perspectiva, con previa autorización para hacerlo.

los oídos de mi amiga, y yo le recordé la necesidad de permanecer segura bajo la poderosa mano de Dios.

Defendernos como comunidad

El investigador Brené Brown afirma que la vulnerabilidad es el lugar donde nace la conexión.[9] Cuando hablamos acerca de nuestros temores, luchas, sufrimientos y dificultades, en lugar de tratar de ocultarlos de los demás para protegernos, se derrumban los muros de la comparación. Cuando alguien es vulnerable y auténtico, el grupo se siente identificado. Es una invitación a la empatía, la compasión, el compañerismo y la autenticidad.

Ahora bien, no estoy hablando de una reunión lastimera de personas centradas en sí mismas. Tampoco sugiero que saquemos ventaja de las historias de fracaso para poder sentirnos mejor con nosotras mismas. La humildad no se manifiesta en ninguna de esas formas. La humildad dice: "No voy a hacer alarde de mis éxitos ni a ocultarte mis debilidades. Solo voy a presentar mi verdadero yo porque me interesa conocer tu verdadero yo". La verdadera humildad encuentra la valentía para ser vulnerable, que es la manera en que se construye comunidad. Y una comunidad revestida de humildad es la que nos permite defendemos contra el ataque del enemigo.

Examinemos lo que sucedió en aquel encuentro en el restaurante con mis amigas. Casi podrías imaginarte al enemigo allí, merodeando por la mesa mientras se le hacía agua la boca. ¿Qué habría sucedido si todas nos hubiéramos puesto nuestros vestidos de orgullo, con el pecho hinchado y el plan de "mírenme a mí"? ¿Qué habría sucedido si hubiéramos interpuesto muros de comparación y Julie se hubiera marchado sintiéndose aún más sola? Ella estaba a punto de enfrentar un ataque del enemigo, y lo que menos necesitaba era el aislamiento.

En nuestras interacciones con otros, a menudo hay mucho más en juego de lo que podemos comprender. Con razón Pedro nos exhortó a ser sobrias y a estar alerta, a rechazar el orgullo que aísla y divide. Encuentra a alguien con quién hablar y dile: "No nos ocultemos detrás

---

9. Brené Brown, "Listening to Shame: Brené Brown", TED, 16 de marzo de 2012, 20:38, https://youtube/psN1DORYYV0.

de muros. Seamos personas vulnerables, sinceras, humildes, que se invitan mutuamente a participar del círculo". Porque el círculo es el lugar donde nos defendemos contra el ataque.

≈ ¿Qué relaciones en tu vida se han distanciado o están tensas por causa de la comparación? ¿Cómo te ha hecho esto más susceptible a las mentiras de Satanás? Escribe una forma en que elegirás humildemente ser vulnerable y de esa manera invitar a otros a la comunión fraternal.

≈ ¿Con qué verdades de 1 Pedro 5:5-11 te desafía Dios? ¿Cuál va a ser tu respuesta?

≈ Lee Filipenses 1:15-18. ¿Qué señales observas del ataque del enemigo contra Pablo? ¿Cómo es ejemplo Pablo de las instrucciones consignadas en 1 Pedro 5:6-7?

≈ Elige una frase de Filipenses 1:27-30 que te inspire a defenderte con ayuda de la comunidad cristiana.

Para meditar: Filipenses 1:27 (NBLA)

Están firmes en un mismo espíritu, luchando unánimes por la fe del evangelio.

El orgullo que se alimenta de la comparación nos impide tener comunión, mientras que cuando gozamos de la vida en comunidad revestidos de humildad, nos defendemos contra los ataques del enemigo. *Señor, dame el valor para ser vulnerable como corresponde, a fin de conectar con aquellos que juntamente conmigo resisten al enemigo.*

Lección 4: Un rival llamado Jesús
Lee Lucas 3:1-17 y Juan 3:22-36

UN VERANO EN el que fui consejera de estudiantes universitarias, mientras examinaba el montón de fotografías que acababan de procesarse (esto fue antes de las fotos digitales), levanté una para mostrarla a todos los miembros del equipo que estaban a mi lado. "¿No les parece una foto magnífica de mi tío Carl y yo?", pregunté.

"*Tú* quedaste bien, pero tu tío Carl quedó terrible", respondió uno de los jóvenes. Al instante me sentí avergonzada, me di vuelta, y me di cuenta de que ni siquiera me había detenido a mirar al tío Carl, el anciano caballero que había ayudado con el mantenimiento del campamento. Fue obvio que yo lo había visto en la foto, pero que mis ojos solo se habían fijado en *mí*. Cuando levanté la foto para mostrarla a otros, mi intención era que ellos *me* vieran. Estaba obsesionada con el modo selfie, incluso antes de que existiera tal cosa.

Décadas después, llegaron las "selfies". Ahora que es una palabra aceptada, en realidad, y detesto admitir que, con frecuencia, todavía estoy estancada en el modo selfie. Paso montones de fotos con grupo de personas y paisajes, agrando la imagen, pero apenas me fijo en las personas hermosas o el paisaje a mi alrededor. Mis ojos examinan la foto en busca de una sola cosa: ¿Quedo bien en esa foto? Si no, la opción de borrarla está a la mano.

Puede que en nuestro mundo obsesionado con la competencia esta clase de egocentrismo sea algo cotidiano, pero no tiene lugar en el reino de los cielos. **Y en especial no tiene lugar cuando nos enfocamos tanto en nosotras mismas que olvidamos tener en cuenta a Jesús.**

Juan ignoró las líneas medidoras

En los capítulos que siguen, veremos la respuesta de Jesús a muchas personas que estaban atrapadas en el modo selfie. Conoceremos personas adineradas, religiosas, pecadoras y discípulos que se comparan y compiten entre sí, pasando por alto el hecho de que están interactuando con el Rey de reyes y el Señor de señores (Apocalipsis 19:16). Sin embargo, Jesús encontró a un hombre diferente a los demás. De hecho, Jesús dijo que, entre los nacidos de mujer, nadie ha sido más grande que este hombre (Lucas 7:28), lo cual es una comparación extraordinaria, viniendo de boca de Jesús.

¿Quién era este hombre y qué lo hizo tan grande? Era Juan el Bautista, y su hermosa humildad y reverencia hacia Jesús fueron la vacuna que lo protegió contra cualquier comparación y ánimo de competencia.

De acuerdo con las normas del mundo, Juan por naturaleza no daba la talla. Vestía ropas extrañas hechas con piel de camello y comía langostas. Pero luego, de la noche a la mañana, Juan se convirtió en un prodigio del desierto por quien las personas estaban dispuestas a caminar largas distancias para oírlo predicar: "Arrepiéntanse, porque el reino de los cielos se ha acercado" (Mateo 3:2, NBLA). De manera asombrosa, las personas respondieron al mensaje de Juan y uno a uno se sumergían en las aguas en señal de arrepentimiento, y salían con un compromiso renovado de apartarse de su pecado. Se desató un avivamiento, y muchos sugerían incluso que Juan podía ser el Cristo (Lucas 3:15).

Muchos se habrían dejado arrastrar por esa clase de fama repentina, pero no Juan. Él no tardó en aclarar las cosas. No, él no era el Cristo, era nada más el que preparaba el camino *para* el Cristo. En términos de comparación, Juan ni siquiera se sentía digno de inclinarse y desatar las sandalias de Jesús (Juan 1:20, 27), lo cual es muy revelador a la luz del pensamiento de Oriente Medio (en aquel entonces y ahora) que considera el calzado como algo terriblemente impuro.[10]

Juan era consciente de la enorme distancia que existía entre su propio estatus y el de Jesús. Su objetivo desde el principio no fue guiar a las personas hacia él mismo, sino guiarlas directamente a Cristo. Y, un día, esto fue lo que sucedió, en sentido literal. Juan reconoció a Jesús por quien Él era y declaró: "He aquí el Cordero de Dios, que quita el pecado del mundo" (Juan 1:29). Y así nada más, las personas empezaron a volverse a Jesús. Juan 1:35-37 dice:

> El siguiente día otra vez estaba Juan, y dos de sus discípulos. Y mirando a Jesús que andaba por allí, dijo: He aquí el Cordero de Dios. Le oyeron hablar los dos discípulos, y siguieron a Jesús.

¿Captaste lo que sucedió? Súbitamente, los dos discípulos de Juan se volvieron discípulos de Jesús. Y no fueron los únicos. Después de identificar a Jesús como el Cristo, las multitudes de Juan quedaron mermadas de inmediato. Su popularidad disminuyó. Sus números empezaron a decaer en relación directa con el ascenso de Jesús.

Da un paso atrás y observa esta escena desde la perspectiva de Satanás. Las personas se están arrepintiendo, se ha iniciado un avivamiento,

---

10. Kenneth E. Bailey, *Paul Through Mediterranean Eyes: Cultural Studies in 1 Corinthians* (Downers Grove, IL: InterVarsity, 2011), 341.

y Jesús acaba de llegar para salvar a los pecadores y llevarlos a su reino. Satanás se opone con toda vehemencia a todo lo anterior, pero ¿cómo puede él descifrar todo esto? Ahh... ya sé. El renombre de Juan acaba de ser eclipsado por el de Jesús, lo cual genera una situación perfecta para la comparación. Y ahí es cuando Satanás se alista para atacar.

No podemos hablar con absoluta certeza acerca de la participación de Satanás en esto, pero la siguiente parte de la historia está señalada por todas partes con la marca: "Aquí estuvo Satanás".

ÉL DEBE CRECER

Justo cuando las personas se volvían a Jesús, apareció un líder judío[11] para cuestionar a los discípulos de Juan con respecto a las leyes de la purificación. Desde hacía tiempo, los líderes religiosos habían estado observando cuidadosamente a Juan, al sentirse amenazados por la manera en que las personas se aglomeraban en torno a él como si *él* fuera más grande que *ellos*. Quizás la interrupción de este objetor religioso tenía como propósito desafiar los bautismos de Juan y demostrar que el sistema sacrificial del templo era suficiente, pero el pasaje no lo dice. Sin embargo, cuando el religioso es llevado delante de Juan, cambia de tema.

Señalando, al otro lado del río, la fila que se formaba cerca del lugar donde Jesús se bautizó, el objetor dice: "mira... [Jesús] bautiza, y todos vienen a él" (Juan 3:26).

En efecto, eso era lo que sucedía. Las personas que el día anterior habían seguido a Juan seguían ahora a Jesús. En un momento, la taza medidora de Juan, que estaba llena de popularidad y estatus, quedó vacía. Y ahí estaba el objetor, señalando las líneas.

Recuerda que en ese momento la misión de Satanás era matar a Jesús, y ya empezaba a reclutar los cómplices más inesperados: los líderes religiosos. Este objetor (que era parte de ese grupo) actuaba bajo la influencia de la sabiduría terrenal, y vino a infectar a Juan con los mismos celos de competencia y ambición egoísta; pero Juan se niega a caer como la siguiente ficha de dominó.

---

11. Ver Juan 1:19-24. Juan usa con frecuencia el término "los judíos" para referirse a los opositores de Jesús.

Juan no respondió agachando la cabeza avergonzado. No se enfurruñó. No hizo gestos para demarcar su territorio. Antes bien, Juan miró al otro lado del río a las personas que seguían a Jesús, y dijo: "Es necesario que Él crezca, pero que yo mengüe" (Juan 3:30). Y al hacer esto, demostró la grandeza transformadora del cielo.

COMPETIR CON JESÚS

¿Quieres que Jesús crezca? ¿Quieres que las personas lo vean y se vuelvan a Él? ¿Quieres la expansión de su reino? Supongo que estás dispuesta a decir conmigo: "¡Es necesario que Él crezca!". Pero ¿qué de la otra parte? ¿Estás dispuesta a "menguar" por causa de Jesús?

Cuando las mujeres nos comparamos, por lo general no consideramos que estamos "compitiendo" con Jesús. Pensamos en nuestras "rivales" como las mujeres que podrían recibir el ascenso, aquellas que pueden ser elegidas para desempeñar un papel o consiguen pareja, etc. Sin embargo, hay algo que debemos reconocer. Cada vez que nuestras ansias de ser el centro de atención son más fuertes que nuestro deseo de dar a Jesús el protagonismo, cuando *nosotras* queremos ser exaltadas más de lo que queremos que sea exaltado Jesús, cuando queremos que otros nos admiren más de lo que queremos que admiren a nuestro Señor, hemos convertido a Jesús en nuestro rival. Aun cuando simplemente ignoramos a Jesús, diciendo, "¡yo debo crecer!", es claro que estamos bajo la influencia de la voz de nuestro enemigo, que trabaja sin descanso para contagiarnos de sus propios celos, orgullo y ambición egoísta.

La Biblia nos dice que vendrá un día en el que Satanás morará en un hombre (el anticristo), el cual se exaltará a sí mismo a tal grado que se sentará en el templo en lugar de Dios y proclamará *ser* Dios (2 Tesalonicenses 2:4). Esta descarada autoexaltación es lo que llevó a Satanás a ser expulsado del cielo en el principio, y es lo que sellará su perdición. "Y entonces se manifestará [Satanás], a quien el Señor matará con el espíritu de su boca, y destruirá con el resplandor de su venida" (v. 8). ¿Te das cuenta de lo que dice? ¡Jesús aparecerá y soplará sobre este personaje, y este hombre poseído por Satanás será destruido! ¿Quién crees que será exaltado *entonces*?

Amigas, nuestro Señor Jesús no tolera competencia alguna. Él no va a compartir su gloria. Él nos recibe en su reino como nuestro Rey, y nada menos que eso. Jesús sabe que nosotras solo podemos florecer cuando nos inclinamos a su reinado, no cuando marchamos por ahí como miniemperatrices que buscan expandir su propio imperio diminuto y decrépito.

Y ¿cómo se expande el reino revolucionario? Cuando los individuos se humillan como lo hizo Juan, exaltando a Jesús y diciendo: "Es necesario que Él crezca, pero que yo mengüe".

Hacerse a un lado

Al objetor que vino a hacer señalamientos, Juan planteó una comparación. Él se comparó a sí mismo con el amigo del esposo y a Jesús como el esposo. Desde el principio, Juan había repetido que él no era el Cristo, sino solamente el que venía antes que el Cristo, de la misma manera que el amigo del novio camina por el pasillo delante del novio. ¿No sería absurdo, dijo Juan, que él se sintiera amenazado porque la novia estuviera dirigiendo su atención al novio? Que las personas empiecen a oír la voz de Jesús es como ver a una novia que se dispone a oír la declaración de amor de su amado. ¿Quién envidiaría *eso*? De modo que Juan no ha decaído ni su rostro ha demudado; por el contrario, ¡tiene una sonrisa de oreja a oreja! Juan dice: "mi gozo está cumplido" (Juan 3:29).[12]

La única manera en que Juan pudo gozarse al tener que menguar fue negándose a quedar atrapado en el modo selfie. Juan no se considera el personaje principal, sino un personaje secundario en una historia en la que Jesús es el centro y el protagonista. Si queremos tener gozo en los momentos en los cuales tenemos que menguar, cuando nuestra taza está vacía, esta estrategia también funciona bien para nosotras, aunque no sea necesariamente muy acogida ni apetecida por la mayoría de las personas.

En este mundo casi pareciera inaceptable ocupar un lugar secun-

---

12. Ten presente que Juan no sabía nada acerca de la iglesia ni de la novia de Cristo; esas enseñanzas vendrían más adelante (Mateo 16:18). Juan fue enviado al pueblo judío, mientras que la Iglesia incluye toda nación y toda lengua (Apocalipsis 7:9). Si Juan se hubiera referido a la iglesia, él no habría dicho que su gozo era "completo" (Juan 3:29).

dario, en especial cuando nos sentimos inadecuadas o "menos". En esos momentos cuando nos sentimos como una taza vacía y necesitamos mantener a flote nuestra valía, nuestra respuesta más natural es dar vuelta al lente al modo selfie, y añadir pie de fotos como "amada", "preciosa", "no me falta nada". Si bien cada una de esas afirmaciones es cierta gracias a Jesús, **tratar de resolver el problema del egocentrismo con más egocentrismo no va a funcionar. Va a empeorar el problema.** Hallamos libertad, gozo y confianza cuando, al igual que Juan, volvemos a enfocarnos en *Jesús*.

A fin de ilustrar este contraste, consideremos la anécdota de un asistente a la boda de John para ver cómo funciona esto del modo selfie.

UNA INVITADA EGOCÉNTRICA

Hay una boda. La ceremonia ha comenzado. Justo cuando el novio empieza a pronunciar sus votos, una de las asistentes carraspea vigorosamente y empieza a saludar haciendo señas con su brazo. Cuando logra interrumpir y acaparar la atención de todos, ella dice: "¡Hola, a todos! Toda la mañana he tratado de que me presten atención. ¡Quería contarles que la gran inauguración de mi tienda es *hoy*! Es en la calle Broad con Main, a la vuelta de la esquina. Espero que todos logren pasar por la tienda. ¡Vamos a dar obsequios! Y tenemos artículos muy bonitos. Quiero que sepan que ahora mismo voy para allá. ¡Todos están invitados a venir!".

Ella se disculpa, camina rápidamente hacia su tienda, y luego pasa el día entero moviéndose de un lado a otro, desesperada porque nadie viene. Ante el silencio del lugar, se despiertan los viejos sentimientos de incompetencia y baja autoestima. Ella empieza a preocuparse por lo que todos piensan. ¿Es aceptada? ¿Es valiosa? Echa mano de su colección de memes para traer a su memoria la verdad. Ella es especial. Nada le hace falta. Dios la creó única, con un diseño especial.

Reitero que todas estas afirmaciones son absolutamente ciertas. Sin embargo, ¿no es también cierto que su egocentrismo es desequilibrado? Amigas, *somos* especiales. *Tenemos* un gran valor y dignidad. Aun así, ¡no somos las protagonistas de la historia! Y, si intentamos serlo, no es de extrañar que suframos con sentimientos de inferioridad y falta de valía. Es tratar de asumir un papel que no nos corresponde. Es tratar de rivalizar con *Jesús*.

La historia por excelencia

El mundo entero cuenta la historia de nuestro Creador. Cada capítulo de la historia de la tierra constituye un nuevo relato detallado acerca de Dios. Sí, tú y yo estamos ahí en algún párrafo pequeño. Nuestras vidas son importantes y son vistas. Pero cada frase de la historia pone de manifiesto su gloria, no la nuestra.

La Biblia, que está llena de las palabras de Dios, ofrece un marco de referencia para nuestros diminutos párrafos. Es una historia acerca de un Padre amoroso que busca a sus hijos y paga el rescate por ellos, acerca de un Cordero sin mancha que quita el pecado del mundo, acerca de un Novio que da su vida por su amada, acerca de un León que conquista y devora la muerte. Sin embargo, te diré de lo que no se trata la historia: de ti y de mí tratando de demostrar que damos la talla.

Cada oportunidad para insistir en resaltar mi propia importancia es también una oportunidad para exaltar a Cristo. Esos momentos cuando me siento marginada, infravalorada o reemplazada, son con frecuencia las *mejores* oportunidades que se me presentan para exaltar a Cristo. Y yo enaltezco al Rey Jesús cuando digo, con una sonrisa de oreja a oreja: "Es necesario que él [Jesús] crezca, pero que yo mengüe" (Juan 3:30).

≈ A veces, nuestro exagerado sentimiento de inferioridad es un síntoma de que estamos atrapadas en el modo selfie. Explica cómo has comprobado tú misma la veracidad de esta declaración: "Tratar de resolver el problema del egocentrismo con más egocentrismo no va a funcionar".

≈ Lee Juan 3:31. Haz una lista de las comparaciones que hace Juan entre Jesús y todos los demás. Dibuja un diagrama que ilustre la verdad que expresa este versículo.

≈ ¿Qué te hace sentir marginada o infravalorada? ¿De qué manera tu momento de "menguar" te brinda la oportunidad de exaltar y enaltecer a Cristo?

≈ Haz una lista de maneras prácticas de decir con tu vida: "Jesús debe crecer y yo debo menguar".

Para meditar: Juan 3:30

Es necesario que él crezca, pero que yo mengüe.

Cuando yo quiero ser exaltada más que Jesús, lo convierto a Él en mi rival. Mi libertad viene cuando renuncio al yo. *Señor, ayúdame a encontrar el gozo haciéndome a un lado en una historia cuyo único protagonista eres tú.*

Lección 5: Un lugar al cual pertenecer
Lee 1 Corintios 12:1-26

CUANDO KATE ESTABA en tercer grado, su maestra la llamó a la casa. Quería ofrecer una orientación a la mamá de Kate, no acerca de la lectura y las matemáticas, sino acerca del cabello de Kate. Debido a su mezcla racial, Kate tiene un hermoso cabello negro característico de afrodescendientes. Sin embargo, su afro natural no estaba de moda en aquel entonces, de modo que los otros niños se burlaban de ella. La situación era lo bastante grave para que la maestra lo notara y llamara a la madre de Kate, una mujer de raza blanca. Ella agradeció el consejo acerca de cómo peinar a Kate, puesto que la maestra era también afrodescendiente.

Aunque Kate siempre había sabido que era diferente, su clase de tercer grado había determinado que "diferente" era sinónimo de fealdad. Y como un patito feo de la vida real, Kate decidió que ellos tenían razón.

A nuestro enemigo le encanta usar las diferencias para promover actitudes de superioridad e inferioridad. A él no le importa si nos comparamos y resultamos con un ego inflado (como los niños de tercero que decidieron que alguien creado por Dios es feo), o un sentimiento de inferioridad (como la niña de tercer grado que decide que sus compañeros tienen la razón). De cualquier modo, nuestro enemigo gana cuando logra dividirnos.

El mensaje "tú no perteneces aquí, no estás a mi nivel", rara vez se expresa, aunque tanto adultos como niños lo comunican entre sí. El individuo "superior" da la espalda con desdén y se aleja, a lo cual el individuo "inferior" responde de igual manera. Después de ser tratado *así*, ¿para qué quedarse y recibir más maltrato? Cuando hacemos gestos de desprecio, damos la espalda a los demás, nos retraemos socialmente y levantamos muros de comparación, adivina quién gesticula complacido y dichoso. No es Jesús. Él nunca haría algo semejante. Es Satanás en todos los casos. Siempre.

Nuestro desagrado mutuo, que yo denomino "el factor de desagrado", fácilmente ahonda las divisiones entre nosotras. En el mundo resulta natural encerrarnos en nuestros pequeños círculos sociales y decidir quién es desagradable y por qué no pertenece a nuestro grupo. En cambio, en el reino de los cielos todos pertenecen, todos tienen su lugar. **En la familia de Dios todos son ilustres, no porque todos sean iguales, sino precisamente porque somos *diferentes*.** Nuestra meta es crear unidad, no uniformidad. Si todos fueran iguales, ¿para qué necesitaríamos unidad?

Una unidad diversa

La iglesia es probablemente el grupo más diverso que existe en el mundo. Nuestra membresía incluye todas las nacionalidades, razas, niveles de ingresos, habilidades y edades a lo largo de todos los siglos desde los tiempos de Jesús. Un día, nuestro Dios recibirá la alabanza de un pueblo conformado por cada tribu y lengua, reunido alrededor de su trono (Apocalipsis 7:9-12). Y, a fin de reunir este grupo diverso de personas, en unidad, Dios nos hace... espera... Dios nos hace diferentes. No *iguales*, puesto que eso nos haría uniformes. A fin de darnos unidad, Dios nos hace *diferentes*.

En su admirable sabiduría, Dios pone en las manos y en los corazones de las mujeres que nos comparamos, dones únicos cuyo propósito es edificar a las demás. Él da a una persona más de esto y a otra más de aquello. De manera deliberada, Él nos empareja en toda clase de combinaciones desconcertantes, con el propósito de reunirnos y de sacarnos de nuestros muros de comparación. De manera que no solo somos un grupo variado *en apariencia*, sino que aportamos diversos dones, habilidades, pasiones y llamados, todos inspirados por el mismo Espíritu Santo que nos une.

Una selección variada

Cuando mis hijos eran pequeños, mi esposo acostumbraba llevarlos a la tienda el domingo del Super Bowl para que ellos escogieran sus bocadillos o golosinas favoritos. Siempre llegaban sonrientes, listos a apilar su variada selección de comida chatarra sobre la mesa de la cocina. Nunca sintieron celos de los bocadillos de los demás. Nunca dijeron "¿qué?, ¿papá te compró M&Ms?". Tampoco alardeaban diciendo "papá me compró regaliz a mí y no a ti". Ellos sabían que los M&Ms, el regaliz y todo lo demás eran para compartir entre todos. Lo mismo sucede con los dones que han recibido los miembros de la iglesia.

Tal vez sea porque nuestro Padre no nos permite *escoger* nuestros dones que nosotras nos volvemos mujeres quejumbrosas que se comparan en la iglesia. Sin embargo, dado que el propósito de nuestros dones es compartirlos al estilo bufé, con una selección variada, ¿acaso no deberíamos alegrarnos por nuestras diferencias? Si diez paquetes de las mismas patatas fritas están apiladas en la mesa, lo más probable es que cada uno tome su paquete y se aleje por su lado. En cambio, cuando cada persona aporta algo diferente al banquete, nos congregamos de manera natural.

En los siguientes versículos, marca con puntos las palabras que representan diferencia o variedad. (Si lo deseas, puedes usar diferentes colores y formas para los puntos). A continuación escribe "1" encima de las palabras que indican "uno" o "semejanza".

Ahora bien, hay diversidad de dones, pero el Espíritu es

el mismo. Y hay diversidad de ministerios, pero el Señor

es el mismo. Y hay diversidad de operaciones, pero Dios,

que hace todas las cosas en todos, es el mismo. Pero a

cada uno le es dada la manifestación del Espíritu para

provecho... Pero todas estas cosas las hace uno y el mismo Espíritu, repartiendo a cada uno en particular como él quiere. Porque así como el cuerpo es uno, y tiene muchos miembros, pero todos los miembros del cuerpo, siendo muchos, son un solo cuerpo, así también Cristo. Porque por un solo Espíritu fuimos todos bautizados en un cuerpo, sean judíos o griegos, sean esclavos o libres; y a todos se nos dio a beber de un mismo Espíritu. Además, el cuerpo no es un solo miembro, sino muchos (1 Corintios 12:4-7, 11-14).

El intercambio de dones

Quizá te hayan dicho: "Deja de compararte". Sin embargo, en vista de que este pasaje se toma la molestia de señalar nuestras diferencias, tiene sentido que Dios quiera que *comparemos,* solo que a su manera y en un sentido completamente diferente. En el mundo, comparamos evaluándonos y valorándonos en relación con otras personas. Nos fijamos en las mediciones y asignamos un valor a nuestras notorias diferencias. En cambio, en la iglesia usamos la mentalidad revolucionara de Jesús para comparar. Nos enfocamos en la boca de la taza que simboliza la entrega y la generosidad.

Cuando inclino mi taza medidora, mis diferencias adquieren un nuevo propósito. En lugar de tener el impulso de llenarme o vaciarme de ego, de repente mis diferencias me ofrecen un medio único de servir a otros con generosidad. Al compararme con alguien, digo: "¿Cómo puedo suplir la necesidad de ella?", o "¿Cómo usará Dios los dones de esta mujer para ayudarme a crecer?". En lugar de evaluarnos desde cada lado de nuestros muros de comparación, nos reunimos e intercambiamos dones, lo cual produce dos resultados.

El primer resultado es que experimentamos a Dios de nuevas maneras. Incluso ahora mismo, cuando uso mis dones para escribirte y animarte, a veces siento como si Dios terminara mis frases. Miro la sección que acabo de escribir y pienso: "Esto es mejor de lo que yo hubiera podido hacer". Conozco muy bien mis limitaciones y me asombra el poder de Dios para guiarme y llenarme.

A medida que tú y yo nos disponemos a darnos en servicio a Dios y a los demás, Él, de manera sobrenatural, llena nuestras tazas. En momentos de escasez, cuando sentimos que no tenemos nada para dar, y a pesar de eso inclinamos nuestra taza, el Espíritu de Dios nos llena y nos capacita de maneras asombrosas.

El segundo resultado, cuando todas inclinamos nuestra taza de manera simultánea, cada una derramando lo que ha recibido y recibiendo los dones de las demás, se forma una unidad única. Nadie está tratando de demostrar que tiene más o que es superior. Con nuestras tazas inclinadas, las líneas no importan, de modo que nuestras inseguridades, inferioridades, orgullo y autosuficiencia se desvanecen. Al compartir con otras lo que hemos recibido, adquirimos un nuevo propósito: darnos las unas a las otras un lugar al cual pertenecer.

Eres indispensable

Sin embargo, estoy segura de que ya has notado que la iglesia no es la manifestación perfecta de unidad. Eso sucede porque, por desgracia, las diferencias que deberían unirnos a menudo son causa de división. Esto sucede cuando jugamos el juego de la comparación, en su edición eclesial. Después de resaltar las diferencias cuyo propósito es unirnos, Pablo dedica el resto del capítulo 12 de 1 Corintios a advertirnos contra la comparación, usando la analogía del cuerpo que está formado por muchas partes diferentes.

Primero vemos lo que dicen las partes del cuerpo que se comparan y se sienten inferiores. El pie se siente inferior a la mano. El oído se siente inferior al ojo. Dicen: "Es obvio que no me necesitan aquí". Pero ¿qué utilidad tiene un pie o un ojo por separado? *Por supuesto* que estas partes del cuerpo son necesarias.

En seguida vemos lo que dicen las partes del cuerpo que se comparan y se sienten superiores. El ojo no ve que necesite a la mano. La cabeza no considera que necesite a los pies. Dicen: "Es obvio que no los necesitamos aquí". Sin embargo, es una tragedia cuando un cuerpo pierde una mano o un pie. *Por supuesto* que estas partes del cuerpo son necesarias. Son indispensables.

Cuando Jeff Manion, mi pastor, predicó hace poco acerca de este pasaje, él nos contó acerca de sus nietas, Hazel y Cooper, que nacieron con dos semanas de diferencia. Dado que Hazel tiene síndrome de Down, ha experimentado retrasos en su desarrollo. Cooper aprendió a gatear antes que Hazel. Cooper aprendió a caminar antes que Hazel. Copper aprendió a hablar antes que Hazel.

De hecho, a sus tres años, Hazel todavía tiene dificultades para comunicarse, aunque ha aprendido el lenguaje de señas. Así pues, lo primero que hace Hazel cuando la abuela pasa a recogerla en el preescolar es hacer la señal del *abuelo*, para preguntar dónde está Jeff, lo cual a él le encanta.

Él dijo: "Ella recibe terapia del lenguaje dos veces por semana, y terapia física una vez por semana. Es una molestia, pero *ella* no es una molestia". Con profunda emoción, añadió: "Nuestra familia... la necesita. Tal como ella es. Sin ella, nuestra familia no sería nuestra familia. La necesitamos para ser *lo que somos*".[13]

Del mismo modo que la familia de Hazel celebra su presencia en su familia, cada uno de nosotros es ilustre en la familia de Dios. Todos somos necesarios. Todos somos importantes. Todos aportamos algo que solo nosotros podemos ofrecer.

Cuando te comparas, puede que no te sientas indispensable en tu iglesia. O tal vez *sientes* que tú eres indispensable, pero piensas que otros no lo son. Ambas conclusiones son falsas, y son el resultado de la comparación según el mundo. Esto es lo que Dios quiere que sepas: Cada parte del cuerpo es indispensable. Y Él ha organizado de manera estratégica su iglesia para que tus diferencias y las diferencias de los demás brinden a cada persona, a todos, un lugar al cual pertenecer.

---

13. Jeff Manion, "Body Works", Ada Bible Church, 8 de diciembre de 2019, 47:14, https://www.adabible.org/sermons/bodyworks/.

El que tiene más

Aunque Dios quiere que todos cultivemos unidad, Pablo da instrucciones especiales a un grupo en particular. Él dice que los miembros más "decorosos" (los presentables) han de honrar a los "menos dignos" (los que se ocultan tras bambalinas). Y adivina cómo se determina quién es quién. Por medio de la comparación.

¿Eres una mujer con muchos dones, fuerte, confiable y reconocida? ¿Es obvio que Dios ha llenado tu taza medidora con dones que son útiles para la edificación de la iglesia?[14] No está mal tener más dones, dasí como tampoco está mal tener menos dones. Los dones son regalos. No los elegimos ni los impartimos a nosotras mismas, y nuestros dones no añaden valor a nuestra persona. Permíteme repetir esto. Tus muchos dones no te hacen más valiosa. Sin embargo, cuando Dios llena más tu taza, al mismo tiempo te delega una responsabilidad adicional. Es la salsa secreta de la unidad en la iglesia. ¿Estás lista para escuchar la instrucción? Si tu respuesta es afirmativa, he aquí tu misión: Tienes que identificar a aquellos que están en riesgo de ser marginados o ignorados, y debes honrarlos (1 Corintios 12:23).

Si eres una mujer con muchos dones, tu humildad ejerce esa clase de influencia. Cuando inclinas tu taza medidora y honras a los que se sienten más pequeños haciéndote pequeña *tú misma*, representas a Jesús con fidelidad porque, ¿no es eso precisamente lo que Él hizo? Honrar a otros no significa negar lo que hay en tu taza ni fingir que no tienes dones. Tampoco significa renunciar a tu dignidad y tu valor. Cuando Jesús se humilló y se convirtió en hombre no hizo nada de eso. Aunque su grandeza era insuperable, su humildad lo hizo aún más grande (Filipenses 2:8-9). Y cuando tú, al igual que Jesús, consideras a los demás como superiores a ti misma (Filipenses 2:3), tú también creces en humildad.

Tal vez hayas observado este fenómeno en otros. Cuando una mujer, con grandes dones honra y exalta a otros en lugar de compararlos o menospreciarlos, ¿acaso no la aprecias todavía más? Como señala John Dickson en su libro *Humilitas*: "La humildad hace al grande aún

---

14. Primera de Corintios 14:26 declara ser este el propósito de nuestros dones: "Hágase todo para edificación [de la iglesia]".

más grande".[15] Y 1 Corintios 12, versículos 23 y 25, nos señalan otro beneficio: "y aquellos del cuerpo que nos parecen menos dignos, a éstos vestimos más dignamente... para que no haya desavenencia en el cuerpo". Cuando las personas honorables se disponen a dar honra a otros, la unidad se fortalece. Y esta es la clase de unidad que Satanás no puede traspasar.

MAYOR HONRA

Mi familia asiste a una gran iglesia con múltiples sedes que tiene un equipo de producción encargado de supervisar nuestros cultos de adoración. Cuando invitaron a mi hija de diecisiete años a tocar el teclado para el grupo de alabanza, se emocionó mucho, pero también se sintió temerosa.

Lindsay recuerda cómo sus manos temblaban en el teclado la primera vez que ayudó a dirigir la alabanza desde la plataforma. Balanceaba su cabeza y era evidente que, mientras tocaba, estaba contando *uno, dos, tres, cuatro*. Puso todo su empeño para no equivocarse en nada.

Pero ¿sabes qué fue una gran bendición para *mí*? Dos adultos que compartieron plataforma con Lindsay. Ash, que alguna vez fue cantante en giras profesionales y tiene una voz extraordinaria. Y Joel, un guitarrista fuera de serie. Ambos sirven como parte del equipo de alabanza de nuestra iglesia, y ambos se tomaron la molestia de animar y afirmar a Lindsay.

Lindsay era entonces una estudiante que asistía a una universidad en otro estado, y servía en la adoración cuando estaba en casa porque era su manera de servir y a la vez pertenecer a la iglesia. El verano pasado, detrás del escenario, Lindsay oyó cómo Ash y Joel se recordaban mutuamente animar especialmente al nuevo percusionista, un estudiante de secundaria. *Tal vez es así como ellos han hablado de mí*, pensó Lindsay con una sonrisa.

Es evidente que Joel y Ash merecen más honra. Sin embargo, en lugar de hacer cara de desagrado cuando un adolescente manifiesta interés en liderar la alabanza en la iglesia, o de criticar los errores de torpeza de Lindsay, Joel y Ash dan "mayor honra" a los músicos menos

---

15. John Dickson, *Humilitas* (Grand Rapids: Zondervan, 2011), 79.

experimentados del grupo. Con ello, estos "grandes" se hacen aún más grandes, al cultivar la unidad y la pertenencia.

Amigas, todos somos diferentes. Tenemos piel blanca y negra. Somos ricos y pobres. Ocupamos cargos humildes o de gran importancia. Somos gente joven y gente mayor. Estamos casados y solteros. Somos hombres y mujeres. Somos la iglesia.

Satanás quiere destruirnos con la misma violencia con la cual destrozó el cuerpo de Cristo. ¿Y con qué nos ataca el enemigo? Él usa las mismas diferencias que sirven para unirnos. Con nuestros corazones llenos de egocentrismo, miramos a cada lado y observamos las diferencias, y al final concluimos: "Es obvio que no me necesitan aquí" o "es obvio que no los necesito". Sin embargo, Jesús nunca diría tal cosa. Nuestro Rey Jesús, que nos une y es la cabeza del cuerpo, nos llama a vivir conforme a la sabiduría de lo alto, nos invita a comparar de acuerdo con sus criterios revolucionarios y a decir: "Me necesitan aquí. ¿A quién puedo servir?".

¿Eres seguidora de Jesús? Entonces fuiste diseñada para ser parte de su iglesia, la cual se caracteriza por la diversidad. Dios organizó todo estratégicamente para que algo haga falta en la receta, un ingrediente que ha puesto en tus manos. ¿Cómo piensas practicar la humildad de tal modo que puedas dar y también recibir de otros? Al hacerlo, cultivarás la unidad y fomentarás un lugar de pertenencia para todos.

≈ Cuenta una ocasión en la cual experimentaste un sentido de pertenencia con otros cristianos. ¿Cómo fueron reconocidos y recibidos tus singulares dones? ¿Cómo reconociste y recibiste tú los dones de otros?

≈ Escribe o imprime 1 Corintios 12:12-26 y marca encima con un "+" cualquier ejemplo de superioridad, y con un "-" ejemplos de inferioridad. Encierra en un círculo cualquier palabra o frase que resalte la unidad.

≈ En ese mismo pasaje, subraya cualquier frase que suene parecido a lo que tú dirías o pensarías. ¿De qué modo te llevaría esto a alejarte de otros cristianos? ¿Qué actitud o reacción te pide Dios que cambies?

≈ Haz una lista de las maneras en las que Dios ha llenado tu taza medidora con dones, habilidades y recursos únicos[16]. ¿Cómo te pide Él servir a otros con lo que tienes? ¿Cómo podría esto crear unidad?

Para meditar: 1 Corintios 12:24-25

Pero Dios ordenó el cuerpo, dando más abundante honor al que le faltaba, para que no haya desavenencia en el cuerpo, sino que los miembros todos se preocupen los unos por los otros.

Dios creó nuestras diferencias para unirnos. Nuestro enemigo usa nuestras diferencias para separarnos. La unidad, no la uniformidad, es la meta. *Señor, quiero aportar mis dones y recibir los dones de otros, a fin de darnos mutuamente un propósito y un lugar al cual pertenecer.*

---

16. Los pasajes en esta lección hablan acerca de los dones espirituales. Sin embargo, el Espíritu también nos pide con frecuencia usar una capacidad, un recurso o una posición para edificar la fe de otros, que es el propósito de los dones espirituales (1 Corintios 14:26).

Capítulo dos

Comparar tu pecado
y el mío

Un día, cuando nuestro hijo Cade tenía unos tres años, mi esposo dijo: "Shannon, tenemos que ponernos de acuerdo en disciplinar sistemáticamente a Cade por contestar con insolencia. ¿Debería sentarse en un rincón durante cinco minutos?". Yo estuve de acuerdo, y mientras Cade estaba en su pequeña silla frente a la pared, su hermano mayor se acercó a comentarme una idea que tenía.

En voz baja, dijo: "Mamá he estado pensando. Cade necesita mejorar en algunas cosas. Tal vez nosotros cuatro, tú, papá, Lindsay y yo, podríamos reunirnos y hablar acerca de cómo ayudar a Cade son su pecado. Ya sabes... ¿podríamos incluso comer bocadillos mientras intercambiamos algunas ideas en nuestra reunión?".

Me hizo gracia imaginar lo que Cole, a sus seis años, tenía en mente. ¿Estaría Cade en el rincón mientras se llevaba a cabo esta reunión? ¿Alcanzaría a oler los bocadillos y oír de nuestras creativas ideas acerca de cómo corregir su pecado?

Cuando nos comparamos, nuestra tendencia es magnificar los pecados de otros y minimizar los propios. Se siente bien señalar al ofensor de turno que está castigado en el rincón. Nos gusta jugar al juzgado, contar historias y comer bocadillos. Sin embargo, Jesús dice que la mejor historia la cuenta el acusado que sabe que merece estar en el rincón y clama: "¡Dios, perdóname, porque soy pecador!". Esta persona es la que encuentra a Aquel que levanta su cabeza (Salmos 3:3).

Lección 1: Indignación y repulsión
Lee Lucas 18:9-14

KENDALL Y YO estábamos sentadas con las piernas cruzadas en un rincón del recinto. Estábamos en la escuela bíblica de vacaciones de nuestra iglesia, y ella había respondido al llamado del evangelio que se había hecho desde el púlpito. "Kendall, ¿te sientes culpable por tu pecado?", pregunté. Cuando hablo con niños acerca de la salvación, empiezo siempre con esta pregunta, porque ellos no pueden entender las buenas noticias a menos que entiendan las malas noticias. Sin embargo, Kendall no entendía ni lo uno ni lo otro.

"Oh, yo no peco", respondió.

Leí, pues, un pasaje del Nuevo Testamento que presenta una lista de pecados y pregunté: "¿Alguna vez has hecho una o varias cosas como estas?". Nada. Entonces leí Romanos 3:23: "Por cuanto todos pecaron, y están destituidos de la gloria de Dios". Hice énfasis en la palabra *todos*. Kendall escuchó amablemente y luego dijo que estaba lista para volver a su grupo. Cuando llegó allí, el líder de su grupo le preguntó con emoción si ella tenía algo que compartir.

Entonces dijo: "*Todos* ustedes han pecado". Cuando pronunció la palabra *todos*, señaló con su dedo a todo el grupo. Luego, para resaltar aún más la idea, se inclinó un poco más y repitió al tiempo que señalaba a todos: "*Todos* ustedes". Kendall se había mostrado reticente para reconocer su propio pecado, pero casi sentía placer cuando tuvo la oportunidad de señalar al resto del grupo el pecado de todos ellos.

Ahora bien, antes de ponernos a reír, pensemos cómo, en cierta medida, todas somos como Kendall.

DOS MALOS

En nuestro estudio de hoy, Jesús cuenta una parábola a algunos líderes religiosos "que confiaban en sí mismos como justos, y menospreciaban a los otros" (Lucas 18:9). Estos líderes pensaban que el pecado de todos los demás era un problema, pero no el de ellos. ¿Te has dado cuenta cómo la confianza en la propia justicia y el menosprecio a menudo se juntan en nuestro corazón? Cuando medimos nuestra bondad al compararla con la maldad de otros, naturalmente los miramos con desprecio e indignación. De modo que Jesús cuenta una historia acerca de un fariseo que hace precisamente eso.

"Dos hombres subieron al templo a orar: uno era fariseo, y el otro publicano" (Lucas 18:10). Cuando tú y yo escuchamos a Jesús narrar esta historia, de inmediato damos por hecho que el fariseo es el malo. ¿Por qué? Porque eso es lo que cada maestro de escuela dominical, predicador y líder de estudio bíblico nos han dicho toda la vida. Sin embargo, los judíos daban por hecho que el fariseo era el *bueno*. ¿Por qué? Porque eso es lo que les habían dicho a *ellos* toda la vida.

Los fariseos eran los que estudiaban, interpretaban y enseñaban la ley de Dios, la cual regía en Israel. Todos, y en especial otros líderes religiosos, los consideraban eminentes y superiores. De manera que cuando Jesús empieza una historia acerca de un fariseo y un publicano, sus oyentes piensan: "Este es el bueno, aquel es el malo". En realidad, *ambos* son malos, y eso es precisamente lo que Jesús quiere señalar.

Permíteme añadir una observación cultural adicional. Cuando Jesús habla acerca de entrar en el templo, puede que tú y yo imaginemos dos hombres entrando en una iglesia para orar en privado, pero en Oriente Medio se daría por hecho que estos hombres asistían a la oración colectiva de la mañana o de la tarde.[1] Imagina entonces al fariseo entre otros adoradores que, aunque están reunidos en el altar, toman distancia porque quieren evitar rozar a alguien y así quedar impuros.[2]

El hecho de saber que había otras personas presentes cambia nuestra percepción de la oración del fariseo, la cual él usa para distanciarse aún más: "Dios, te doy gracias porque no soy como los otros hombres, ladrones, injustos, adúlteros, ni aun como este publicano" (Lucas 18:11). Puede que este fariseo haya caminado junto al publicano, pero espiritualmente se encuentra a kilómetros de distancia, y él quiere que todo el mundo lo sepa.

---

1. Kenneth E. Bailey, *Through Peasant Eyes: A Literary-Cultural Approach to the Parables of Luke*, varios ed. (Grand Rapids: Eerdmans, 1983), 145.

2. Bailey, *Through Peasant Eyes*, 148.

EL PROBLEMA CON LA CONFIANZA EN LA JUSTICIA PROPIA

Por su parte, el publicano resultaba ser a todas luces el malo de la historia. Los publicanos recaudaban impuestos para Roma, no para Israel. Roma era un invasor que ocupó su tierra durante casi cien años.[3] Los impuestos de Roma eran como grilletes que frenaban el progreso de los judíos. Además, los publicanos se enriquecían añadiendo sus propios honorarios elevados. Los judíos miraban a los publicanos de la misma manera que yo miraría a un vecino que se enriquece con pornografía, el tráfico humano o el tráfico de drogas... con repugnancia.

Observa cómo el fariseo clasifica al publicano en otra categoría. No da gracias a Dios por guardarlo de la codicia vinculada al oficio de recaudar impuestos. ¿Traicionar a su país? ¡Él *nunca* haría tal cosa! No *podría*. En lugar de eso, da gracias a Dios porque él no es *como* el publicano, no es la *clase* de persona que haría semejante cosa, y da por sentado que Dios está de acuerdo con eso. El fariseo presume de ser íntimo amigo de Dios, diciendo: "¿Puedes creer que exista esa clase de persona?", a lo cual, según él, Dios responde: "Sí, lo sé. ¡Qué terrible!". Pero el fariseo está completamente equivocado.

La ley de Dios, que el fariseo conocía al derecho y al revés, no fue dada para que nosotros nos diferenciemos de otros y nos enaltezcamos. Su propósito era revelarnos a cada uno de nosotros nuestra condición común. *Todos* hemos pecado.

El problema con la confianza en la propia justicia es que se basa en el yo, por lo que está completamente distorsionada. El fariseo se veía justo por todas las cosas que él hacía y que no hacía, las cuales enumeró de manera impecable en su oración. Desde su pedestal, el fariseo se compara con el publicano, lo cual es totalmente equivocado. Lo que él necesita realmente es compararse, desde su miseria, con Dios.

Si pudiéramos ver cuán grande, cuán puro y cuán santo es Dios, nunca nos enalteceríamos en su presencia. En vez de murmurar a Dios respecto a otro pecador, sabríamos que es menester hablarle de nosotros mismos.

---

3. *ESV Study Bible* (Wheaton, IL: Crossway Bibles, 2008), 1793-94.

El pecado de la repulsión

Imagínate a ti misma entrando en la iglesia. Observas a otra mujer que se dirige a la puerta y que no "pertenece" a la iglesia. Tal vez conozcas algunos detalles acerca de esta mujer específica, o ella sea un tipo de mujer junto a la cual no soportas sentarte.

¿Te cuesta trabajo imaginar tal mujer? Tal vez tú acostumbras a dar la bienvenida a todos, piensas lo mejor de los demás, y siempre expresas amabilidad y gracia. Entonces piensa en lo siguiente. ¿Cómo te sientes respecto a las personas que *no* expresan amabilidad y gracia? La dama de la iglesia que hace cara de indignación y que no está dispuesta a sentarse junto a una "pecadora". Si tu reacción es: "¡Esa intolerante! Yo jamás trataría a las personas como ella las trata". ¿No te parece que eso es compararse, con repulsión, desde un pedestal?

Este es el problema. **Las mujeres que comparamos tenemos la tendencia a minimizar nuestro propio pecado de mirar con aires de superioridad a las personas en pecado.** Es uno de esos "pecados respetables" que aun las más piadosas entre nosotras, que lideran estudios bíblicos, preparan comida para funerales y oran diariamente por sus nietos, cometen con regularidad. Y nos sentimos cómodas haciendo lo mismo.

Decimos "yo *nunca* haría tal cosa", señalando con indignación el pecado de otro. Sin embargo, al hacerlo, somos incapaces de ver nuestro propio desprecio como pecado. Cada vez que torcemos los ojos, jadeamos horrorizadas, o miramos con repulsión a otros, ofendemos a Dios, el Hacedor de todos ellos.

Lo contrario del amor

En su libro *Christians in the Age of Outrage*, Ed Stetzer sostiene que lo contrario del amor no es odio sino repulsión.[4] Es imposible que una persona ame a otra cuando se compara con ella desde un pedestal sintiéndose confiada en su propia justicia. Sin darnos cuenta, retrocedemos como el fariseo se apartó del publicano. O como Wendy de su amiga.

---

4. Ed Stetzer, *Christians in the Age of Outrage: How to Bring Our Best When the World Is at Its Worst* (Carol Stream, IL: Tyndale Momentum, 2018), 204-205.

Wendy se escandalizó cuando su querida amiga le confesó que había usado Botox. *¡Qué vanidad!*, pensó Wendy. *¡Cuánto me alegra no hacer esas cosas! Todo lo que admiro de su belleza resulta ser postizo.* Sin embargo, Wendy empezó a preocuparse de que su grupo de amigas se preguntaría por qué *ella* no usaba Botox. Ese pensamiento la volvió insegura, de manera que empezó a investigar los precios de Botox. Entonces volvió a quedar escandalizada. Pensó: *¿Cómo es posible que puedan pagarse algo tan costoso?*

Con el tiempo, Wendy se dio cuenta de que su repulsión la estaba llevando a aislarse. Necesitó humillarse y dejar que su amiga se ocupara de resolver con Dios su asunto con el Botox y sus altos costos. Solo cuando Wendy dejó de compararse con aires de superioridad y con repulsión, pudo recuperar el amor puro que sentía por su amiga.

Jesús quiere que amemos a nuestro prójimo como Él lo hizo. No con la actitud de "amar al pecador y odiar el pecado", sino como lo expresa Stetzer, con una actitud de "amar al pecador como yo he sido amado".[5] Dios solo me ha asignado ocuparme del pecado de una persona: el mío propio. A todos los demás, estoy llamada a amar.

EL DESAFÍO PARA VENCER LA REPULSIÓN

Como mujer que me comparo, reconozco que, al igual que Wendy, he consentido demasiado mi propia repulsión. Me producen repulsión los cónyuges infieles. Me producen repulsión los políticos corruptos. Me produce repulsión la mujer en la fila rápida que tiene más de veinte artículos para pagar. *Yo nunca...*, es lo que pienso a mis adentros. Pero con cuánta facilidad mi repulsión me convierte en una mujer orgullosa, amargada, crítica y altiva, exactamente el tipo de persona que nunca quiero llegar a ser.

He notado que cuando miro a alguien con repulsión en una actitud de superioridad, lo hago por lo general desde una posición a la cual yo misma me he elevado. Así pues, para desarraigar mi repulsión interior (que probablemente también es más evidente de lo que me doy cuenta), hace poco invité a algunas amigas a que me acompañaran a una actividad de "desafío para vencer la repulsión". Durante tres

---

5. Stetzer, *Christians in the Age of Outrage*, 206.

semanas trabajamos para eliminar la repulsión de nuestros rostros, palabras y corazones. A medida que mis amigas y yo nos comunicábamos nuestro progreso, encontramos algunas situaciones que habían dado origen a nuestra repulsión:

- Una colega que, otra vez, no hizo su trabajo.
- Una mujer que estaba dividiendo la iglesia con su pecado.
- Una amiga recién divorciada que indagaba nuevas formas de coquetear.
- Una pariente que tiene considerables deudas y agendó unas vacaciones.
- Una amiga que compartió una publicación de Facebook con fuerte contenido político.

Observa cómo un pecado o un mal hábito que alguien tenía que corregir fue lo que desencadenó la repulsión. Sin embargo, como bien sabes, la repulsión no gana amigos ni influye en las personas. El instante en el cual yo introduzco la variable "repulsión", lo único que suscito en la otra persona es repulsión, y pierdo la oportunidad de influir en ella. Por el contrario, cuando abandono la repulsión, la otra persona está más dispuesta a escuchar.

Hace poco me di cuenta de esto cuando le di a mi hijo adolescente algunas instrucciones acerca de cómo limpiar. Era su quinto día de estar en casa por causa de la nieve, y su ayuda me permitía ahorrar tiempo y a la vez lo mantenía ocupado. Sin embargo, él volteaba los ojos en gesto de oposición, lo cual despertaba en mí una gran repulsión. "Ya has tenido *días* para hacer lo que quieres. ¿Por qué no puedes *ayudar* y ya? ¿Piensas realmente que tus juegos de vídeo son más importantes que mi trabajo de escribir?". Entonces recordé lo que estoy escribiendo.

Me disculpé con mi hijo, hice una pausa y repetí mi mensaje, esta vez sin el elemento repulsivo. No hice caras. No señalé con el dedo. No levanté la voz. Solo dije: "Amorcito, ya has tenido bastantes días de descanso por la nieve. ¿Podrías ayudarme un poco con la limpieza?". El contraste en su respuesta fue asombroso: "Claro que sí, mami", dijo, y enchufó la aspiradora.

Cuando tratamos a otros pecadores con señalamientos e indignación, activamos sus defensas y los alejamos de nosotras. La repulsión solo nos aísla aún más.

UNA CARENCIA INFINITA

El fariseo, orando a todo pulmón para que otros en el templo lo escucharan, comunicó dos mensajes conectados de manera intrínseca: Uno, que él era justo y el publicano un pecador. Y dos, con su repulsión el fariseo reveló su propia maldad. Todos hemos pecado y no estamos a la altura de la norma perfecta de Dios. *Todos*. Y eso es en realidad lo que todos necesitamos saber. Puede ser que mi "deficiencia" sea menos notoria que la "deficiencia" de la persona que está a mi lado, pero medir la diferencia es un ejercicio inútil. En vez de mirar hacia los lados, a los demás, para medir el pecado, debemos mirar hacia arriba y considerar la justicia de Dios.

Puesto que Dios es infinitamente puro, mi pecado contra Él es, proporcionalmente, infinito. Yo solía explicar esto a mis hijos de la siguiente manera: "Imagina que golpeas a tu hermano. Eso estaría mal, ¿no es así? Pero si pierdes los estribos y golpeas al director de tu escuela, eso sería peor ¿no es así? Y si golpeas al presidente de los Estados Unidos, eso sería todavía peor. Sin embargo, ¿qué piensas de golpear a *Dios*?". La gravedad de una ofensa depende no solo del acto cometido, sino de la persona contra la cual hemos cometido una ofensa.

Puesto que el valor de Dios es infinito, nuestro castigo por el pecado, incluso los pecados pequeños, debe ser proporcionalmente severo. Si fuéramos juzgados por nuestros méritos delante de Dios, todos seríamos declarados culpables, estaríamos condenados a una sentencia de un trillón de años. Sería necesaria una eternidad para hacer justicia. Cuán absurdo resulta que un criminal con una condena de un trillón de años mire a otro convicto con la misma sentencia, y diga: "Yo *nunca* haría tal cosa". Y cuán asombroso es que Dios nos mire a todos con compasión, a pesar de lo que hayamos hecho, y nos ame tanto: "Mas Dios muestra su amor para con nosotros, en que siendo aún pecadores, Cristo murió por nosotros" (Romanos 5:8).

Uno volvió a casa justificado

En la parábola, tanto el fariseo como el publicano eran pecadores, pero solo uno de ellos lo sabía, y lo demostró. El publicano golpeó su pecho y no se atrevió a levantar su mirada al cielo cuando clamó misericordia de parte de Dios. En el lenguaje original, su oración se lee de la siguiente manera: "Dios, ¡ten misericordia de mí, el pecador!". Él no miraba a los demás para compararse; sus ojos estaban postrados mientras se humillaba delante de Dios. Y fue él, no el fariseo, quien volvió a su casa justificado.

David el salmista clama a Dios en el Salmo 3:3: "Mas tú, Jehová, eres escudo alrededor de mí; mi gloria, y el que levanta mi cabeza". Nuestro Dios levanta la cabeza del que se humilla en arrepentimiento por el pecado, no del que neciamente levanta su cabeza y mira desde un pedestal a los otros pecadores.

La comparación instructiva: Cualquiera que se enaltece, será humillado; y el que se humilla será enaltecido (ver Lucas 18:14).

Jesús concluyó la historia con una de sus comparaciones instructivas: La persona que se enaltece será humillada, pero la persona que se humilla será enaltecida (ver Lucas 18:14). Cuando escucho estas palabras, siento que Jesús me invita a revivir la historia. ¿Soy como el fariseo que se enaltece y mira a lado y lado a los demás con repulsión? ¿O soy como el publicano que inclina su mirada en arrepentimiento y se humilla? Todos hemos pecado, pero solo los humildes encuentran "al que levanta mi cabeza".

≈ ¿Alguna vez, como el fariseo, te has asignado una categoría aparte de otro pecador, expresando tu repulsión por otros? ¿Cómo te pide Dios corregir esta actitud?

≈ ¿Cuál es el mensaje de esta historia que narra Jesús para aquellos que se comparan con otros en actitud de repulsión?

≈ Lee Romanos 4:4-8. Toma una hoja de papel y dóblala por la mitad. Ahora desdóblala y dibuja una figura humana en una mitad. Luego, toma un bloque de notas adhesivas y haz una lista de tus pecados más graves. En la otra mitad de la hoja, escribe "Dios" con las letras más grandes que puedas. En seguida, traza flechas desde cada pecado hacia Dios, puesto que es a Él a quien has ofendido. Por último, dibuja una gran cruz entre "tú" y "Dios". Retira, una a una, las notas adhesivas, y rómpelas en pedazos. En el espacio disponible encima de la figura que te representa, escribe "la justicia de Jesús". Ora en voz alta las palabras de Romanos 4:7-8.

≈ Lee Romanos 5:8-11. ¿De qué manera la muerte de Jesús en la cruz abrió el camino para tu justificación, o para declararte libre de culpa? ¿A quién necesitas comunicar esta buena noticia?

Para meditar: Romanos 4:7-8 (NTV)

Oh, qué alegría para aquellos
   a quienes se les perdona la desobediencia,
   a quienes se les cubren los pecados.
Sí, qué alegría para aquellos
   A quienes el Señor les borró el pecado de su cuenta.

Cuando yo mido mi pecado mirando a los otros y en actitud repulsiva, lo único que logro es alimentar mi orgullo y mi confianza en mi propia justicia. En lugar de eso, yo debería mirar a lo alto. *Dios, ten misericordia de mí, la pecadora. Gracias porque Jesús hizo posible que mi pecado fuera limpiado.*

Lección 2: Un tribunal vacío
Lee Lucas 18:9-14

Cuando Jesús terminó su parábola diciendo que el publicano volvió a casa justificado, es probable que se hayan escuchado algunos suspiros de asombro. Es indudable que el público de Jesús esperaba que el fariseo fuera el personaje exaltado.

Imagínate al fariseo cuando entra en el templo y dibújalo en tu mente. Añade un globo de diálogo encima de su cabeza que dice: "Yo soy el bueno". Y luego ponte en sus zapatos, o mejor, en sus sandalias.

Lenguaje judicial

Jesús contó esta parábola a "unos que confiaban en sí mismos como justos, y menospreciaban a los otros" (Lucas 18:9). En la última lección hablamos acerca del problema de compararse desde un pedestal con desprecio y repulsión por los demás. Esta vez hablaremos acerca de confiar en nosotras mismas como justas. Por otro lado, hablaremos acerca del desaliento que sentimos cuando nuestra taza medidora está vacía de toda justicia, y todos lo saben. Definitivamente hay mucho por aprender.

Jesús terminó la parábola del fariseo y el publicano diciéndonos que uno de los hombres se fue "justificado". Este es un término jurídico. Tiene su origen en el concepto de "justicia". Ser justificado es ser declarado inocente, y eso es lo que busca el fariseo en la historia. A pesar de que fue al templo a orar, en realidad sus palabras, que reflejan su corazón, suenan más como si estuviera en un tribunal.

Empieza llamándose a sí mismo al estrado como un testigo, diciendo: "no soy como los otros hombres, ladrones, injustos, adúlteros, ni aun como este publicano" (Lucas 18:11). Luego presenta más evidencia, diciendo: "ayuno dos veces a la semana, doy diezmos de todo lo que gano (Lucas 18:12).

El fariseo no se enfoca realmente en Dios cuando ora en el templo. En realidad, está mirando a las personas a su alrededor para preparar su defensa. Sus esfuerzos superan de lejos a todos los demás, puesto que ayunar dos veces a la semana no es un requerimiento, como tampoco lo es diezmar de sus compras (que otros ya han diezmado de antemano).[6] Además, las otras personas cometen pecados de los cuales él *no* es culpable. Comparado con ellos (y en especial con el publicano), ¡él es un santo!

Cuando el fariseo presenta su integridad, virtud y fidelidad de

---

6. Klyne R. Snodgrass, *Stories with Intent: A Comprehensive Guide to the Parables of Jesus*, 2nd ed. (Grand Rapids: Eerdmans, 2018), 467.

esposo como evidencia, hace una declaración conclusiva: Él es uno de los buenos. Sin embargo, el hecho de que trata de defender su caso constituye, precisamente, el problema. Nadie va a un tribunal a declarar que es malo. Todos van a defenderse y a exaltarse a sí mismos. Sin embargo, "no hay justo, ni aun uno" (Romanos 3:10).

Mujeres que se comparan, en el tribunal

Cuando nos comparamos, miramos a los lados igual que el fariseo, tratando de demostrar que estamos en lo correcto, no equivocadas. Presentamos la evidencia de que somos buenas, no malas. Presentamos las pruebas de que sí damos la talla. Tim Keller dice: "Lo que todos buscamos es un *veredicto definitivo* que determine que somos importantes y valiosos... Y eso significa que cada día estamos siendo procesados. Cada día volvemos al tribunal".[7]

Cuán cierto es esto acerca de mí. Lo es cuando una amiga cuestiona mi decisión de enviar a mis hijos a la escuela pública. O cuando un pariente cuestiona mis motivos por ser una madre que trabaja. O cuando mi jefe pone en duda mi carácter al monitorear mis gastos. Cada vez que alguien señala de algún modo mis *carencias* o cuánto le falta a mi taza medidora en justicia, siento de inmediato el impulso de compararme y ambicionar. ¿Qué hago entonces? Abro la pesada puerta del tribunal y vuelvo a sentarme a trabajar en argumentar mi defensa.

Me gusta dedicar mucho tiempo a mi defensa, sentada frente a una amiga, una pariente o una completa extraña imaginaria que hace el papel de fiscal. Con frecuencia, pongo palabras en su boca según lo que me imagino que piensa de mí, y yo respondo: "Bueno, esto es lo que *no* sabes...". O "esas son suposiciones. Permíteme contarte las cosas desde *mi* perspectiva". Como el fariseo, me justifico señalando las faltas de otros y presentando evidencia a mi favor.

Cabe anotar que estas sesiones de tribunal no se llevan a cabo en público. De hecho, nadie sabe que estoy ahí. Rara vez me defiendo

---

7. Timothy Keller, *The Freedom of Self-Forgetfulness* (Chorley, Inglaterra: 10Publishing, 2012), 37-38. Publicado en español con el título *Autoolvido: El camino de la verdadera libertad*, por Andamio.

públicamente, porque prefiero (como el fariseo) defender mi caso en un entorno donde nadie puede refutarlo. Y cuando termino, esto es lo que he observado. Lo último que yo quiero hacer es almorzar con la persona con la que acabo de estar en el tribunal. De modo que la evito. Me aparto. Mantengo mi distancia. Al igual que el fariseo, empiezo a disfrutar del espacio a mi alrededor.

Entiendo que esto pueda sonar neurótico, pero me pregunto si quizá tú también podrías ser un poco neurótica. ¿Te has apartado de alguien porque te preocupaba lo que *realmente* pensaba esa persona? ¿Entras en el tribunal y te defiendes a ti misma contra los argumentos que se han pronunciado o callado? ¿Peleas por un veredicto definitivo con la esperanza de demostrar tu valor, tu importancia o tu dignidad?

La culpa como un asunto resuelto

Al igual que el publicano, tenemos un montón de pruebas contra nosotras que es tan alta y tan ancha que llega hasta el cielo. Y un día estaremos delante del Juez Supremo del universo. Si fuera un juicio justo, tú y yo seríamos condenadas eternamente por Dios. Pero este juicio *no* es justo, porque alguien se adelantó y enfrentó el juicio en nuestro lugar.

> [Jesús] fue entregado por nuestras transgresiones, y resucitado para nuestra justificación (Romanos 4:25).

¿Has sido justificada delante de Dios? Como el publicano, ¿te has postrado delante de Dios dolida por tu pecado? ¿Te has sentido tan indigna que no te atreves a levantar tus ojos al cielo, mucho menos a otros para defender tu caso? ¿Te has presentado delante de Dios en humildad diciendo "ten misericordia de mí, que soy pecadora"?

Si es así, tu veredicto está listo. El Juez te ha declarado "no culpable". En virtud del sacrificio de Jesús, se ha aplicado justicia. Este fallo debería dejarnos perplejas. ¡Nuestro juicio ha concluido! No hay condenación. En Cristo somos *justificadas*. Al oír esto, tú y yo deberíamos abrazar a todo el que se nos aparezca, con nuestro maquillaje corrido, saliendo de ese tribunal danzando.

Eso es lo que deberíamos estar haciendo. En cambio, muchas de nosotras actuamos como si el tribunal estuviera en sesión permanente.

Imagina esto. Si Jesús hubiera continuado su historia y hubiera dicho que el publicano, después de volver a su casa justificado, regresaba al templo día tras día orando como el fariseo con una lista de toda la evidencia de su justicia, ¿qué pensarías? Después de experimentar semejante misericordia, eso no encajaría, ¿estás de acuerdo? Sin embargo, esto es exactamente lo que yo hago cuando, después de ser justificada por Dios, regreso al tribunal para alegar mi caso.

LA EVIDENCIA AL DESCUBIERTO

Como mujeres que batallamos con la comparación y el anhelo de dar la talla, esta es la pregunta que me planteo antes de volver al tribunal: ¿Por qué importa tanto si alguien conoce mi pecado y mis imperfecciones? ¿Acaso la cruz no los ha dejado ya al descubierto? Si yo quisiera que las personas pensaran que yo no tengo pecado, definitivamente no mencionaría el hecho de que soy cristiana, porque son los cristianos los que dicen: "Jesús, ¡soy malo y no puedo salvarme a mí mismo!".[8]

Sí, puede que otros señalen mis faltas que yo preferiría pasar por alto. Puede que lancen sus juicios por la manera en que se comportan mis hijos o por las deficiencias de mi matrimonio. Puede que condenen mi adicción a la comida y a las redes sociales, o mis hábitos pecaminosos de enojarme o preocuparme. Y cuando lo hacen, mi respuesta debe ser simplemente: "Sí, ¿pero acaso no lo sabían? Ya les dije, soy cristiana. Jesús murió por mi pecado. Así de *grave* es".[9] ¡Y, en verdad, lo es!

Cuando Pablo enfrentaba las críticas de otras personas, escribió: "En cuanto a mí, es de poca importancia que yo sea juzgado por ustedes o por cualquier tribunal humano. De hecho, ni aun yo me juzgo a mí mismo... pues el que me juzga es el Señor" (1 Corintios 4:3-4, NBLA). El único tribunal al que yo debería regresar es aquel donde Dios ya ha dado su sentencia, no para reabrir mi caso, sino como un peregrino que visita un monumento sagrado.

---

8. Milton Vincent, *A Gospel Primer* (Bemidji, MN: Focus, 2011), 34.
9. Vincent, *A Gospel Primer*, 34.

Los expedientes están abiertos y puedo verlos en cualquier momento. Todo está al descubierto delante de un Dios santo, y todo ofrece una evidencia que demuestra dos cosas: Que yo soy mucho más malvada de lo que jamás he creído, y mucho más amada y valorada por Dios de lo que jamás he imaginado.[10] Quizá te preguntes: *¿Cuál es la evidencia de este amor?* He aquí la evidencia: Jesús enfrentó el juicio en mi lugar. Con todos los dedos apuntando a su cara, Él recibió mi veredicto culpable y bebió cada gota de la ira de Dios. ¿Por qué? Porque Él me *ama*. Él me *valora*. La evidencia de esto grita desde el monte Gólgota y susurra en cada página de las Escrituras. Cristo me ama, bien lo sé.

Regresar al tribunal

Entonces, ¿qué comunico acerca del gran amor de Cristo cuando ando por ahí como un fariseo con un globo encima de mi cabeza que dice: "Yo soy la buena y voy a demostrarlo"? ¿Qué expreso cuando abro la pesada puerta del tribunal y vuelvo a llamar a testigos, presentar pruebas y esforzarme por demostrar mi inocencia? ¿Qué comunico cuando me obsesiono por el juicio que veo en los ojos de otras personas cuando señalan las líneas? ¿O cuando vuelvo a repasar una y otra ves mis horribles crímenes y me encojo de vergüenza?

Cuando balbuceo en mi defensa, sugiero que la sangre de Jesús no fue suficiente. **Cuando me encojo bajo la condenación de otros, sugiero que el veredicto de Dios no fue definitivo y que su fallo no es el más importante.** Cuando trato de cubrir mi vergüenza con evidencia de lo contrario, sugiero que Aquel que levanta mi cabeza no es poderoso para hacerlo. Sin embargo, ninguna de estas sugerencias tiene una pizca de verdad.

Piensa en la comparación instructiva que Jesús usó para terminar esta parábola: "Les digo que este [el publicano] descendió a su casa justificado pero aquel no; porque todo el que se engrandece será humillado, pero el que se humilla será engrandecido" (Lucas 18:14, NBLA).

La mujer humilde no es la que está argumentando su caso. La

---

10. Tim Keller, *Paul's Letter to the Galatians* (Nueva York: Redeemer Presbyterian Church, 2003), 2.

humilde es la que desciende en silencio a su casa, maravillada y asombrada por haber sido justificada, con lágrimas en los ojos.

Una conversación afuera del tribunal

Es una linda historia, la de salir del tribunal y regresar a casa, con mi taza llena de la justicia de Jesús. Pero ¿qué sucede cuando alguien señala las líneas que marcan mi pecado y me mira desde un pedestal como el fariseo miró al publicano?

Vivir esta vida justificada exige mucha humildad, especialmente cuando las personas insisten en señalar las líneas que marcan nuestro pecado. Seguirán mirándome con desprecio, del mismo modo que el fariseo miró al publicano. Tenemos que aprender a tener conversaciones fuera del tribunal, como la que tuvo Nichole hace poco con su amiga Kelly.

Nichole y Kelly habían sido amigas cercanas. Amigas íntimas, en realidad. Sin embargo, años atrás habían tenido un altercado acerca de algún asunto en la iglesia, y en ese instante Nichole sacó a Kelly de su vida. Desde entonces no habían hablado. Nichole ni siquiera había vuelto a ver a Kelly hasta hace poco, cuando, en un evento deportivo con miles de personas, ella miró en la pantalla gigante y vio la cara de Kelly. Su corazón se sacudió. Fue como si el Señor le mostrara de la manera más evidente y literal posible, que tenía que arreglar las cosas.

Durante años, Nichole había visitado con regularidad el tribunal. Ensayaba sus argumentos y acusaciones contra Kelly, y luego se defendía contra las palabras que ella suponía estaban en la boca de Kelly. Pero había llegado la hora de acabar con todo eso. Después de aquella experiencia con la pantalla gigante, Nichole me dijo de manera confidencial: "Creo que voy a buscar a Kelly cuando termine el año escolar".

Le dije: "Espera. Es marzo. ¿Por qué esperar hasta junio?".

Una semana después, recibí una llamada de Nichole, con su voz llena de emoción. La noche anterior había estado en una fiesta de cumpleaños y, cuando vio a Kelly al otro lado de la habitación, se acercó a ella de inmediato. Antes de que Nichole pudiera decir algo, Kelly la agarró y le dio un fuerte abrazo, y no quería soltarla. "Nichole, ¡no pasa un solo día sin que piense en ti!", dijo Kelly. Nichole comentó cómo Dios la había redargüido por su dureza de corazón y la falta de compasión a raíz del desacuerdo que habían tenido. "¡Quiero que vuelvas a mi vida, Kelly!", dijo.

Dios había permitido una reconciliación tierna e inmediata, y Nichole estaba muy agradecida por no haber tenido que esperar más tiempo. Ella me contó acerca de sus planes de reunirse pronto, pero dijo: "No veo ninguna razón para apresurarse". Yo estuve cien por cien de acuerdo. Ciertamente, hay ocasiones en las que tratar heridas profundas y ofensas continuas requiere conversaciones difíciles que incluyen arrepentimiento y perdón. Sin embargo, en esta situación en la que hubo una reacción exagerada a un desacuerdo, ¿qué necesidad hay de que ellas vuelvan a ese sofocante tribunal? ¿Por qué repetir algunas palabras hirientes, especialmente en el contexto de una amistad íntima de toda una década? Dios ha redimido a estas dos preciosas mujeres por medio de la sangre de Jesús. Ellas son libres para tener conversaciones fuera del tribunal, llenas de amor, gozo y reconciliación.

SE LEVANTA LA SESIÓN

Amigas, desde la resurrección de Cristo quedó levantada la sesión en el tribunal. El veredicto fue emitido. Al igual que el publicano, ¡tú y yo hemos sido justificadas! ¿Para qué desperdiciar nuestro tiempo en el tribunal y abandonar amistades valiosas? Vivir en el tribunal es otra trampa del juego de la comparación. Es algo que distrae, divide y nos lleva a abandonar la unidad y la comunión que necesitamos para crecer.

Detente por un momento y observa la sala de tribunal vacía. Escucha el sonido del martillo del juez cuando cae, y la lectura del veredicto. *No culpable*. Siente cómo te liberas del peso de tu sentencia y de la condenación que acarrea. Deja que la paz de la libertad y el gozo de la gratitud te embarguen. Amiga, puedes irte libre.

≈ Lee Romanos 5:8-9, escribe lo que Jesús ha hecho por ti y anota el veredicto final. ¿Es la respuesta de tu corazón como la del publicano, con asombro y lágrimas en los ojos? ¿Alguna vez has tratado de reabrir tu caso, como el fariseo?

≈ ¿Has enfrentado a alguien "en el tribunal"? ¿Has puesto palabras en boca de esas personas? ¿Te ha intimidado la condenación (ya sea real o imaginaria) que ves en sus ojos? ¿De qué manera concedes más importancia a la opinión de otros acerca de tu pecado que la de Dios? ¿Cómo te guía Dios a tener una conversación fuera del tribunal?

≈ Escribe las palabras de 1 Corintios 4:3-5 (NBLA). En el versículo 3, reemplaza "ustedes" por el nombre de la(s) persona(s) por las cuales te has sentido juzgada. ¿Qué te muestra Dios acerca de permanecer fuera del "tribunal"?

≈ Lee 2 Corintios 10:12-18. ¿Cómo describe el versículo 12 al fariseo en la historia que narra Jesús? Según el versículo 18, ¿quién recibe el elogio? Escribe el versículo 17, y luego escribe algo para gloriarte en lo que Jesús ha hecho por ti.

Para meditar: Romanos 8:1

Ahora, pues, ninguna condenación hay para los que están en Cristo Jesús.

¿Por qué insisto en entrar al tribunal vacío para defender mi caso? ¿Por qué importa tanto que alguien conozca mi pecado? ¡El veredicto ya fue emitido! Se ha levantado la sesión. *Dios, gracias porque en Jesús he sido justificada.*

Lección 3: El tribunal es solo de Dios
Lee Lucas 7:36-50

CUANDO OLIVIA ESTABA en décimo grado, su familia cambió de iglesia y, al cabo de un mes, ella asistió a un retiro de jóvenes. Todo iba bien, hasta que llegó la hora de cambiarse para el viaje en canoa. Cuando Olivia salió con un bikini, de inmediato percibió las miradas de desaprobación de las otras jovencitas, que llevaban trajes de baño de una sola pieza.

Esta reacción la tomó por sorpresa. Mientras que en la anterior iglesia de Olivia no había reparos en cuanto al uso de los bikinis, era evidente que aquí era un problema. Todo el día se sintió incómoda e insegura, preocupada por lograr integrarse al grupo. Lo primero que dijo cuando regresó a casa fue: "Mamá, *tenemos* que comprar un traje de baño de una sola pieza. Creo que uno de dos piezas puede ser realmente *malo*".

Sin duda, la intención de estas jovencitas era honrar a Jesús y a sus padres con su recato, pero creo que perdieron la oportunidad de hacer lo correcto. En lugar de vestirse para agradar al Señor, usaron su recato como una regla de medir según la cual cada centímetro de piel era motivo de juicio adicional. Sin embargo, ¿les correspondía a estas jovencitas juzgar el corazón de Olivia?

Olivia ama al Señor. Su intención no era ser atrevida ni desvergonzada. Ella nunca se habría puesto un bikini si hubiera sabido que sus nuevas amigas iban a ofenderse con ello. Olivia, como muchas mujeres que anhelan ser aceptadas en la iglesia, se sintió avergonzada por su atuendo (que la Biblia no condena explícitamente), por algo que ella no consideraba malo.

No quiero dictaminar si las madres deben o no alentar a sus hijas adolescentes a usar bikinis. Esa no es la cuestión. Lo que *quiero* decir es que las madres e hijas, por igual, deben cuidarse mucho de emitir juicios y de sopesar las intenciones del corazón de las personas, especialmente usando su propia lista de lo que está bien y lo que está mal, porque esa definitivamente *sí* es una advertencia explícita que nos ha hecho Jesús.

Una mujer pecadora

Hoy veremos una fiesta a la que asistió Jesús por invitación de un fariseo llamado Simón. En el diseño de las viviendas del primer siglo, como la de Simón, era usual encontrar un patio interior al que se entraba por la puerta principal. Del mismo modo que el repartidor de pizzas o un vecino se siente cómodo cuando entra en el jardín del frente de mi casa sin necesidad de recibir una invitación, en aquella época las personas acostumbraban entrar en los patios de las casas.[11] Así pues, no era extraño que una mujer que no había sido invitada

---

11. Jeff Manion, "The Unexpected Guest", Ada Bible Church, 23 de junio de 2019, https://www.adabible.org/sermons/the-unexpected-guest/.

estuviera cerca de la puerta de la casa de Simón. Sin embargo, lo que sigue después fue muy extraño, porque ella no solo entró en el espacio público, sino que entró en el área del comedor donde Jesús estaba reclinado a la mesa.

Esta mujer era conocida por ser una "pecadora", muy probablemente una prostituta de la localidad.[12] Cuando se enteró de que Jesús cenaba en casa de Simón, entró sigilosamente detrás de Jesús y empezó a sollozar de tal manera que sus lágrimas caían en los pies sucios de Jesús. Entonces se arrodilló y se soltó el cabello, el cual usó para limpiarle los pies, besándolos repetidamente y ungiéndolos con perfume.

Esto era insólito, y en la Lección 4 esta mujer será la protagonista, por lo que examinaremos cuidadosamente los detalles de la escena. Sin embargo, por ahora concentrémonos en Simón que, al observar este comportamiento inesperado desde el lugar que ocupaba en la mesa, pensó: "Este, si fuera profeta, conocería quién y qué clase de mujer es la que le toca, que es pecadora" (Lucas 7:39).

EL JUEZ SIMÓN

Los pensamientos de Simón revelaban su versión de la historia que sucedía delante de sus ojos. Él era el juez Simón. Y los jueces no se preocupan por defenderse a sí mismos; su trabajo consiste en condenar y sentenciar a los demás. Por cuenta de su moralidad superior y de su entendimiento elevado como fariseo, Simón se veía en una posición de privilegio para evaluarlo todo, especialmente a esta mujer que se había infiltrado en su casa. Él sabía de quién se trataba. Él conocía esa clase de mujer. Y podía ver claramente que ella estaba contaminando al supuesto profeta con su llanto ridículo y sus inoportunos besos. ¿Acaso no sabía el hombre que ella era una pecadora? Una prostituta lo estaba besando, ¡y Él ni siquiera la detenía! ¡Qué atrocidad! Simón no solo se llenó de indignación, sino que empezó a emitir juicios.

Antes de que Simón pudiera llamar al orden en el tribunal, vino otra sorpresa. Jesús "respondió" al pensamiento que Simón no se había atrevido a pronunciar (Lucas 7:40), demostrando que era, después de

---

12. Snodgrass, *Stories with Intent*, 645.

todo, un profeta. Jesús usó una historia que planteaba un problema, con el propósito de revelar lo que había en el corazón de Simón:

> Si un acreedor perdona a dos deudores, a uno una deuda grande y a otro una pequeña, ¿cuál deudor lo amaría más?

Simón respondió: "Pienso que aquel a quien perdonó más" (Lucas 7:43). Jesús usó entonces esta respuesta para cambiar a los protagonistas de la *verdadera* historia que tenía lugar en la mesa de Simón. Jesús no era un falso profeta que era contaminado por una mujer malvada. Jesús era el *verdadero* profeta que recibía honra de una mujer cuyo gran amor era la respuesta a una deuda que había sido saldada. Jesús y la mujer no eran los que habían emitido un juicio erróneo, sino el juez Simón.

El error de Simón constituye una ilustración de la enseñanza de Jesús que es digna de un libro de texto: "No juzguéis, para que no seáis juzgados" (Mateo 7:1). Mientras que nuestra repulsión es por lo general una reacción visceral frente a algo que parece equivocado, nuestro juicio suele ser calculado y preciso, basado en el examen cuidadoso de la ley de Dios. La repulsión mira a los demás y dice: "Yo *nunca* haría tal cosa...". El juicio usurpa el estrado de Dios y golpea el martillo diciendo: "Ella nunca debió haber hecho eso".

A veces, las mujeres que nos comparamos y sabemos mucho acerca de lo que está bien y lo que está mal damos por hecho que estamos mejor calificadas para juzgar, para detectar el pecado y para exigir a los demás que nos rindan cuentas de sus actos. **Sin embargo, al igual que Simón, cuando nos subimos a la silla del juez, con frecuencia nos hallamos en una posición que nos impide ver claramente, especialmente a nosotras mismas.**

Un pecado diferente

Un día, durante un estudio bíblico, Heidi dijo: "No te preocupes si no terminaste tu lección. Yo soy la líder, ¡y tampoco terminé la mía! Es invierno. Todas hemos tenido niños enfermos. Todas hemos tenido días de nieve sin escuela. Creo que lo importante es que hoy estemos aquí juntas y abramos la Palabra de Dios".

Sin embargo, Barb, su mentora y líder asistente, tomó aparte a Heidi y la reprendió. Puesto que Barb había aconsejado seriamente a las mujeres pasar tiempo diariamente en la Palabra, ella sintió que Heidi había creado divisiones y la había desautorizado. Barb dijo: "Acabas de dar licencia a estas mujeres para ser perezosas y descuidar las disciplinas espirituales, ¡y ambas cosas son pecado!".

Esas palabras causaron una herida muy profunda. La intención de Heidi había sido animar, no dividir. Tomó meses recuperarse de estas heridas y, esa primavera, cuando era tiempo de renovar su compromiso de liderazgo, Heidi decidió no renovarlo.

Incluso ahora que te cuento esta historia, tengo que recordarme a mí misma la importancia de no criticar demasiado a Barb. Piensa en esto: Quienes critican a las personas que critican *son* personas que critican. Es más fácil detectar este pecado en otros que verlo en nosotras mismas.

Mi amiga Cindy Bultema dice: "Cuidémonos de no juzgar a otros porque cometen pecados diferentes a los nuestros". ¡Cuánto necesito ese recordatorio! ¿También tú? ¿Te resulta más fácil criticar a las personas que cometen pecados diferentes a los tuyos? ¿A las personas perezosas? ¿A las que llegan tarde? ¿A las que son controladoras? ¿A las irrespetuosas? ¿Juzgas a las personas con sobrepeso, con deudas, o que dejan a sus hijos hacer lo que les place?

Simón sintió que era apto para juzgar a la mujer pecadora, aunque él también era pecador. Al plantear una comparación desde una posición elevada, reveló su propio orgullo, lo cual Jesús señaló. Al juzgar, él cumplía los requisitos para *ser* juzgado.

La comparación de Jesús

"Y vuelto a la mujer, dijo a Simón: ¿Ves esta mujer?" (Lucas 7:44). Observa que Jesús pidió al fariseo compararse con una prostituta. Por supuesto, Simón ya *había* hecho sus comparaciones, pero Jesús le pidió comparar a la manera revolucionaria de Dios, que da mayor importancia a la humildad.

Luego, Jesús estableció detalladamente el contraste entre el saludo que había recibido de Simón y el que había recibido de la mujer. A pesar de que la hospitalidad es un asunto serio en Oriente Medio (hasta hoy), Simón ni siquiera había expresado el gesto mínimo de cortesía para con Jesús. No hubo agua para los pies de Jesús, ni beso, ni aceite para ungirlo. Pasar por alto estos gestos equivaldría en nuestro caso a no abrir la puerta en persona, no saludar y no invitar a pasar al invitado que llega a nuestra casa a cenar. El Hijo de Dios, el ser más valioso del universo, había llegado a cenar a la casa de Simón, y Simón fue tan descortés que lo ignoró.

Sin embargo, la mujer no actuó así. Fue evidente que ella *sí* entendió quién era Jesús. Con una humildad muy cercana y desmedida, ella dejó a un lado todo decoro y usó sus lágrimas, su cabello, sus besos y su perfume para honrar la parte más humilde del Señor: sus pies.[13]

El perfume que ella usó para ungir sus pies era particularmente simbólico. En aquella época era costumbre que una mujer adinerada llevara colgado en el cuello un pequeño frasco hecho de alabastro (una piedra blanca suave[14]), lleno de perfume. En el caso de una prostituta, aunque este perfume seguramente era su única fortuna, constituía un atractivo necesario para ejercer su profesión. A fin de derramar el contenido, la mujer a los pies de Jesús tenía que romper el largo y delgado cuello del frasco.[15] Al hacerlo, ella rompía los vínculos con su antigua vida, y se dirigía a la nueva.[16]

A diferencia de Simón, esta mujer comprendió que Jesús era el tesoro que merecía la pérdida de todo lo demás (Mateo 13:44). Cuando ella derramó su ofrenda a los pies de Jesús, es evidente que ella perdió su vida para hallarla (Lucas 9:24). Ella, perdonada y limpia, vivirá para siempre y danzará en calles de oro, ¡adorando y exaltando a Jesús!

Este es un bello momento entre una hija del reino y su nuevo Rey. Por su parte, Simón la mira desde su posición elevada, con juicio y repulsión.

---

13. Snodgrass, *Stories with Intent*, 82.

14. *ESV Study Bible*, 1966.

15. John MacArthur, "The Transformed Sinner", Grace to You, 14 de abril de 2002, https://www.gty.org/library/sermons-library/42-101/the-transformed-sinner.

16. Timothy Keller, "The Two Debtors: On Devotion", *Timothy Keller Sermon Archive* (Nueva York: Redeemer Presbyterian Church, 2013), s.p. Consulta mediante Logos Bible Software.

El martillo no es mío

A los ojos de Jesús, la mujer era el ejemplo para otros, no Simón. Fue ella quien salió en paz, perdonada. ¿Será cierto esto de algunas personas que *nosotras hemos* juzgado? Vendrá un día en el que cada pecado será juzgado. Ningún motivo quedará oculto, ningún secreto quedará sin ser descubierto. Todo saldrá a la luz.

Los que han creído en Jesús y lo han coronado su Rey no serán juzgados, sino que pasarán de muerte a vida (Juan 5:24). Gracias a Jesús serán perdonados para siempre y recibidos en el reino donde no hay vergüenza (Romanos 8:1). En cambio, aquellos que han rechazado al Rey Jesús enfrentarán un juicio individual. Serán excluidos de su reino de manera permanente, con un juicio más severo y riguroso de lo que tú y yo podríamos concebir (Lucas 13:27-28).

Debemos entender que cuando nos comparamos, cuando nos complacemos en mirar a otros desde un pedestal con una actitud de repulsión, usurpamos el lugar de Jesús (Juan 5:22). Somos como un niñito que entra a hurtadillas en la corte suprema y ocupa el lugar del presidente del tribunal. El martillo no es nuestro y ese no es nuestro lugar. Nuestros juicios pueriles serán desechados instantáneamente cuando Jesús, nuestro Juez y Rey justo, saque a cada uno del lugar que usurpa.

¿Me permites dirigir unas palabras a las mujeres que se comparan y llevan mucho tiempo en una iglesia? ¿A aquellas que tienen los expedientes más limpios y cuyas cejas se elevan con mayor rapidez? Amigas, el lugar de Dios no está disponible, no tenemos acceso a él. Ese lugar no nos corresponde. Jugar a ser juez no nos hace ningún bien, y destruye a aquellos que realmente necesitan nuestro amor.

El castigo del silencio

Cuando el hijo de Ana fue expulsado de la escuela cristiana de su localidad, ella se sintió desolada. Ana sabía que la escuela había tomado la decisión correcta, tras encontrar drogas en el casillero de Jack. *Otra vez.* Era obvio que Jack no acataba el código de conducta de Dios y de la escuela. Sin embargo, Ana sintió como si ella también hubiera sido expulsada.

Las otras madres de la escuela eran las amigas más cercanas de Ana. Habían servido juntas durante años, habían organizado puestos de comidas y colectas de fondos para la escuela. Apenas una semana antes, habían tenido un intercambio de ideas acerca de los planes para educar en casa. Pero los mensajes dejaron de llegar. Nadie, ni siquiera las amigas más cercanas de Ana, volvieron a contactar con ella. Su teléfono dejó de sonar.

Los amigos de Jack también se alejaron, arguyendo que sus padres pensaban que era mejor poner distancia en la amistad. Ya era lo bastante difícil que Jack nunca volviera a jugar baloncesto y fuera excluido de la graduación con los compañeros que había conocido desde el jardín de infancia. Pero el dolor se agravó con el rechazo y la vergüenza que manifestaron los amigos cristianos que, en total silencio, seguían adelante con sus vidas sin él.

Un día, después que Ana recogió a Jack de su programa de tratamiento, regresaron a casa y encontraron a varios compañeros del equipo de Jack en la cocina. La hermana de Jack los había invitado, junto con algunas amigas del equipo de animadoras, sin saber que Jack iba a regresar pronto. Ya era bastante doloroso verlos ahí juntos comiendo bocadillos, riendo y comentando el juego de la noche. Pero fue catastrófico cuando estos jóvenes, que hasta hacía dos semanas habían sido los mejores amigos de Jack, lo ignoraron por completo después de un saludo distante.

Ana comprendía la necesidad de cautela y de protección parental. Sí, su hijo había pecado, y las drogas son dañinas. Ella lo sabía mejor que nadie. No obstante, esta comunidad estaba actuando como si el pecado fuera una enfermedad que nadie más padeciera, aparte de Jack.

Amigas, el pecado es una enfermedad que todos padecemos. ¡Es terrible! ¡Hiere a todo el que toca! ¡Pero tú y yo hemos encontrado la *cura*! **Hemos encontrado a Jesús, Aquel que no ha sido contaminado por nuestro pecado y en cambio lo cancela y nos limpia.**

No debemos pasar por alto el pecado de los demás. Esa no fue la estrategia de Jesús. (Pregúntale, sin ir más lejos, a Simón). Tampoco debemos actuar como si el pecado fuera una enfermedad de la cual solo nosotras nos hubiéramos librado. Ya sea por un asunto de bikinis, por comentarios en un estudio bíblico, o por drogas descubiertas en un casillero, esto es lo que debo recordar: El lugar de Dios no me corresponde a mí tomarlo. Cuando trato de subir allí y usurparlo, lastimo a las personas que más necesitan mi amor.

≈ ¿Hay alguien a quien hayas juzgado y criticado porque comete pecados diferentes a los tuyos? ¿De qué manera tu actitud de juicio te califica para *ser* juzgada? ¿Cómo piensas corregir esta actitud delante del Señor?

≈ Lee Lucas 7:44-47. ¿Cómo comparó Jesús a Simón con la mujer? ¿De qué maneras eres como Simón? ¿De qué maneras eres como la mujer?

≈ Lee Romanos 12:19-20 y 1 Corintios 4:5. ¿Qué instrucciones y advertencias ofrecen estos versículos? ¿Qué consuelo encuentras en relación con los pecados hirientes de otros?

≈ Escribe Romanos 14:10-12 en tu diario. Ponte de rodillas, cierra los ojos y visualiza, a tu lado, a la persona que sientes deseos de juzgar, puesta de rodillas, delante de Jesús. Confiesa las maneras en las que *ambas* han pecado. Ahora confiesa al Rey Jesús tu espíritu crítico.

Para meditar: Romanos 14:10

Pero tú, ¿por qué juzgas a tu hermano? O tú también, ¿por qué menosprecias a tu hermano? Porque todos compareceremos ante el tribunal de Cristo.

Cuando asumo el papel de juez, me siento en el lugar de Dios. *Señor, ayúdame a ejercer humildemente el buen juicio y, en cambio, a dejarte solo a ti ser el Juez.*

Lección 4: Mediciones de lado y lado
Lee Mateo 7:1-5 y Lucas 7:36-50

Me estacioné en un espacio disponible, salí del auto y me incliné para examinar la abolladura en el guardabarros trasero. Cuando mi mirada se cruzó con la de la otra mujer al volante, sonreí con amable empatía. Era su culpa, no había necesidad de insistir en ello.

"¿Me necesitan como testigo?", preguntó otra mujer que estaba en la escena. La otra mujer que conducía y yo nos sonreímos, confiadas en que podíamos resolverlo solas.

Cuando la testigo se fue, la mujer dijo: "Bueno, supongo que voy a necesitar su información personal y la de su aseguradora". Sorprendida, respondí: "Como desee, pero no estará pensando que esto fue *mi* culpa, ¿verdad?". Entonces *ella* me miró sorprendida.

"Yo ni siquiera estaba moviéndome —dije—. Estaba esperando al auto delante de mí cuando usted se abalanzó y se estrelló contra mí". Nuestras sonrisas de amabilidad se desvanecieron. "¡No! ¡Fue usted quien retrocedió y se estrelló contra mí!", dijo ella. "¡Yo miré por el espejo retrovisor y estaba despejado!", le contesté. De inmediato dirigimos la mirada buscando a la testigo que ya había entrado en la tienda.

Salí de allí convencida de que no había cometido ninguna falta. La otra mujer también. Esta es una excelente ilustración de lo que es el pecado. En la vida desde la silla del conductor es fácil detectar las faltas de los demás. Es natural inclinarse y examinar cuidadosamente las abolladuras que han dejado. Sin embargo, en el reino de Jesús las cosas no siguen el curso natural ni esperado. Las mujeres que nos comparamos y queremos ser libres tenemos que dejar de juzgar el pecado de los otros y empezar a examinar el propio.

MEDICIÓN MILIMÉTRICA DEL PECADO

Antes de volver a la fiesta de Simón, me gustaría que escucharas algunas enseñanzas anteriores que hizo Jesús en el Sermón del Monte, al cual me gusta denominar su "sermón inaugural", puesto que es la primera vez que Él presenta el reino revolucionario al cual invita a todos a entrar.

En este sermón, Jesús enseñó el problema de juzgar a otros con un toque humorístico, usando una comparación de tamaño entre una paja y una viga. Es cómico pensar que uno puede verse a sí mismo sin darse cuenta de que tiene una viga en el ojo. Es aún más absurdo pensar en inclinarse para ayudar a sacar la paja que el otro tiene en su ojo.

Una paja es diminuta. Si tratas de medirla con una regla, tienes que medirla en milímetros. Las vigas son grandes. Para medir una viga, tienes que dar la vuelta a la regla para medir en centímetros. Puede que incluso tengas que medir en metros. Las mujeres que juzgamos y criticamos a otros tenemos la tendencia a inclinarnos y medir a otros en milímetros, diciendo y pensando cosas como: *¿Puedes creer que ella hizo una mueca cuando él dijo eso?* y *No puedo creer que haya olvidado mi nombre.*

Sin embargo, Jesús dijo que cuando juzgamos, criticamos y expresamos repulsión, nuestra arrogancia es del tamaño de una viga. Puesto que nuestro orgullo se mide en metros, cuán hipócrita es que nosotras, en nuestro orgullo, pretendamos evaluar las faltas de otros en milímetros. En esto, Jesús nos invita de nuevo a comparar, pero de una manera totalmente diferente, por el otro lado de la regla.

Por el otro lado de la regla

Hace varios años, mi hija tuvo un trabajo de verano y tuvo una relación tensa con una colega. Lindsay es minuciosa y disfruta de conversaciones reflexivas. Su colega era simplemente tonta. Así que mientras la niña tonta desperdiciaba el tiempo contando bromas simplonas sobre caca y gases y se echaba a reír, Lindsay rechinaba los dientes y le salía vapor de sus oídos. Ella dijo: "Mamá, ¿qué puedo hacer? ¡Estoy a punto de estallar!".

De modo que hablamos acerca de pajas y vigas. Yo dije: "Intenta darle vuelta a tu regla". Eso fue exactamente lo que hizo Lindsay. Cada vez que se sentía tentada a inclinarse y a medir al milímetro las faltas de la niña tonta, pensaba en el lado de su regla que mide en milímetros y se decía: "Es algo muy pequeño. ¡Mira qué insignificante es! Y mira lo grande que se ve mi arrogancia cuando yo la juzgo. Es del tamaño de una viga". Lindsay me contó que esa perspectiva lo cambió todo. Dejar a un lado su "regla" le procuraba incluso un alivio físico. Ella eligió compartir el planeta, e incluso su lugar de trabajo, con una niña que contaba bromas tontas.

Este ejercicio de dar vuelta a la regla no funciona únicamente cuando la ofensa de alguien es una ligera molestia. En la fiesta de Simón, Jesús lo invitó a darle vuelta a su regla en el momento de evaluar a la mujer pecadora.

Una historia acerca de dos deudores

Como líder religioso y anfitrión de la fiesta, Simón estaba ocupado contando cada detalle minúsculo sobre cómo esta mujer impura y pecadora estaba contaminando a Jesús con su lloriqueo y sus besos. Jesús, en cambio, dirigió la atención de Simón a lo que había en el corazón de la mujer.

Ella debió haber oído a Jesús predicar en algún lugar antes, y era evidente que tenía "oídos para oír" y que había atendido su llamado al arrepentimiento, porque ella estaba allí arrepentida. En cambio, Simón tenía una viga en su ojo, la cual le impedía ver lo que la mujer veía con absoluta claridad. Jesús era el invitado más honorable, distinguido e ilustre que Simón había recibido jamás en su casa. ¡Él era el Salvador que había venido a rescatar a los pecadores como Simón y pagar sus deudas! Pero Simón estaba demasiado ocupado midiendo al milímetro, como para darse cuenta de ello. Así funciona precisamente el lado milimétrico de nuestra regla. Desvía nuestra atención a la minucia del pecado de todos los demás y nos hace ciegos a nuestra propia arrogancia que nosotras mismas hemos alimentado.

Es interesante que la historia que Jesús relató para corregir a Simón lo pusiera hombro a hombro con una prostituta. La versión actualizada de la historia podría ser: Una persona debía $5.000 y otra debía $50.000 en tarjetas de crédito. Ninguna había pagado el mínimo mensual requerido, y los acreedores estaban llamando a diario. No obstante, el presidente del banco llamó para decir: "Su deuda ha sido perdonada. Ya no debe nada".

¿Cuál de los dos amará más al presidente del banco? El que tenía la deuda más grande. La respuesta era obvia, pero no la lección. Jesús quería señalar a Simón una historia más grande, más amplia, que él estaba a punto de perderse por completo, por estar ahí con su regla en la mano.

Las detalladas leyes de Dios acerca de la profanación y la purificación eran como la letra menuda en un contrato de tarjeta de crédito. Su función era informar a las personas acerca de los requisitos y las expectativas de Dios. Sin embargo, la letra menuda levítica de Dios no fue escrita con el propósito de que las personas compararan su pecado con el de otros. Los diez mandamientos (entre otros) nos muestran nuestra *propia* deuda que tenemos con *Dios*.

La mujer vio esto claramente. Su gran amor por Jesús era proporcional al gran perdón que había recibido. De modo que cuando Jesús dijo "Simón, ¿ves a esta mujer?", le estaba sugiriendo inclinarse y darle vuelta a su regla. En vez de medir el pecado de ella en milímetros, Jesús vio su amor, inspirado por el perdón, en medidas de metros.

¿Soy una mujer perdonada?

Cómo debió saltar el corazón de la mujer cuando Jesús notó y exaltó su desmesurado despliegue de amor. Todos los demás solo veían su pasado. Simón pensó que ella era esa "clase de mujer" (Lucas 7:39) y se preguntaba por qué Jesús no lo sabía. Pero eso es lo maravilloso: ¡Jesús *sí* lo sabía!

A pesar de conocer plenamente cada detalle del pasado de ella, Jesús la vio como una mujer *perdonada*. A sus ojos, ella era incluso un ejemplo que merecía se elogiado. En virtud de su deuda pagada, ella podía irse en paz. **¡Qué gozo es para el Santísimo dispensarte del tribunal y despacharte para que vivas tu vida en paz y en perdón!**

Amiga, sin importar cuál sea tu pasado, ¿acaso no somos todas pecadoras por igual? Creo que ese es el punto central de esta historia. Si algunas visualizáramos nuestra deuda de pecado como una pila sobre la mesa de la cocina, esta se mediría en centímetros, probablemente en metros, como la mujer a los pies de Jesús. En comparación con la pila de Simón, la de la mujer *era* más alta. Sin embargo, como toda su pila había sido perdonada, no era más que un motivo para amar más.

Vale la pena repetir esto. Una pila de pecado más grande que ya ha sido perdonada se convierte en un motivo para amar más. Esa es la belleza del reino revolucionario. Quienes nos hemos visto como los pecadores más viles, en realidad tenemos una gran ventaja, dado que no tenemos motivo para enorgullecernos como Simón. Solo tenemos motivo para el sobrecogimiento y el asombro ante el dulce perdón de Jesús, y este amor por Él es lo que nos lleva a convertirnos en grandes mujeres de Dios.

A pesar de ser mujeres propensas a comparamos, si como esta mujer nos hemos puesto de rodillas en arrepentimiento y hemos quebrado el frasco que nos ataba a nuestro pasado pecaminoso, es así como Jesús te ve: Eres una mujer *perdonada*. En una habitación llena de hombres arrogantes que confían en su propia justicia, Jesús te exalta a *ti* como ejemplo. Él no ve te ve como los hombres te ven. Él recibe tus lágrimas y tus besos, no como una profanación, sino como amor que brota de una mujer que es *limpia*.

¿Soy un Simón repulsivo?

Hay ocasiones en las que veo con tal claridad mi pecado acumulado, como una pila de varios metros de altura, que me derrumbo en el suelo en un mar de gratitud por el perdón de Cristo. No obstante, reconozco que en ocasiones recaigo en el papel repulsivo al estilo de Simón, con una viga en el ojo. Sostengo en alto mi regla por el lado que señala los milímetros y juzgo meticulosamente, olvidando por completo mi propia pila de pecado. ¿A alguien más le sucede esto de recaer en lo mismo de manera intermitente? Estas son las buenas noticias: No podemos desempeñar simultáneamente ambos papeles en esta escena. No puedo estar a la vez llorando a los pies de Jesús y juzgando a otros con repulsión. De modo que cuando me siento inclinada a medir la minucia del pecado de alguien, es hora de dar vuelta a mi regla y considerar la magnitud del mío.

Como Simón y la mujer, somos simplemente pecadores codo a codo; todos tenemos deudas enormes que nunca podríamos pagar.

Transparencia

Mi amiga Tracy es esposa de pastor, y me compartió este mensaje que encontró en el tablero de anuncios de su iglesia:

Señoras, tengo que hacer una confesión. Con frecuencia, cuando vengo a la iglesia, mis ojos están puestos en mí, no en Jesús. El Espíritu Santo ha abierto mis ojos para ver cómo Satanás se ha infiltrado en mi corazón, impidiéndome amar a Dios sin reservas, y amar a mi prójimo como a mí misma. Estas son algunas inquietudes con las cuales Dios me ha confrontado:

1. Miro a otros con un ojo que compara, no un ojo que ama.
2. Me siento celosa de otras personas.

3. Me preocupa lo que la gente piensa de mí.

4. Me preocupa equivocarme al hablar y que alguien piense menos de mí por ello.

5. Me preocupo por lo que voy a vestir y cómo me veo.

6. Creo que no le agrado a nadie.

7. Siento que no encajo en ningún lugar.

8. Solo me siento segura cuando las personas que me rodean están de acuerdo conmigo.

9. Digo cosas que crean divisiones entre personas.

10. Me quejo y hablo negativamente acerca de todo.

11. Me distraigo durante la adoración, pensando en todo menos en Aquel a quien hemos de adorar.

12. Escucho el mensaje con un oído crítico.

13. Deseo que otra persona (que necesita el mensaje más que yo) estuviera aquí para escucharlo.

14. Sirvo por deber, no por amor.

La lista de confesiones de Tracy desencadenó una avalancha de confesiones de otras mujeres en su iglesia, produjo una verdadera comunión y creó vínculos entre ellas. Ese es el fruto de la humildad. Nos une a todas como pecadoras que hemos sido perdonadas, en vez de Simones distantes que miran con repulsión desde un pedestal.

Mujer que te comparas, ¿miras con actitud de superioridad el pecado de otros? ¿Te desalienta tu propio pecado? Seamos mujeres que aman a nuestro Jesús, Aquel que murió para perdonar cada una de nuestras ofensas que se han apilado hasta el techo.

≈ Comenta cuál es el papel que has desempeñado últimamente: el repulsivo Simón o la mujer perdonada. Sustenta tu respuesta con ejemplos.

≈ ¿Te pide Dios hacer una confesión como Tracy? ¿Cómo te impediría esto actuar como Simón? ¿Cómo podría esto ser una invitación a otros para que celebren el perdón de pecados?

≈ Lee Mateo 7:1-5. En letra diminuta, enumera algún pecado tipo paja que te haya causado fastidio. Ahora, en letra grande, enumera pecados tipo viga que veas en ti misma como el orgullo, la arrogancia o el espíritu crítico. ¿Cómo puedes "dar vuelta a tu regla la próxima vez que empieces a fijarte en las pajas de los demás?

≈ Lee el Salmo 32:1-5. Observa los dos usos del verbo *cubrir* en el versículo uno y cinco. (En otras traducciones encontrarás las palabras *borrar* y *ocultar*). ¿Qué sucede cuando encubrimos o descubrimos nuestro pecado delante del Señor? ¿Te pide Dios descubrir algo? Traza un plan para responder esta pregunta.

Para meditar: Lucas 7:48

Y a ella le dijo: Tus pecados te son perdonados.

Ya que toda mi pila de pecado ha sido perdonada, una pila más alta solo es un motivo para amar más. *Señor, cuando quiera medir milimétricamente las pajas de pecado de los demás, daré vuelta a mi regla y me arrepentiré de mi orgullo que es del tamaño de una viga.*

Capítulo tres

Comparar la riqueza

Cuando nuestra hija Lindsay tenía unos cinco años, mi esposo la acostaba una noche cuando ella dijo: "Papi, ¿realmente vendiste nuestra camioneta por un dólar?". Al parecer, mi hija había escuchado la conversación con nuestros amigos esa tarde. Les habíamos obsequiado nuestra camioneta, pero para hacer la transacción legal, Ken y yo les pedimos que pagaran un dólar.

Lindsay dijo: "Papi, creo que habrías podido vender esa camioneta por dos dólares".

Nos encanta esa historia. Ella estaba usando su criterio de niña para ofrecer a su papá un "consejo sabio". Si puedes vender algo por dos dólares, ¿por qué venderlo por uno nada más? Eso chocaba con su sensibilidad infantil. Sin embargo, la generosidad también choca con nuestra sensibilidad que se conforma a la medida del mundo.

Sin importar la edad, la codicia tiene mucho más sentido en la economía de nuestro mundo. Por naturaleza, llenamos nuestras tazas medidoras de seguridad que podemos saldar y de riqueza que podemos medir. Sin embargo, cuando esta mentalidad nos aleja de la generosidad, es evidente que prestamos más atención a la sabiduría terrenal. Recuerda, esta es la sabiduría que toma tu mano y dice: "Debes hacer lo que *a ti* te conviene". Jesús quiere que tengamos la sabiduría de lo alto, que dice: "Debes hacer lo que conviene, no solo para ti sino también para los demás".

Sí, podríamos haber ganado un par de dólares por esa camioneta, o incluso dos mil. No obstante, en el reino revolucionario, el gozo y las recompensas de la vida generosa son incalculables.

Lección 1: Abandonar las etiquetas
Lee Mateo 19:16-22 y Marcos 10:17-22

BRIAN Y SARAH viven cómodamente en una hermosa casa que, a los ojos de Brian, se había convertido en parte de su identidad. El lugar donde él vivía se estaba volviendo la persona que él *era*. De modo que Brian inició un ejercicio de "disociación", y ofreció su casa en Airbnb. Quería distanciarse de su residencia, lo cual significó que Sarah, que estaba embarazada de su quinto hijo, tuvo que distanciarse también de su comodidad. A pesar de eso, Sarah recibió con gusto la lección que todos estaban aprendiendo cuando Brian dijo a sus hijos: "En realidad, esta casa no nos pertenece. Las cosas que tiene no son nuestras. Todo le pertenece a Dios, y Él quiere que aprendamos a compartir".

Algunas personas dicen que sus cosas no los definen; la familia de Brian y Sarah lo demostró en la práctica. Durante gran parte del verano, se quedaron con sus familiares mientras otras personas dormían en sus camas, usaban sus muebles y disfrutaban de las comodidades de una casa cuyo dueño era Dios, no ellos.

El sueño americano, como la mayoría se lo imaginan, no es el sueño de vivir en una mansión o en una isla desierta. Es el sueño de vivir en una casa y tener un estilo de vida que otros vean y admiren. Es el afán por demostrar que damos la talla, y nuestros autos, casas, ropa y barcos son la evidencia tangible de ello. Sin embargo, cuanto más tenemos, más difícil es dejar de fijarnos en las líneas medidoras. Esto fue lo que le sucedió al joven rico en nuestra historia.

UN HOMBRE RICO

Cuando Jesús recorría los senderos de Galilea, los ricos no iban a buscarlo. Tal cosa era indigna de ellos.[1] Sin embargo, aquel día en particular, cuando Jesús salía, un hombre rico vino a su encuentro antes de que Él se fuera de la ciudad. Con gran apremio, se arrojó a las

---

1. L. G. Whitlock, R. C. Sproul, B. K. Waltke y M. Silva, *The Reformation Study Bible: Bringing the Light of the Reformation to Scripture, New King James Version* (Nashville: Thomas Nelson, 1995), s.p. Consulta mediante Logos Bible Software sobre Lucas 15:20.

rodillas de Jesús y preguntó: "¿qué bien haré para tener la vida eterna?" (Mateo 19:16).

Amigas, esto rara vez sucede. Que alguien sea lo bastante inteligente para poner su mira en las cosas de arriba (Colosenses 3:2) y corra a Jesús en busca de respuestas es maravilloso y muy significativo. Sin embargo, la respuesta de Jesús es desconcertante.

A este joven que lo busca con tanta vehemencia le manda primero ir y entregar su dinero, y luego regresar para seguirlo. Yo quisiera que Jesús respondiera como *yo* lo haría, y le dijera al joven que la vida eterna no pertenece a quienes hacen buenas obras, sino a los que creen. A mí me dan ganas de saltar en la escena y, señalando a Jesús, citar las palabras: "Porque de tal manera amó Dios al mundo, que ha dado a su Hijo unigénito, para que todo aquel que en él cree, no se pierda, mas tenga vida eterna" (Juan 3:16).

En lugar de eso, Jesús le dio al joven rico estas instrucciones: Anda primero y renuncia a tu dinero, y entonces ven y sígueme. En otras ocasiones, Jesús ordenó a algunos de sus seguidores dejarlo todo. A cierto hombre ni siquiera le fue permitido volver para asistir a un funeral (Mateo 8:22). Entonces, ¿de qué se trata este requisito de generosidad?

A veces **pienso que hemos convertido el concepto de "seguidor de Jesús" en una metáfora, cuando en realidad debería ser tomado de manera literal.** Para los doce discípulos, seguir a Jesús fue una experiencia literal. Caminaban con Jesús por dondequiera que iba, dejaron sus trabajos, sus casas y a otras personas. Antes habían sido pescadores y publicanos, y ahora eran seguidores. Seguir a Jesús era su nueva identidad. Es cierto que su *fe* en lo que tenían por delante y no sus buenas *obras* fue lo que los convirtió en seguidores. Sin embargo, todos y cada uno pagaron el precio de seguir a Jesús. Y si este joven rico iba a convertirse en el discípulo número trece, también iba a costarle.

CAMBIO DE ETIQUETA

Las instrucciones de Jesús acerca de entregar todo su dinero y luego volver para convertirse en seguidor resultaron ser problemáticas. El joven rico había venido en busca de beneficios eternos, no una nueva identidad. Él ya era un hombre de bien. Quizá era incluso generoso. Y si bien esperaba que le asignaran una nueva tarea, como incrementar su diezmo en un dos por ciento o financiar el ministerio de predicación de Jesús, entregarlo *todo* era demasiado.

La instrucción de Jesús le exigía poner sobre la mesa su etiqueta de "joven rico" y escoger una que decía simplemente "joven". Porque, a todo lo largo de su vida, el dinero había marcado la identidad de este hombre. Su riqueza lo definía. Lo caracterizaba. Él *era* lo que él *tenía*. No obstante, Jesús le pide que se despoje de esa identidad.

Como mujer que te comparas, ¿necesitas que otros sepan que tienes dinero? ¿Mencionas tus últimas vacaciones o tus lujosas compras en las conversaciones? ¿Tienes el impulso de mostrar tu casa a todo el que entra en ella? ¿O les muestras fotos de tu yate? O tal vez sea lo contrario. ¿Tratas de ocultar tus compras en tiendas de segunda mano o tratas de estacionar tu auto de tal manera que no se vea la parte que está oxidada? ¿Prefieres encontrarte con las personas lejos de tu casa para que nadie sepa dónde vives? De todas las etiquetas con las cuales nos medimos y Jesús pide que nos despojemos, es posible que la más difícil de entregar sea nuestro estatus financiero.

Sin embargo, Jesús no solo quiere darnos el reino. Él quiere convertirnos en personas del reino, que no insisten en ser reconocidas como "ricas", que no están motivadas por "aspiraciones de volverse ricas". Si tratamos de seguir a Jesús arrastrando nuestra superioridad o inferioridad basada en el dinero, todavía vivimos en el cautiverio del yo. Convertirse en seguidor de Jesús supone pasar de la tiranía del yo a la libertad del yo.

Sí, se trata de un proceso gradual que puede tomar mucho tiempo, pero si ni siquiera estamos preparadas para *empezar* el proceso, quizá no estemos listas para convertirnos en seguidoras. Creo que esa es la razón por la cual Jesús mandó al hombre rico dar primero, y luego seguir, y no al revés. **Dar no nos hace seguidores de Jesús, pero los seguidores damos porque eso es lo que somos.**

La utilidad de la riqueza

Jesús dijo al joven: "Una cosa te falta: anda, vende todo lo que tienes, y dalo a los pobres" (Marcos 10:21). ¿Qué le faltaba? Le faltaba la experiencia de *faltarle* algo. Es difícil sentir empatía por las personas necesitadas cuando tu propia vida es inmune a la necesidad, cuando no te ha faltado ni te falta nada.

Observa que Jesús no mandó al hombre prenderle fuego a su dinero o arrojarlo por un despeñadero. Le dijo que vendiera sus posesiones y entregara el dinero a los pobres. Este hombre tenía sobreabundancia, mientras que otros a su alrededor vivían en escasez. Jesús quería que él *viera* esto. Invita a comparar, no con los ojos puestos en las líneas medidoras, sino en la boca de la taza por donde se derrama. ¡Piensa nada más en lo mucho que este hombre rico podría ayudar! Imagina cuántas necesidades podía suplir.

El dinero no es malo. La riqueza puede usarse para hacer mucho bien. Y Dios espera que *disfrutemos* de las cosas que Él ha provisto ricamente (1 Timoteo 6:17). **Nuestra meta como seguidores no es despojarnos ciegamente del dinero para poder ser pobres, sino despojarnos de toda superioridad que nos impida *ver* y *servir* al pobre.**

El hecho de que Jesús le pidiera al joven rico entregar *todo* a los pobres era la excepción, no la regla. (De otra manera, ricos y pobres simplemente intercambiarían roles). Con todo, dar de lo mucho que tenemos sí debe ser la norma. Randy Alcorn escribe: "[Dios] no quiere que tengamos en exceso, y tampoco demasiado poco (Proverbios 30:8-9). Cuando los que tienen demasiado dan a los que tienen muy poco, se solucionan dos problemas. Cuando no lo hacen, se perpetúan dos problemas".[2] Dios pone juntas la taza medidora de la escasez y la taza medidora de la abundancia, y lo hace a propósito. La disparidad de nuestras cuentas bancarias tiene como propósito unirnos más como dadores y receptores de bienes, no dividirnos como competidoras.

Una vez organicé el evento de una amiga misionera para recaudar fondos y, aunque había contactado con personas por las redes sociales y había enviado decenas de invitaciones, muy pocas personas asistieron. Yo sabía que no podía juzgarlas, pues yo misma muchas veces he ignorado oportunidades similares para dar, pero aún así me sentí decepcionada. Sin embargo, durante esa reunión más bien pequeña se percibió algo maravilloso. Había personas jóvenes y ancianas.

---

2. Randy Alcorn, *The Treasure Principle: Unlocking the Secret of Joyful Giving* (Sisters, OR: Multnomah, 2001), 77.

Empleados y ejecutivos, ricos y pobres. A pesar de eso, las diferencias desaparecieron cuando tanto donantes como beneficiarios se reunieron en la sala de mi casa y disfrutaron de un momento de comunión y fraternidad. No había superioridad, ni inferioridad. Solo vidas, propósitos y cuentas bancarias que coincidían en experimentar el gozo de seguir juntos a Jesús.

El acto de dar despierta un sentido de comunidad que se goza en la libertad de la tiranía del yo. Cuando nos negamos a nosotras mismas y elegimos abrir nuestras carteras con generosidad, experimentamos un gozo inesperado. El joven rico experimentó lo opuesto. Cuando se fue con sus brazos caídos y su semblante triste, Jesús comentó lo sucedido, diciendo: "Pero muchos primeros serán postreros, y postreros, primeros" (Mateo 19:30).

ÚLTIMA EN LA FILA

Imagínate que llegas a un Starbucks y sostienes la puerta para que varias personas entren, y terminas como última en la fila. La mujer que está en la cabecera de la fila hace su pedido, abre su bolso y se da cuenta de que no tiene su cartera. "¡Oh, no!", dice al cajero. Entonces en ese momento apareces con un billete de cinco dólares y una sonrisa. Problema resuelto.

Desde tu posición en la fila viste la necesidad de aquella mujer y pudiste ayudarla. Pero ¿qué habría sucedido si te hubieras apresurado a buscar el primer lugar y hubieras gastado todo lo que tenías? Ponerte en el último lugar te permitió ver una necesidad y suplirla.

Quienes tenemos dinero de sobra en nuestra taza medidora a menudo entramos por las puertas de la vida dando por hecho que está bien ir de primero. No nos consideramos privilegiadas ni con derechos especiales. Sentimos que hemos ganado cada dólar en nuestra cartera. Y los constantes "pedidos" se resienten como una intromisión. Sin embargo, nuestra actitud nunca va a cambiar, a menos que adoptemos una perspectiva diferente de cómo nos vemos a nosotras mismas. El privilegio nunca *se percibe* como tal. Sin embargo, la manera práctica de ponernos de últimas en la fila es limitar nuestros gastos, lo cual nos permite tener más para dar.

Las oportunidades desde el último lugar de la fila son ilimitadas.

Viajes misioneros. Un vecino sin empleo. Una factura por servicios médicos. El recipiente de ofrendas de la iglesia. Puede que mi contribución sea suficiente para cambiar vidas, o sea tan pequeña que su efecto resulte imperceptible. En cualquier caso, el acto de dar me cambia a mí. Me ayuda a poner mi etiqueta sobre la mesa y me permite verme a mí y a los demás de una manera diferente. Cuando inclino mi taza medidora, mis ojos dejan de fijarse en las líneas, que se vuelven irrelevantes, y me enfoco en las personas, que son lo más importante. Ubicarme en la posición de dar me permite *ver* a otros, en lugar de obsesionarme acerca de cómo me ven los demás.

SUEÑOS QUE ACAPARAN

Bruce y Sue estaban muy ocupados persiguiendo sus sueños.[3] Acababan de comprar su segunda casa en el lago Michigan, un sueño hecho realidad, cuando Rita, una mujer rusa, vino a hospedarse en su casa. Durante dos semanas, Rita acompañó a Sue mientras realizaba su proyecto de sembrar flores y arreglar su jardín. Esto incluía encuentros con paisajistas, compras de muebles, entre otros. Cuando terminó la visita, Sue preguntó: "¿Va a ser difícil para ti volver a Rusia?". Sue imaginaba a Rita en las filas de entrega de raciones de comida, a cambio de sus ires y venires desde la casa del lago. No obstante, Rita dijo: "Para nada, yo nunca quiero ser como ustedes los americanos. Pasan todo su tiempo cuidando sus cosas".

Las palabras de Rita penetraron el corazón de Sue, y se dio cuenta de que eran ciertas. Sue le dijo a Bruce: "Creo que hemos creído una mentira. No estoy segura de que el sueño americano sea el plan de Dios para nosotros. Tal vez Él nos ha dado todo esto para compartirlo con otros, no como un fin de consumo".

Por su parte, por la misma época Bruce escuchó a un orador en un retiro decir: "Lo que Dios necesita es gente que esté disponible para amar a otros". Sin embargo, él se dio cuenta de que la palabra *disponible* no describía el estilo de vida de ellos. Como al joven rico, Jesús

---

3. Puedes conocer más acerca de mis amigos Bruce y Sue en Generous Giving, https://generousgiving.org/media/videos/bruce-and-sue-osterink-2014-celebration-of-generosity.

les estaba pidiendo despojarse de su etiqueta de "pareja adinerada" y renunciar a algunos sueños que habían acaparado sus vidas, empezando por la casa del lago. Se vendió en cuestión de dos semanas, y a Sue le asombró el alivio que sintió, en lugar de pena. No más ires y venires con los niños para asistir a diversas actividades. No más baños adicionales para limpiar. No más motos acuáticas dañadas, ni de ninguna clase.

Para Bruce y Sue, vender la casa del lago fue un ejercicio de quitarse una "etiqueta", lo cual condujo a un nuevo estilo de vida. Como la elección de hacer la fila y quedar el último. Asumieron una posición tal que quedaron disponibles para otros y crearon un margen que no existía, tanto en su presupuesto como en sus calendarios, para invertir en personas que de ningún otro modo habrían podido encontrar. En las últimas décadas, Bruce y Sue han liderado grupos pequeños, han servido en juntas administrativas y han dirigido retiros espirituales. Han invitado a muchas personas a vivir en su casa y han compartido con otros su condominio vacacional. Se mudaron incluso a la ciudad con nueve estudiantes universitarios para servir como mentores. Con gozo, han entregado de sí a otros.

El joven rico rehusó quitarse la etiqueta. Tomó una trágica y triste decisión de alejarse de Jesús, no de su riqueza. Y esto sería todavía más desastroso: que alguna de nosotras lea la historia de este joven y tome la misma decisión de alejarse de Jesús.

¿Está tu identidad ligada a tu dinero? ¿Has convertido lo que *tienes* en lo que *eres*? Tal vez, como yo, no tengas una casa en el lago que puedas vender, pero ¿existe algún sueño (americano o cualquier otro) que haya acaparado tu vida? ¿Alguna casa, vecindario, auto o bote de más, el cual quiere Jesús que dejes de perseguir?

Amiga, puede que tu generosidad no cambie mucho una situación, pero siempre te cambia a ti. Cuando usas tu dinero para poner a otros primero, te ubicas en una posición tal que puedes verlos, en lugar de obsesionarte por cómo *ellos te ven a ti*.

≈ ¿De qué manera el deseo de "vivir el sueño" te hizo caer en la trampa de la comparación a ti y a tus seres queridos?

≈ ¿De qué manera esta historia del joven rico ilustra Mateo

6:24? ¿De qué manera te sientes atrapada o esclavizada por tu riqueza?

≈ ¿Es tu riqueza parte de tu identidad? Relata una ocasión en la que fuiste generosa. ¿Cómo te ayudó esto a dejar el egocentrismo?

≈ Lee 2 Corintios 9:6-15, e imagina al joven rico (ya anciano) leyendo una carta de Pablo. ¿Cómo respondería él, especialmente, al versículo 11? ¿Cómo respondería nuestra cultura? Y ¿cómo te invita Dios a responder?

Para meditar: Mateo 19:21

Anda, vende lo que tienes, y dalo a los pobres… y ven y sígueme.

Dios pone, una al lado de la otra, la escasez y la abundancia de nuestras tazas medidoras, y lo hace con un propósito. El acto de dar cambia la manera en que me veo a mí misma y a los demás. *Señor, quiero limitar mis gastos y practicar la generosidad. Quiero vivir de tal modo que ponga a los demás primero, a fin de poder experimentar la comunión con otros, la libertad de la tiranía del yo, y el gozo.*

Lección 2: Los camellos son grandes; las agujas, pequeñas
Lee Mateo 19:16-26 y Apocalipsis 3:14-17

Me gustaba mucho nuestra nueva casa, pero detestaba los espacios vacíos y sin muebles. Lo que más me molestaba era la terraza sin muebles de exterior, pero por fortuna nuestra devolución de impuestos acababa de llegar, de modo que Ken y yo fuimos a un café del vecindario para conversar acerca de nuestros planes de gastos. Allí sentados, empezamos alegremente a hacer una lista de nuestros deseos, escribiendo en servilletas de papel. Sin embargo, cuando vi la servilleta de mi esposo, quedé pasmada. Con todo y que estaba al revés, pude leer la palabra "dar", al lado de un número que tenía un montón de ceros.

De inmediato, mi diversión se convirtió en furia. Agarré mi servilleta, la rompí en pedazos y salí furiosa del café. Mi desconcertado esposo al fin logró alcanzarme, y caminó a mi lado mientras yo seguía manoteando. "Ken, tú sabes que está *bien* de vez en cuando gastar nuestro *propio dinero* ¿no es así?".[4]

Esa devolución de impuestos nos pertenecía. Teníamos derecho a usarla. ¡Y yo quería *muebles de exterior*! Con todo, mi esposo, un generoso sin remedio, estaba a punto de hacerme sentir culpable para que diera en lugar de gastar.

Para Ken, dar es emocionante. Él da por alegría, no porque se sienta culpable. Él es de aquellas personas que han adoptado el principio de Jesús de acumular tesoros en los cielos, mientras que yo, a todas luces, no. En momentos más racionales, digo que estoy orgullosa de la manera en que él dirige nuestra familia con una perspectiva con miras al cielo. Sin embargo, en *ese* momento yo despedacé servilletas y salí furiosa en mi desafiante amor por las cosas.

¿Qué pensarían nuestros amigos? ¡No podía imaginar cómo organizar las fiestas de aquel verano en nuestra nueva casa con una terraza sin muebles! Recordé la ocasión en la que mi amiga hizo un comentario sobre la mesa de juego en la sala de su hermana: "¿Acaso no puede ni siquiera comprarse muebles?". Detestaba la idea de que alguien dijera eso de mí.

Ken se quedó callado y me dejó caminar un par de cuadras para ventilar mi enojo, y luego tomó mi mano y me dijo: "Querida, yo nunca me propuse hacerte sentir culpable. En realidad, yo solo *quería* dar. Pero no tenemos que hacerlo. ¿Quisieras decirme por favor lo que tenías anotado en tu lista?". Pues bien, nada disipa más el berrinche de codicia de una esposa como un esposo compasivo. Me derretí en lágrimas, avergonzada de mi comportamiento. Intercambiamos las listas que habíamos anotado en las servilletas y, cuando sumamos todo, descubrimos asombrados que había suficiente para dar con generosidad y para comprar todo lo demás, incluso el juego de muebles de exterior.

---

4. Si piensas que esta historia suena un poco conocida, relaté una historia similar en *¡No seas una mujer controladora!* acerca de una cita para cenar que terminó con un portazo. Fue un año antes de esto, y obviamente yo todavía tenía (y tengo) mucho por aprender.

Mi temor de no conseguir lo que quería se convirtió al instante en remordimiento. Tenía la impresión de haber fallado una prueba. Aunque no está mal usar el dinero que Dios provee para comprar cosas que disfrutamos, está mal hacer exigencias basadas en comparaciones y hacer berrinches por ello, como si Dios tuviera que rendirme cuentas a mí y no al revés.

SALTAR MANDAMIENTOS

Cuando el joven rico vino a preguntar acerca de la vida eterna, Jesús no solo le mandó entregar su dinero a los pobres (el tema de la sección anterior), sino que también le dijo: "si quieres entrar en la vida, guarda los mandamientos" (Mateo 19:17). Se refería a los diez mandamientos. Cuando el joven le preguntó cuáles, Jesús mencionó algunos, pero no todos.

Para un judío, recitar los diez mandamientos (Éxodo 20:1-17) es como para nosotros recitar el juramento de la bandera. Omitir algunos mandamientos sería algo que cualquiera podría notar. Lo interesante es que Jesús no mencionó los mandamientos que tienen que ver con Dios y el dinero. Tal vez fue porque el joven también había pasado por alto los siguientes tres:

1. No tendrás otros dioses delante de mí.
2. No servirás a otros dioses.
10. No codiciarás.

Aunque no me considero transgresora de estos mandamientos, mi servilleta hecha pedazos cuenta otra historia. Aquella noche, cuando sacudía mis brazos furiosa, no me importaba realmente lo que Dios pensaba acerca de la manera en que gastamos nuestra devolución de impuestos. Yo quería estar a la altura de las expectativas de mis amigas. Quería que mi casa fuera como las casas de ellas, y su opinión me importaba más que la de Dios. Detestaba la idea de que pudieran despreciarme, y estaba dispuesta a gastar hasta el último centavo para elevarme a su nivel. Estaba determinada a vivir conforme a las líneas de la taza y a no permitir que se derramara ni una sola gota de generosidad. **Nuestro dinero siempre cuenta la verdadera historia de cómo**

vemos a Dios y cómo nos vemos a nosotras mismas. El joven rico a los pies de Jesús estaba convencido de que era un seguidor de los diez mandamientos. Es lo que él era. Es lo que él hacía. Sin embargo, cuando Jesús le pidió al joven poner en práctica estos mandamientos acerca de Dios y del dinero, fue un punto de inflexión decisivo, como suele suceder.

~~Bendecida~~ Probada

Me gusta caminar por un sendero que pasa por detrás de una hilera de casas, y hace poco me fijé en las piscinas que tenían. Creo que hace unos años solo había una. Ahora hay cuatro, una al lado de la otra. Ese es el efecto que tienen las mujeres que se comparan. Cuando una se construye una piscina, o compra un nuevo auto o par de zapatos, todas queremos lo mismo. Nos reímos de nosotras mismas y restamos importancia al vistazo que echamos por encima de la cerca y luego terminamos buscando nuestras apps de compras, pero la motivación subyacente no es algo tan gracioso.

Tim Keller dice: "Eres codicioso cuando no sabes quién eres".[5] Pongamos a prueba esta premisa. ¿Quién es codiciosa? Levanta tu mano. ¿Alguien? ¿Nadie?

Como mujeres con más ingresos disponibles que cualquier otra generación pasada, tenemos que considerar que la codicia puede ser un problema mucho más serio de lo que reconocemos. Algunas que tenemos dinero en exceso (esa soy yo, y tal vez tú también), a menudo nos consideramos bendecidas por Dios. Pero ¿y si en realidad Él nos estuviera *probando*? ¿Y si Dios señala nuestras carteras y cuentas bancarias y pregunta: "¿Me amarás más? ¿Me adorarás a mí, no al dinero? ¿Me servirás *a mí* con lo que tienes, no con lo que eres?".

Estas son exactamente las pruebas que Jesús le planteó al joven rico. "Anda, vende todo lo que tienes, y dalo a los pobres" (Marcos 10:21). Si bien rara vez Dios nos pide dar todo a otras personas, Él siempre nos pide darle todo a Él.

---

5. Tim Keller, "The Gospel, Grace, and Living", Generous Giving, consultado el 6 de marzo de 2020, https://generousgiving.org/media/videos/tim-keller-the -gospel-grace-and-giving.

El Salmo 24:1 dice: "La tierra es del Señor y todo lo que hay en ella" (NTV). No existe un solo billete en nuestras tazas medidoras que no posea Dios, y Él nos pide dar en consecuencia. No es que Dios se oponga a la riqueza. Él muchas veces nos bendice con abundancia, ama nuestra gratitud, y se deleita en un nuevo patio o piscina. Sin embargo, Dios *sí* se opone a que nos aferremos a algo y lo escondamos diciendo que Él no puede tomarlo o que nosotras no podemos entregarlo por cuenta de la codicia y el afán de dar la talla.

Manos abiertas

Dios dijo a Israel: "entre ustedes no deberá haber pobres" (Deuteronomio 15:4, NVI). Escríbelo en términos personales con el nombre de la ciudad donde vives: *En _____________ no deberá haber pobres.*

Dios no pone cantidades iguales en nuestras tazas medidoras. Él pone una al lado de la otra a la que tiene de sobra y a la que le falta, y dice a la que tiene de más: "Abrirás tu mano a tu hermano, al pobre y al menesteroso en tu tierra" (Deuteronomio 15:11). En obediencia, la que da abre su mano, diciendo "para empezar, esto no era mío", y la que recibe dice "Dios provee a través de lo que ella da". Y ambas aprenden a confiar en Dios de una manera que no habría sido posible si cada una hubiera tenido lo suficiente.

¿Qué significa, entonces, cuando yo cierro mi puño y rehúso dar a mi prójimo que padece necesidad? ¿Acaso no estoy robando a mi prójimo y también a Dios, que pone de sobra en mi bolsillo para que yo le comparta? Dios había puesto una superabundancia de riqueza en los bolsillos de este joven, y ahora le pedía abrir su mano con generosidad. Con *gran* generosidad. Era una prueba y una oportunidad para confiar en Dios y para darle el primer lugar. La riqueza excedente siempre lo es.

Los camellos son grandes

Por desdicha, el joven rico no pasó la prueba. Había venido con una actitud sincera. Haría lo que fuera por tener la vida eterna. ¡Lo que fuera! Pero cuando Jesús le pidió su riqueza, al instante su gozo se convirtió en pena. Y la razón es que "se fue triste, porque tenía muchas posesiones" (Mateo 19:22). Tal vez si solo hubiera tenido un poco, dar no habría sido tan difícil. Pero como tenía *tanto*, agacha la cabeza y se aleja abatido y resignado.

Y Jesús dijo: "es más fácil pasar un camello por el ojo de una aguja, que un rico en el reino de Dios" (Mateo 19:24). En otras palabras, es imposible.

Esto conmocionó a los discípulos. Preguntaron asombrados: "¿Quién, pues, podrá ser salvo?" (Mateo 19:25). Ten presente que los discípulos vivieron antes de la cruz. Cuando ellos transgredían los diez mandamientos (u otras leyes), la única manera en que podían salvarse de la ira de Dios era traer corderos al altar, uno tras otro, para que el sacerdote los sacrificara. Las personas adineradas podían comprar todos los corderos que desearan, de modo que los discípulos pensaban que aquellas personas tenían una ventaja enorme. Si una persona rica no podía salvarse, ¿quién *podría*?

Puesto que nosotras vivimos en un tiempo posterior a la cruz, entendemos que el Cordero de Dios, que se ofreció a sí mismo por todos, quita el pecado del mundo y nos da vida eterna como un regalo gratuito (Juan 1:29; Romanos 6:23; Hebreos 7:27). Jesús nos salva; el dinero nos engaña.

Escucha la carta de Jesús a los cristianos adinerados de Laodicea: "Porque tú dices: Yo soy rico, y me he enriquecido, y de ninguna cosa tengo necesidad; y no sabes que tú eres un desventurado, miserable, pobre, ciego y desnudo" (Apocalipsis 3:17). Esto me lleva a preguntarme qué clase de carta escribiría Jesús a mi iglesia. ¿Y qué tal a la tuya? Las personas que yo conozco, tanto cristianas como no cristianas, que prosperan y no necesitan ayuda para pagar las cuentas, parecen muy complacidas con ello. Nunca se llamarían (como dice Jesús) "desventurados", y yo tampoco. Pero ¿será posible que las personas adineradas que llenan nuestras iglesias adineradas estén tan engañadas respecto a su condición como los creyentes de Laodicea? ¿Será posible que tú y yo pertenezcamos a este grupo de personas?

En vista de que los discípulos creyeron equivocadamente que el dinero de aquel hombre suponía una ventaja para su propia salvación, el joven rico debió pensar lo mismo. Pero no Jesús. Jesús declaró la riqueza del hombre una *desventaja* del tamaño de un camello, algo que podía mantenerlo *fuera* del cielo.

Desde la perspectiva de Jesús, este hombre era un mendigo desventurado vestido de harapos, mirando con ansias la puerta del cielo. Y Jesús le hizo el ofrecimiento de su vida: entrar y tener riquezas incalculables por la eternidad. Lo único que tenía que hacer era vaciar el excedente de sus bolsillos y dar su dinero a los pobres. Pero no pudo hacerlo "porque tenía muchas posesiones" (Mateo 19:22). Quizá si hubiera tenido solo un billete en el bolsillo habría estado dispuesto a hacerlo. Pero ¿cinco millones? Era demasiado entregar esa cantidad. Así que dejó escapar la oportunidad de tener una vida eterna con riquezas eternas.

Recuerda que la primera respuesta de Jesús al hombre rico, puesto de rodillas, fue: "si quieres entrar en la vida, guarda los mandamientos". Los diez mandamientos no podían salvarlo, pero el amor al dinero podía *impedirle* entrar en la vida eterna. Solo si obedecía el mandamiento de no dejar que nada (ni siquiera el dinero) esté por encima de Dios, el hombre podía quitar de su vida el obstáculo del dinero.

Las agujas son pequeñas

Di esto en voz alta: **La riqueza me pone en una gran desventaja.** Si alguien te oyera decir esto ahora, me temo que podría preguntarse qué ocurrencia absurda estás leyendo. Esta es verdaderamente una de las enseñanzas más revolucionarias de Jesús, especialmente para las mujeres de Occidente que se comparan. Con todo, si Jesús estuvo dispuesto a decir a unos habitantes del primer siglo que vivían bajo la opresión romana: "¡Tengan cuidado!... Absténganse de toda avaricia; la vida de una persona no depende de la abundancia de sus bienes" (Lucas 12:15, nvi), imagino que diría lo mismo a un grupo de mujeres modernas con tarjetas de crédito en la mano.

Así pues, ¿cómo podemos prevalecer? ¿Cómo podemos, con toda nuestra prosperidad y exceso, ver el dinero de una manera diferente a como la vio el rico que se alejó triste? ¿Cómo podemos dejar de despedazar servilletas y salir furiosas porque tememos no obtener lo que queremos? ¿Cómo podemos impedir que la desventaja del tamaño de un camello nos aleje de la prosperidad del reino?

Para que un camello pase por una aguja, tendría que hacerse pequeño. Tan pequeño que ya no sería un camello. En el mundo, el dinero nos hace grandes. En nuestra riqueza, podemos mirar a otros con desprecio y actitud de superioridad, y dar órdenes a diestra y a siniestra. Pero en el reino de los cielos debemos volvernos pequeñas. Tan pequeñas que nos transformemos en algo completamente diferente. Jesús nos dice: "Para los hombres esto es imposible; mas para Dios todo es posible" (Mateo 19:26). Esa es nuestra realidad. Nosotras *no podemos*, pero Él *sí puede*.

¿Te sientes en cierto modo como el joven rico, aferrada a tu taza medidora (más bien llena) por miedo a que Dios te pida demasiado? ¿Te preocupa no ser capaz de soltar algo que tienes? Si es así, Dios te dice tiernamente: "Si tú inclinas la taza, yo la llenaré".

Dios no inclina la taza por nosotras, sino que nos prueba y espera. Sin embargo, cuando nos disponemos a entregar lo que Él nos pide, Él nos llena de poder sobrenatural. Sí, un camello es grande y una aguja pequeña. Sí, una mujer con riquezas está en una situación de gran desventaja, una desventaja del tamaño de un camello. Pero Dios también hace lo imposible cada día de la semana, y faculta a las mujeres que nos comparamos a vivir con generosidad. Por ejemplo:

- Cuando una mujer rechaza un ascenso en el trabajo para pasar más tiempo sirviendo en la iglesia, es señal de que Dios está obrando lo imposible.
- Cuando una mujer rinde cuentas de sus gastos porque quiere administrar sabiamente los recursos que Dios le confía, es señal de que Dios está obrando lo imposible.
- Cuando una mujer confía más en Jesús que en sus seguros o cuenta bancaria, es señal de que Dios está obrando lo imposible.
- Cuando una mujer pone a Dios en la posición de dueño y a ella misma como la sierva, dispuesta a dar y a compartir lo que tiene, es señal de que Dios está obrando lo imposible.
- Y cuando una mujer se despoja de un tesoro en la tierra para invertir en su cuenta bancaria celestial, es señal de que Dios está obrando lo imposible.

La otra abuela

La hija de Beth, ya adulta, su esposo y sus hijos viven a varias horas de distancia de Beth. Cuando vienen a la ciudad siempre se hospedan con los *otros* abuelos, los que tienen camas supergrandes y piscina. También viajan en cruceros y van a esquiar con los otros abuelos, que siempre invitan.

Beth y su esposo Tom llevan una vida más sencilla que cuando su hija era pequeña. Esto sucedió porque Dios hizo lo imposible y cambió su mentalidad acerca del dinero. Se mudaron a una casa más pequeña y ahora viven con un presupuesto más pequeño que les permite ser más generosos con los necesitados, pero gastar menos en sus regalos y vacaciones familiares.

A Beth le encantan los proyectos que apoyan los donativos que hacen ella y Tom. Está contenta y llena de gozo, salvo cuando ve una fotografía con toda la familia reunida alrededor de la *otra* abuela en una montaña de esquí o en una playa de arena blanca. En ese momento, la ansiedad de la comparación entra sigilosamente.

Beth se pregunta, *¿Hemos tomado la decisión correcta? Tal vez deberíamos gastar más dinero en viajes y en una casa espléndida. Tal vez así nuestros hijos se acercarían más a nosotros.* Sin embargo, Beth ha comprendido que su ansiedad es un síntoma seguro de que ha vuelto a fijarse en las líneas medidoras, para compararse con la otra abuela.

Beth y Tom quieren amar y servir a Dios, no al dinero. El Señor no les ha dado paz respecto a gastar veinte mil dólares en unas vacaciones de una semana, mientras que *sí* les ha dado paz en cuanto a dar con generosidad. Beth sabe que su dinero no solo es una bendición de Dios para disfrutar, sino también una prueba de su fidelidad. ¿Volverá a caer en la trampa de la comparación? ¿Comparará los días que su hija pasa con ella y Tom con los que pasa con la otra abuela? ¿O seguirá poniendo a Dios primero y vaciando el excedente que hay en sus bolsillos?

Mujer que te comparas, ¿qué te pide Dios que hagas con el excedente que hay en tus bolsillos? En lugar de aferrarte a tu riqueza, temerosa de que Dios pueda pedirte demasiado, ¿cómo vas a derramar tu taza medidora? Y conforme la derramas, invita a Dios a que te llene del poder para ser generosa.

≈ ¿Te identificas con la ansiedad que sentía Beth cuando se comparaba con la "otra abuela"? Anota algunas situaciones económicas que te produzcan estrés en este momento. Al lado de cada una, anota cómo tu ansiedad está ligada a la comparación o al afán de dar la talla. Por último, anota las frases del pasaje de Lucas 12:29-34 que te infunden paz o te ayudan a concentrarte en lo importante.

≈ ¿De qué manera es tu excedente no solo la bendición de Dios sino también una prueba de su parte? ¿Qué dice Lucas 16:11-12 acerca de la relación entre la fidelidad en la tierra y las "verdaderas riquezas" en el cielo?

≈ Lee Apocalipsis 3:14-17. ¿Qué similitudes observas entre la iglesia de Laodicea y tu propia comunidad de creyentes?

≈ Lee Lucas 12:15-21. Escribe una nueva versión de la parábola en la que el hombre rico termina con tesoros en el cielo. ¿Qué versión te representa mejor?

Para meditar: Lucas 12:15 (NVI)

¡Tengan cuidado!... Absténganse de toda avaricia; la vida de una persona no depende de la abundancia de sus bienes.

La bendición adicional también constituye una prueba adicional de Dios. ¿Voy a abrir mi mano para dar el excedente que Dios pone en mi bolsillo para compartir con alguien más? *Señor, quiero confiar en ti, no en mi cuenta bancaria. Quiero adorarte a ti, no a este dinero que tengo. Quiero servirte a ti con lo que tengo, no a mí misma. Te pido que hagas lo que para mí es imposible y me ayudes a dar.*

Lección 3: Recompensas que puedo perder
Lee Mateo 19:16-30 y Lucas 21:1-4

KIM ES UNA MUJER del sudeste asiático que ama a Jesús. Cuando su esposo sintió la dirección de Dios para empezar un seminario en un distrito extremadamente pobre, Kim dudó. Tenían dos hijos peque-ños, y esa área no era la clase de lugar donde ninguna madre desearía levantar una familia. Sin embargo, Kim terminó por decirle sí a Dios.

Cuando se mudaron, Kim fue la primera en ser contratada, de modo que acordaron que ella iba a trabajar mientras su esposo desarrollaba el trabajo del seminario y cuidaba de los niños. Al cabo de cuatro años, el seminario es una realidad, y Kim sigue en el mismo empleo. Tres cuartas partes de su salario se consagran al préstamo del terreno donde está ubicado el seminario. La familia de Kim vive del resto en una casa de una sola habitación donde todos comparten una sola cama. No hay agua corriente, y el pozo más cercano está ubicado a más de un kilómetro de distancia.

Para Kim, la vida es dura, pero Kristi, mi amiga misionera, que la conoció en un retiro para mujeres en Asia sudoriental, dice que cuando Kim lideraba la adoración en el retiro, su rostro resplandecía de gozo. Era como si todo desapareciera y Kim trascendiera a la presencia misma de Jesús. Kristi dice que esa fue una adoración extraordinariamente pura, como pocas que ella haya experimentado.

Kim ofrece un significado diferente al concepto de "mamá trabajadora", ¿no te parece? Las consabidas guerras de mamás, donde hay confrontaciones para demostrar cuál de las mamás tiene la razón, me tientan a compararme de una manera que casi nunca resulta productiva. En cambio, cuando comparo mi vida con la de Kim, me siento inspirada. Ella vive con su taza medidora inclinada, casi completamente boca abajo, ¡y aún así está llena de gozo sobrenatural!

EL CONFLICTO DEL GOZO

A veces, especialmente cuando quiero comprar algo, tengo la impresión de que la búsqueda del gozo está en conflicto directo con seguir a Jesús. Me convenzo a mí misma de que para ser feliz tengo que taparme los oídos a la voz de Jesús, y ya está, hago la compra. Paso la tarjeta de crédito. Si le preguntara a Jesús, Él solo me diría que me prive de las cosas y sea infeliz. Salvo que, como hemos aprendido, ese no es el caso.

Jesús contó una vez la breve historia de un hombre que vendió todo lo que tenía (como lo que Jesús mandó al joven rico), a fin de comprar un campo donde se encontraba un tesoro escondido. Este hombre no dudó ni se puso triste como el joven rico. Estaba rebosante de *gozo*. ¡Venderlo todo le permitía comprar el terreno y apoderarse del tesoro! (Mateo 13:44).

Como el hombre que renunció a todo para comprar lo que, a los ojos del observador distraído, no era más que un terreno baldío, nosotras también invertimos en un lugar que está oculto a simple vista. Cuando rehusamos enfocarnos en las líneas de comparación, entregamos todo lo que tenemos. Nos sacrificamos sabiendo que nuestra recompensa vendrá. Pero en lugar de sacrificar el gozo, lo encontramos.

Me encanta el detalle que añade Marcos cuando relata el encuentro de Jesús con el joven rico: "Entonces, Jesús, mirándole, *le amó*, y le dijo: Una cosa te falta: anda, vende todo lo que tienes, y dalo a los pobres" (Marcos 10:21). Jesús nos mira también con amor cuando nos pide inclinar nuestra taza medidora hasta vaciarla por completo. Él no quiere que perdamos, ni ahora ni en el reino venidero.

La pregunta de Pedro

Pedro esperó a que el joven estuviera lejos (eso quisiera pensar), para preguntarle a Jesús: "He aquí, nosotros lo hemos dejado todo, y te hemos seguido; ¿qué, pues, tendremos?" (Mateo 19:27). Tal vez *aquel* hombre no estaba dispuesto a dejarlo todo, pero estos doce ya lo *habían* hecho.

Pedro, Andrés, Santiago y Juan dejaron su negocio de pesca justo después del momento de mayor productividad de toda su carrera (Lucas 5:4-11). Mateo dejó su sofisticada vida de publicano (Mateo 9:9). Todos habían dejado algo o a alguien para seguir a Jesús. De modo que cuando Jesús dijo al joven rico "anda, vende lo que tienes, y dalo a los pobres, y tendrás tesoro en el cielo" (Mateo 19:21), Pedro quiso saber si la promesa también se aplicaba a ellos.

Me alegra que Pedro lo haya preguntado, porque yo también quisiera saberlo, solo que casi me da miedo que Jesús lo reprenda. ¿Acaso no suena ambicioso pedir recompensas? ¿Acaso no espera Jesús que entreguemos todo sin esperar algo a cambio? ¿No deberíamos simplemente dedicarnos a servir?

Pero no. Jesús no reprende a Pedro. Ni por compararse con un hombre necio, ni por pedir recompensas. De hecho, Jesús alienta la pregunta de Pedro describiendo en detalle el reino venidero.

Jesús se sentará en un trono glorioso, y sus discípulos estarán allí también. Doce tronos, uno para cada uno de ellos. Ellos tendrán responsabilidades de liderazgo y posiciones de honra. Y recibirán no solo todo aquello a lo que han renunciado, sino multiplicado cien veces. Así serán sus vidas por la eternidad, sin volver jamás a sufrir pérdidas.

Para ese momento, Pedro y los otros tenían una sonrisa de oreja a oreja. Estoy segura de ello. Y tal vez estaban un poco pasmados, porque Jesús no solo se había dado cuenta de lo que ellos habían entregado y dejado, sino que tomaba nota de cada detalle. Llevaba cuentas matemáticas.

Si todo se multiplica por 100, 100 dólares se convierten en $10.000 y 1.000 dólares en $100.000. Y en ese momento los discípulos entienden de qué se trata. El hombre que se fue no es el hombre rico. *Ellos lo son.* ¡Son extraordinariamente ricos!

¿Nos reprende Jesús por ser estratégicos en cuanto a acumular riqueza? No. Antes bien, eso es *exactamente* lo que deberíamos hacer, solo que no en la tierra.

CONSIDERA EL ÁNGULO

En su libro *The Treasure Principle*, Randy Alcorn compara nuestro dinero aquí en la tierra con la inversión eterna de capital. Él dice: "cada día es una oportunidad para adquirir más acciones en su reino. *No puedes llevártelas, pero puedes enviarlas por adelantado*".[6]

Eso es muy motivante, pero ¿qué sucede si tu taza medidora no tiene mucho para dar? Puede que digas: "¡Mi taza está tan vacía que tengo que voltearla casi por completo para que caigan algunas gotas!". Amiga, Jesús te ve y a Él le importa cuando sientes que tienes muy poco para dar. Escucha esto.

Una vez, cuando una viuda pobre puso nada más dos monedas de cobre en la caja de las ofrendas, Él llamó a sus discípulos y la señaló, diciendo: "En verdad os digo, que esta viuda pobre echó más que todos. Porque todos aquellos echaron para las ofrendas de Dios de lo que les sobra; mas ésta, de su pobreza echó todo el sustento que tenía" (Lucas 21:3-4).

¿Observaste la frase "echó más"? *Más* es una palabra que denota comparación. Jesús está diciendo que si un multimillonario pone un

---

6. Randy Alcorn, *The Treasure Principle*, 19.

millón de dólares en el plato de las ofrendas, y tú, de manera sacrificada, pones el último dólar que te queda, al lado del millón, tú has dado más. Jesús podría incluso llamar a sus discípulos para que se inspiren en *ti*. **Las recompensas eternas incluyen ecuaciones matemáticas, pero uno más uno no siempre es igual a dos.** El sacrificio le da más peso a tu pequeño don.

En otra ocasión, Jesús dijo: "Y cualquiera que dé a uno de estos pequeñitos un vaso de agua fría solamente, por cuanto es discípulo, de cierto os digo que no perderá su recompensa" (Mateo 10:42). Cuando leo este versículo, siempre imagino a alguien dando un vasito de papel con agua a un niño pequeño. Jesús quiere que sepamos que ninguna monedita de cobre pasa desapercibida, y ningún vaso de agua queda sin ser reportado. Cada vez que desafiamos el egoísmo e inclinamos nuestra taza medidora para derramar aunque sea unas pocas gotas, enviamos tesoros anticipados al lugar "donde ni la polilla ni el orín corrompen, y donde ladrones no minan ni hurtan" (Mateo 6:20).

Como sabrás, Satanás es un visitante asiduo de los lugares celestiales donde ni la polilla ni el orín corrompen las cosas[7]. Jesús *vive* allí y sabe exactamente lo que nos espera, pero Satanás tiene una astuta estrategia. Mientras el Señor nos mira con amor, anhelante porque busquemos tesoros en su reino (Marcos 10:21), Satanás, el engañador, quiere distraernos con nuestro propio egoísmo. De modo que merodea por la tierra susurrando: "Mira la casa de ella. Y ¿cómo puede costearse esa vestimenta, y mucho menos ese auto?". Entonces sonríe perversamente mientras nosotras correteamos de un lado a otro, llenas de celos y avaricia, obsesionadas con la competencia.

Dios recompensa la vida que se vive por la fe. Vivir por vista, con los ojos puestos en el aquí y el ahora, es como dejamos escapar las recompensas. Randy Alcorn reconoce que, aunque este no es un tema popular de conversación, los cristianos pueden perder las recompensas celestiales. Él dice: "Las Escrituras lo dicen claramente. No a todos los cristianos el Maestro dirá: 'Bien, buen siervo y fiel' (Mateo 25:23). No todos tendremos tesoros en los cielos (Mateo 6:19-21). No todos tendremos la misma posición de autoridad en el cielo (Lucas 19:17,

---

7. Job 1:6–7 habla acerca de Satanás que se presenta en persona delante de Dios después de deambular por la tierra.

19, 26). Habrá diferentes niveles de recompensa en el cielo (1 Corintios 3:12-15). No existe evidencia de que, una vez dadas o denegadas, las recompensas no sean eternas e irrevocables".[8]

Querida hermana, esta última frase es importante, así que no pases por alto su mensaje. Lo que decidas hacer con tu taza medidora tiene consecuencias eternas. Si has tapado tus oídos para no oír la voz de Jesús para poder deslizar tu tarjeta de crédito y "ser feliz", tal vez sea hora de meditar en lo que Jesús dice que te espera al otro lado de esta realidad presente.

MÁS QUE JUSTO

Jesús usó una comparación instructiva para terminar esta conversación acerca de las recompensas. Dijo a sus discípulos: "Pero muchos primeros serán postreros, y postreros, primeros" (Mateo 19:30).

La comparación instructiva:

"Pero muchos primeros serán postreros,

y postreros, primeros" (Mateo 19:30).

El joven rico habría ocupado el "primer" lugar en muchas listas de comparaciones. Sin duda, al mirar su enorme riqueza las personas se lamentaban diciendo "no es justo". Para los discípulos que estaban a punto de padecer odio, crucifixión y exilio por causa de Jesús, *definitivamente* la vida no era justa. Sin embargo, Jesús quiere que todos sepamos que vendrá un día en el que las cosas serán más que justas. Todos recibiremos mucho más de lo que merecemos.

Dios, que ve todo y a quien ningún detalle se le escapa, recompensará cada sacrificio, hasta el vaso de agua más pequeño. Por supuesto, no seremos recompensadas por el desperdicio o las elecciones necias y costosas. No obstante, en la misma medida en que sufrimos pérdidas por causa de Cristo, nos gozaremos de haberlo hecho.

Tal vez leas esto y te emocione lo que te espera. O tal vez, como

---

8. Randy Alcorn, *Money, Possessions, and Eternity* (Carol Stream, IL: Tyndale, 2003), 125.

yo, pienses: "Eh, un momento. No estoy segura de haber entregado lo suficiente". Sea cual sea el caso, cuando pensamos en el futuro, Jesús nos insta a dar y a ser estratégicas. Como el hombre que lo vendió todo para comprar un tesoro que estaba oculto a la vista, Jesús nos anima a invertir en el cielo y a soñar en grande.

SUEÑA EN GRANDE

Después de un estudio bíblico, doce mujeres seguimos en la mesa conversando, mientras el maestro está recogiendo las cosas. En ese momento, una mujer hermosa entra en la habitación corriendo, no caminando. Podemos decir sin temor a equivocarnos que no es la clase de visitante que se equivoca de hora. Sus escoltas, que corrieron igual que ella, son nuestra primera pista. Y la segunda es la manera en que está arreglada de los pies a la cabeza.

"¡Maestro!", exclama, al tiempo que cae a sus pies, sin importarle lo que piensan los demás. "Temía no encontrarte. Tienes que ayudarme. He tenido pesadillas. Tengo miedo de morir. En realidad, estoy aterrorizada. No dejo de pensar en ello. Y alguien me dijo que tú enseñas cómo vivir para siempre. ¿Puedes decirme qué hacer?".

Jesús dice amablemente: "¿Has oído hablar de los Diez Mandamientos?". Ella dice: "Sí, los guardo en todo momento. Pero ¿qué más? ¿Cómo puedo obtener esa vida después de la muerte?". Jesús la mira con amor en sus ojos y dice: "Anda y liquida todo. Vende tu negocio. Vende todas tus casas. Cancela tu perfil de Instagram y borra todos tus seguidores. Entrega todo a la beneficencia y lleva una vida discreta y tranquila. Luego, regresa y acompáñanos en este estudio bíblico".

La mujer queda horrorizada. Brotan lágrimas de sus ojos. Una tristeza extrema se proyecta en su rostro. Se pone de pie y, abatida, sale de la habitación con sus escoltas detrás.

Nosotras estamos asombradas. Luego, una de nosotras se recuesta y dice con gran vehemencia: "Jesús, tengo una pregunta. Nosotras hemos hecho eso. Lo hemos dejado todo para ser tus seguidoras. La familia de Riley ha dejado de hablarle. Karla renunció a una carrera porque tú le dijiste que criara a sus hijos. Jan está alistándose para ir al extranjero a fundar iglesias. Todas hemos renunciado a algo. Esa mujer no estaba dispuesta, pero nosotras *sí.* ¿Habrá alguna recompensa para nosotras?".

Nuestro Señor sonríe y dice: "Esa es la pregunta correcta. Y la respuesta es *sí*".

Sueñen en grande, amadas hermanas. Con ojos de fe, sueñen en grande con el sacrificio que Dios les pide. Sueñen con quién podría necesitar lo que ustedes tienen en su taza medidora. Piensen nada más en las recompensas que les esperan a quienes inclinan su taza medidora y dejan fluir la generosidad.

≈ Cuenta una ocasión en la que miraste la riqueza de alguien y pensaste: "No es justo". ¿De qué manera te anima el mensaje de Mateo 19:29 acerca de los dividendos "más que justos" de tu inversión en el reino?

≈ Lee 1 Timoteo 6:17-19 y enumera las instrucciones dadas en el pasaje. ¿Qué recompensa promete?

≈ Haz una lista de las maneras en las que has sufrido pérdidas por causa de Jesús. Además de tu lista, en letras resaltadas escribe: "Él me ama. Él lleva las cuentas. Él me recompensará".

≈ Lee 2 Corintios 9:6-8. ¿Has sembrado generosa o escasamente? ¿Cómo te invita Jesús a responder? ¿Qué actitud quiere Él que tengas (v. 7)?

Para meditar: Mateo 19:30

Pero muchos primeros serán postreros, y postreros, primeros.

Jesús no me reprende por preguntar acerca de las recompensas en los cielos. Él me anima a pensar de manera estratégica y a permitir que fluya mi generosidad. *Señor, dejaré de taparme los oídos y con gozo soñaré en grande con los sacrificios que tú me pidas hacer.*

Capítulo cuatro

Comparar las apariencias

HAY UN GRUPO de mujeres conocidas en su comunidad como "las mujeres ricas de Smallville". Estas mujeres viven en un pueblo cualquiera y pequeño donde no existen cámaras de televisión grabando cada detalle de sus vidas para un reality show. Sin embargo, esta es su realidad: Todas tienen elegantes armarios, uñas arregladas y cuerpos esbeltos. Con frecuencia se las ve saliendo de sus Denalis negros para dejar a sus hijos en las prácticas de fútbol o para hacer compras con su cabello perfectamente peinado, su maquillaje impecable y sus pantalones que encajan perfectamente en sus botines, como si estuvieran siempre de camino a una clase de yoga que va a ser filmada. Y tal vez sea así. Sin embargo, el yoga no es lo único que ayuda a estas madres jóvenes a mantener unos cuerpos de bikini.

Corre el rumor de que todas ellas se han sometido a algún tipo de cirugía estética en los últimos dos años. Están listas para su foto de las vacaciones de primavera, todas en fila al borde de la piscina. Sin duda, todas van a etiquetar su foto de Instagram con un #bendecida.

Cuando pienso en este grupo de mujeres, el primer pensamiento que viene a mi mente es: "Me gustaría entrevistar a una de ellas". A puerta cerrada y lejos de la mirada pública, me gustaría que una mujer del grupo me contara acerca de la presión que siente para mantener su bajo peso, el tinte de su cabello, las arrugas bajo control y un armario acorde con la moda de las demás. Me gustaría saber acerca del cansancio que siente cuando se acuesta y el estrés cuando se levanta para vivir otro día forzándose a mantener ese ritmo de vida. También me gustaría saber lo que motiva a un grupo de amigas bellas a agendar, cada una por su lado, una cirugía plástica.

Estoy segura de que la presión que sienten estas mujeres, tanto dentro como fuera de su círculo social, es muy válido y muy real. En cambio, Jesús nos liberó de la presión de nuestra tendencia hacia las comparaciones y competencias con los demás. Él dijo que para ser valiosas no tenemos que lucir perfectas.

Comparar nuestra belleza exterior produce todo tipo de estrés y angustia. La obsesión frente al espejo refleja la preocupación por cómo nos ven los demás. ¿Cómo lucimos? ¿Cómo van a vernos los demás? ¿Qué pasa si, en efecto, nos ven? ¿Y qué pasa si *no* nos ven? En este capítulo aprenderemos a vernos en el espejo a través de la mirada revolucionaria de Jesús. En lugar de obsesionarnos con nuestro reflejo en el espejo, aprenderemos a alejarnos de él con una nueva confianza, a librarnos de la tiranía del yo para estar dispuestas a enfocarnos en aquellos a quienes estamos llamadas a servir.

Lección 1: Una seguridad mayor que las apariencias
Lee Mateo 4:23–5:11, 6:25-34 y 7:24-27

Cuando Raquel estaba en la secundaria, sus padres le enseñaron que ella era especial, un tesoro creado por Dios. Ella merecía que el hombre que la amara esperara. Y ella lo creyó. Raquel valoraba la idea de que alguien especial pudiera realmente esperarla. Ella perseveró en el Señor, confiando en Él y creyendo la verdad acerca de ella misma. Ese era su plan.

Hasta que un viernes por la noche, después de un partido de fútbol, Raquel llegó a la terrible conclusión de que su plan era defectuoso. Su padre había llegado al estacionamiento de la escuela y, después de que ella entró en el auto, miró por la ventana trasera cómo sus amigas más cercanas, todas hermosas y populares animadoras del equipo deportivo, se encontraban con sus "amigos especiales" antes de ir al baile. Nadie especial estaba esperándola a ella.

Raquel se convenció de que ella era un fracaso en un mundo de gente exitosa, y que toda su espera, confianza y fe nunca la iba a convertir en esa clase de persona. Su fe en Jesús nunca iba a ofrecerle una ventaja frente a las demás, de modo que tenía que trazar un nuevo plan. Una nueva estrategia. En resumen, Raquel *tenía* que ir al baile. Eso significaba que *tenía* que usar un vestido del mismo tamaño que vestían sus amigas. Raquel hizo una elección, allí en el asiento trasero del auto de su padre, de dejar de concentrarse en la belleza interior. Estaba decidida a esforzarse por conseguir aquello que todos los demás podían ver.

¿Te sientes a veces como un fracaso en medio de gente exitosa? ¿Te preocupa que tu apariencia te deje en desventaja? ¿Te motiva cambiar tu apariencia para obtener lo que deseas para dar la talla? Raquel no se dio cuenta de ello en ese momento, pero su enemigo había usado la comparación para arrastrarla a quince años de cautiverio y adicción a la comida. Te contaré más sobre su historia en la Lección 3, pero por ahora me gustaría que pensaras si quizá tu enemigo está usando tu hábito de comparar la apariencia física como una trampa.

Nuestra cultura está obsesionada con nuestra apariencia física. Por doquier nos bombardea con imágenes de rostros perfectos, vientres planos y caderas ligeramente curvas. Las mujeres que se comparan sufren mucho cuando sienten que no dan la talla. Es una tentación muy grande fijarse en las líneas. Y un terrible cautiverio nuestra obsesión por lucir perfectas o, en este caso, nuestra obsesión con ser delgadas.

#Bendecida

Me gusta mucho que Jesús no predica su "sermón inaugural"[1] a una multitud de gente atractiva y notable, como se esperaría del lanzamiento de un movimiento importante. En lugar de eso, Jesús hizo su gran anuncio de las buenas nuevas del reino a los enfermos, los atormentados, los pobres y los marginados de la sociedad, aquellos que se sentían unos fracasados en un mundo de gente exitosa. Así describe Mateo la multitud que se congregó para este sermón:

Y le trajeron todos los que tenían dolencias, los afligidos por diversas enfermedades y tormentos, los endemoniados, lunáticos

---

1. Recuerda que este es el título que me gusta darle al Sermón del Monte, puesto que es la primera vez que Jesús presenta su reino revolucionario e invita a todos a entrar.

y paralíticos; y los sanó. Y le siguió mucha gente... Viendo la multitud, subió al monte... Y abriendo su boca les enseñaba, diciendo: Bienaventurados los pobres en espíritu, porque de ellos es el reino de los cielos. Bienaventurados los que lloran, porque ellos recibirán consolación (Mateo 4:24–5:4).

Las personas de esta multitud no eran la clase de gente que verías con celos desde la ventana trasera de tu auto. Nunca mirarías sus tazas medidoras para considerarlas bendecidas. Cuando Jesús corta la cinta inaugural y abre la puerta para invitar a todos a entrar, Él señala el gran contraste entre su reino y nuestro mundo obsesionado con la competencia. Lo hace introduciendo su sermón con una serie de declaraciones que empiezan con la palabra "Bienaventurados", que significa "bendecidos". Te desafío a que encuentres un aspecto de la lista de Mateo 5:3-11 que consideres pertinente publicar con una foto y el tag #bendecida.

Sin embargo, mientras Jesús miraba a estos epilépticos, paralíticos y personas que padecían dolor crónico, Él veía que *eran* bienaventurados, porque su sufrimiento los había traído a *Él*. Amiga, ¿hay algún sufrimiento que te haya llevado a Jesús? ¿O algún sufrimiento emocional o estrés por tu apariencia física? Ya sea por cuatro kilos de más o por cuarenta, ya sea por cicatrices o pérdida de cabello, ya sea por acné severo o arrugas irremediables, **Jesús quiere que presentes delante de Él tu agonía y tu angustia por tu belleza física.** Cualquiera que sea el motivo de tu tristeza, también es un motivo que te acerca más a Él, y esa es la única manera en que tu dolor puede sanar.

Ansiedad por la apariencia

Estas personas que se habían reunido eran los marginados y los rechazados de la sociedad, de modo que era comprensible que se sintieran dolidos y ansiosos. Jesús los consoló explicándoles que en el reino de los cielos las cosas son diferentes. Allí no tienen cabida el orgullo de los aventajados ni el miedo a dar la talla. La manera de alcanzar la grandeza no es lograr meterse en unos jeans talla pequeña ni atraer la atención de un hombre. Aquí eres grande cuando *dejas* de vivir conforme a las líneas de comparación.

Si eres una mujer que se compara y sufres o estás en crisis porque comparas tu belleza física con las demás mujeres, ten en cuenta que a todas luces en la multitud había personas preocupadas por problemas similares. Jesús les dijo: "Y por la ropa, ¿por qué se preocupan?" (Mateo 6:28, NBLA). Luego llamó la atención sobre la hierba que es mecida por el viento y que está adornada con lirios coloridos. La hierba no ha trabajado, ni se ha afanado, ni ha cosido su vistoso traje. Dios viste la hierba. La pregunta de Jesús era: *Si Dios embellece la hierba, ¿acaso no hará lo mismo por nosotros?*

Puedo adoptar hoy esta lógica que calma la ansiedad, a pesar de mi dura realidad. Después de escuchar a Jesús explicar que Dios es digno de confianza y se complace en embellecerme, yo puedo decidir preocuparme y angustiarme de todos modos por mi apariencia. Por lo general, no lo considero una decisión; se siente más como si yo no tuviera elección. Sin embargo, he aquí la cuestión: ¿Es Jesús mi rey? ¿Son importantes para mí sus palabras? **¿Voy a edificar mi vida sobre las promesas revolucionarias de Jesús?**

Un cimiento oculto

Mientras conversaba un día con una amiga en su casa, yo le pregunté: "¿No te parece que la chimenea está inclinada?".

No fue mi imaginación. En las semanas siguientes, un delgado rayo de luz se proyectó entre la casa y la hermosa chimenea de piedra, que antes estaba bien conectada. Con el tiempo, la inclinación se volvió más notoria hasta que una mañana, con crujidos, gruñidos y chasquidos, se derrumbó. La hermosa chimenea de piedra quedó tirada en un montón de escombros. Más adelante me enteré de que el que la construyó había decidido ahorrar en gastos y no le había puesto un cimiento. Construyó una chimenea de dos toneladas sobre arena movediza... en sentido literal.

Jesús concluyó su sermón inaugural con una historia que comparaba un hombre sabio que edificó su casa poniéndole un cimiento, y un hombre necio que construyó una casa sin cimientos. Cuando llegó la tormenta, la casa del hombre sabio quedó en pie, mientras que la casa del hombre necio se desplomó por completo. ¿Cuál era la diferencia entre estos dos? El sabio escuchó e hizo lo que Jesús dijo. Dio importancia a las palabras de Jesús y edificó su vida sobre las promesas de Jesús. El necio no.

Vemos el mismo contraste entre las mujeres que se comparan y están preocupadas por la belleza física. La mujer necia rehúsa escuchar la lógica de Jesús acerca de la hierba y los lirios del campo, la cual calma la ansiedad. Ella insiste en acudir al espejo para "construir" su belleza: usando maquillaje, la moda, las membresías de gimnasios y las dietas. Pero en un instante y sin avisar, los vientos del cáncer o envejecimiento, o el aumento de peso llegan y azotan la vida de la mujer necia, y hacen colapsar su belleza. Ella lo sabe. De ahí que su ansiedad frente al espejo se base en un riesgo muy real. Ella no tenía control sobre las tormentas y le era imposible evitar que su belleza se acabara. Entonces opta por reforzar sus tratamientos de belleza y preocuparse más. Cuidarse y preocuparse más.

Por otro lado, hay una mujer sabia cuya belleza está menos ligada a su apariencia y más a Aquel en quien ella confía. Ella *sí* escucha a Jesús cuando habla acerca de la hierba y los lirios, cree que su Padre cuida de ella (Mateo 6:30) y le confía a Él su armario, sin importar de cuál talla o tendencia de la moda sean sus prendas. Ella confía en Aquel que entretejió ese cuerpo que ella intenta vestir. Su confianza en Dios se extiende como un cimiento detrás de su armario, de su espejo y de su vida entera (Salmos 18:2). No es que ella descuide su apariencia. Tal vez siga una dieta particular, use maquillaje, o compre ropa que la haga verse bien. Con todo, la belleza más importante de una mujer sabia no es la que aparece frente a un espejo, sino delante del Señor. Al poner su confianza en lo que Dios dice acerca de ella, la mujer sabia edifica un cimiento que la sostiene firme sin importar las tormentas que arrecien. De modo que sigue edificando y confiando. Edificando y confiando.

¿Recuerdas cómo Raquel, la jovencita de quince años, optó por dedicarse a cuidar la parte que todos podían ver? Amigas, Raquel te diría que fue justo en ese momento que ella perdió su cimiento. Dios quiere que cultivemos el tipo de belleza que está oculto. Ese es el cimiento que está por debajo de la parte que ven los demás. En 1 Pedro 3:4 leemos: "Que su belleza sea más bien la incorruptible, la que procede de lo íntimo del corazón y consiste en un espíritu suave y apacible. Esta sí que tiene mucho valor delante de Dios" (NVI). La mujer que tiene esta belleza incorruptible puede ser o no hermosa por fuera. Para ella, las arrugas son irrelevantes. Ella no se angustia ni se preocupa por dar la talla. Su cimiento oculto de confianza en Dios la hace *libre*.

CUANDO LOS VALLES SE VUELVEN COLINAS

En su libro, *The Scars That Have Shaped Me* [Las cicatrices que me han formado], Vaneetha Risner habla acerca de su anhelo, en la adolescencia, de tener un cuerpo perfecto. Ella quería ser aceptada, pero lo que encontraba en el espejo le parecía inaceptable. Sus veintiuna operaciones no podían deshacer las secuelas de la polio. Ella se sentía defectuosa e inadecuada, y tenía las cicatrices para demostrarlo.

Luego, en su treintena, el cuerpo de Vaneetha volvió a fallarle. Desarrolló el síndrome post-polio, que le produjo dolor y debilidad creciente. A raíz de esto, también su esposo de diecisiete años de matrimonio abandonó la familia. "Dios, ¿por qué me odias?", Vaneetha a veces gritaba en la noche. El dolor de la independencia perdida, del rechazo y del temor arrasaron en su vida como un huracán, poniendo en riesgo los cimientos mismos de su vida.

La vida de Vaneetha ha sido marcada por cicatrices físicas y emocionales, pero sus encuentros con Dios durante sus momentos más críticos la han marcado aún más. Alguna vez un consejero le sugirió a Vaneetha llevar un registro de los mejores y los peores momentos de su vida y, cuando lo hizo, se asombró al ver el patrón que surgió de ello. Los peores momentos eran cuando ella estaba más cerca de Dios. Era casi como si, desde la perspectiva de Dios, la línea del tiempo pudiera invertirse, de tal modo que los valles eran en realidad colinas que la levantaban más cerca de Él.[2]

¿Alguna vez has llevado registro de tus valles y colinas? ¿Te has dado cuenta de que tus puntos más bajos te han acercado más a Dios? Jesús predicó su sermón inaugural a personas que habían vivido en el valle de la comparación. Con todo, aquello que les había hecho llorar los había llevado hasta Él, y por eso Jesús los consideró bienaventurados.

Jesús dijo una y otra vez que en su reino los primeros serán los

---

2. Vaneetha Rendall Risner, *The Scars That Have Shaped Me* (Minneapolis, MN: Desiring God, 2016), 7, 20, 25, 46-49.

últimos y los últimos serán los primeros. Piensa en la comparación instructiva acerca de la belleza física. ¿Qué nombre viene a tu mente primero cuando te pregunto quién ha sido bendecida con belleza? Tal vez se te ocurra pensar en modelos de portada o estrellas de cine. O tal vez pienses en las mujeres más hermosas de tu familia, de tu lugar de trabajo o de tu iglesia. ¿Hay una correlación entre la lista de aquellas que vienen a tu mente *primero* y las que son las *últimas* en humillarse y buscar a Jesús?

Cuando nuestra taza medidora tiene más, y especialmente más belleza, las mujeres que nos comparamos tenemos la tendencia a poner nuestra seguridad en aquello que nos destaca o nos halaga. Sin embargo, basar nuestra valía personal en un espejo o encontrar seguridad en los ojos de un admirador es como edificar una casa sobre arenas movedizas. Una tormenta puede venir sin avisar y arrasar con toda tu belleza. En cambio, Jesús quiere que tengamos una seguridad tan sólida como una roca, que nunca se vea afectada por una tormenta.

Jesús nos ama y quiere proveer cada gota de seguridad que necesitamos. Así que cuando nuestras cicatrices, estrías, sobrepeso y arrugas nos llevan a su presencia, son bendiciones en todo el sentido de la palabra. Amigas, necesitamos un cimiento sólido. Necesitamos una verdad que nos mantenga firmes como una roca. Necesitamos a *Jesús*. Seamos mujeres sabias que escuchan la verdad, que edifican un cimiento de confianza en Jesús, y que cultivan una belleza oculta que perdura.

≈ Esa noche en el auto de su padre, Raquel decidió dejar de trabajar en su belleza interior y enfocarse en la belleza que todo el mundo pudiera ver. Si tuvieras la oportunidad de hacerlo, ¿qué le dirías a Raquel aquella noche? Con relación a tu apariencia, ¿qué metas te tienes que replantear? ¿Cómo te redarguye Dios para que dejes de vivir comparándote?

≈ Enumera las "tormentas" que han amenazado tu seguridad frente al espejo. ¿Sobrepeso? ¿Quimioterapia? ¿Un amorío de tu esposo? ¿La soltería? ¿Qué verdades han establecido un cimiento en tu vida? Escribe el Salmo 18:2 como una oración a Dios, tu roca.

≈ Lee 2 Corintios 4:16-18. ¿Cómo has experimentado el "desgaste exterior"? ¿Cómo te ayuda a renovarte día a día el hecho de poner tus ojos en el reino invisible de Dios?

≈ Lee 1 Pedro 3:3-4. ¿Qué haces para cultivar la belleza interior? Escribe este versículo y ponlo cerca de tu espejo como un recordatorio de la necesidad de establecer un cimiento firme y profundo.

Para meditar: 2 Corintios 4:16

Por tanto, no desmayamos; antes aunque este nuestro hombre exterior se va desgastando, el interior no obstante se renueva de día en día.

Mi trabajo de belleza más importante no se hace frente al espejo, sino en la parte que nadie puede ver. Mi confianza en Dios se extiende como un cimiento debajo de mi armario, de mi espejo y de mi vida. *Jesús, quiero abandonar mi mentalidad de competencia y edificar mi vida sobre lo que tú dices que importa, no en cómo me veo, sino en Quién confío.*

Lección 2: Para ser vista
Lee Mateo 23:1-12

UNA VEZ, CUANDO nuestra familia escalaba las dunas de Sleeping Bear aquí en Michigan, miré a una mujer que iba delante de mí y pensé: *Me pregunto si así me veo por detrás.* La mujer era más o menos de mi talla, de manera que le pregunté a mi hija de cinco años qué opinaba.

En voz baja, dije: "Linds, ¿esa mujer es más delgada o más gorda que yo?". Ella, siempre dispuesta a ayudar, se detuvo y empezó a mirarme a mí y a la mujer de manera intercalada, tratando de compararnos. "Eh...", dijo después de algunas rondas de evaluación, "creo que tú eres un poquito más gorda, mami. ¡Pero solo un poquito!".

¡Qué juego tan ridículo era ese! (y todavía lo juego). En plena exhibición gloriosa de la creación, en lugar de gozarme en mi gran Dios bajo el cielo azul y las hermosas dunas arenosas, era la mujer que se compara y le pide a una niña de cinco años que me evalúe conforme a la medida de una extraña.

JESÚS INTERVIENE

Jesús no era ajeno a nuestras preocupaciones acerca de nuestra apariencia, por delante o por detrás. De hecho, en su sermón inaugural (que miramos en la lección anterior), Jesús lanzó varias advertencias contra el afán de impresionar a otros (Mateo 6:1-18). Aunque en su predicación Jesús no denunció las costumbres de los líderes religiosos, los ejemplos extravagantes que eligió, como hacer sonar una trompeta antes de dar a los necesitados u orar en voz alta en la esquina de la calle, apuntaban a ellos.

En la lección de hoy veremos otro momento posterior en las interacciones de Jesús con los líderes religiosos cuando han progresado mucho más allá de la represión implícita. Es martes en la mañana, antes de la ejecución de Jesús, y Él habla a un grupo de sus discípulos reunidos en el templo para la celebración de la Pascua (ver Mateo 23:1; 24:1). Aunque Jesús es plenamente consciente de que los líderes religiosos conspiran para matarlo, Él no se esconde ni intenta defenderse. Antes bien, se interesa lo suficiente en ellos como para intervenir.

La intervención a la que me refiero es confrontar a alguien a quien se ama, alguien que está haciendo elecciones lamentables y se le dan advertencias para que dé marcha atrás. Es cuando vemos las consecuencias futuras y estamos dispuestos a pararnos en medio de la calle y decir: "¡Detente! ¡No sigas!". Eso es lo que Jesús hace cuando dirige las siete advertencias o "ayes" a los escribas y fariseos, en los atrios del templo (Mateo 23;1-36).[3]

Estoy segura de que eso fue incómodo. Estoy segura de que los discípulos que estaban presentes miraron a lado y lado, preocupados si quizá los líderes estaban cerca para oír. ¿Y qué provocó la fuerte represión de Jesús? La desagradable costumbre de los escribas y

---

3. Aaron Buer, "You're Missing It!", Ada Bible Church, 29 de julio de 2019, https://vimeo.com/350740625.

fariseos de tratar de impresionar a las personas y de llamar la atención. Jesús dijo: "Todo lo hacen para que la gente los vea" (Mateo 23:5, NVI).

Esta represión también nos resulta un poco incómoda, porque también hay entre nosotras quienes están desesperadas por ser vistas. Lo sabemos por sus esfuerzos extremos por llamar la atención con su estilo, ya sea por verse impecables y refinadas, o por vestirse siempre de negro con una expresión huraña. A pesar de todo, nos preguntamos: *¿En serio hay que intervenir, Jesús?* Definitivamente no queremos que alguien intervenga cuando se trata de la mujer ansiosa que vemos en el espejo del baño.

Mientras leemos algunas de las advertencias más duras del mensaje de Jesús aquella mañana del martes, permíteme animarte a no cometer el error de decir: "¡Ah!, ese problema no es *tan* malo". Es obvio que Jesús pensó que sí lo era. Tampoco debemos dar por sentado que las advertencias no están dirigidas a nosotras, ya que obviamente eso era lo que los escribas y fariseos pensaban. Cuando Jesús reveló el punto débil del por qué de sus ansias de ser admirados, ellos se taparon los oídos, levantaron su cabeza en alto y resolvieron matarlo.

TRES ADVERTENCIAS

No siempre tratamos de impresionar a otros de la misma forma que lo hicieron los líderes religiosos, pero considera esto: el que nos engaña es el mismo enemigo que los engañó a ellos. Somos tentadas con el mismo deseo de dar la talla y de vernos bien a los ojos de los demás, al tiempo que desdeñamos los ojos de Dios. Como mujeres que amamos a Jesús y deseamos seguirlo, aprendamos de los errores que cometieron estos líderes religiosos y hagamos lo que ellos no estuvieron dispuestos a hacer. Recibamos estas advertencias de Jesús y permitámosle que arroje luz sobre nuestro horrible deseo de ser vistas.

Estas son tres advertencias específicas de Jesús:

Vestirse para llamar la atención

Jesús dijo: "Todo lo hacen para que la gente los vea: Usan filacterias grandes y adornan sus ropas con borlas vistosas" (Mateo 23:5, NVI). Las filacterias son pequeñas cajas recubiertas de cuero que los hombres judíos, hasta el día de hoy, atan en sus frentes y en sus brazos. Las cajas contienen diminutos rollos con pasajes de las Escrituras. Es su manera de practicar, en sentido *literal*, las instrucciones de Dios: "Graben, pues, estas mis palabras en su corazón y en su alma; átenlas como una señal en su mano, y serán por insignias entre sus ojos" (Deuteronomio 11:18; ver también Éxodo 13:9, 16; Deuteronomio 6:8).

Lee de nuevo ese versículo y nota la ironía. Dios quería que ellos grabaran sus palabras en su *interior*, en sus corazones y en sus mentes. En cambio, ellos pusieron las palabras en el *exterior*, donde todos podían verlo. Querían que sus filacterias fueran más grandes que los demás, con el propósito de llamar la atención.

Lo mismo sucedía con las "borlas", que eran flecos que ponían en los bordes de sus prendas como recordatorio de los mandamientos de Dios. Con todo, en vez de centrar su atención en Dios, los líderes religiosos tenían flecos extremadamente largos, lo cual atraía la atención sobre *ellos mismos*.

¿Hay maneras en que tratamos de vestirnos también para llamar la atención? No nos ponemos ropa apretada, escotada y transparente porque sea cómoda. Y no pagamos el triple por una marca famosa porque el emblema de la marca sea bonito. Incluso si vestimos ropa larga, suelta y abotonada hasta el cuello, ¿acaso no intentamos también llamar la atención para que todos vean nuestro gran pudor? Cuando usamos nuestra manera de vestir para atraer las miradas de otros, no somos muy diferentes de los hombres que atan cajas de cuero a sus cabezas.

Buscar un lugar para ser vistas

Ya fueran banquetes o cultos de adoración, los escribas y fariseos querían ubicarse en lugares donde todo el mundo pudiera verlos. Querían ser vistos, destacarse, ser admirados.

¿Buscamos también nosotras ocupar lugares para ser vistas? Las fotografías que publicamos. El lugar donde nos sentamos en la iglesia. El grupo de personas con quienes queremos aparecer en las fotos. Cuando buscamos el mejor lugar para ser vistas, es obvio que vivimos comparándonos.

Amar la admiración pública

Los fariseos no esperaban pasar desapercibidos cuando iban por la ciudad o estaban en el mercado. No. Ellos vivían en función del momento en el que alguien los llamara usando los títulos rimbombantes para recibir el mayor reconocimiento. Les encantaba que los llamaran "rabís", para que todos los que alcanzaran a oír supieran que ellos eran muy importantes.

Y ¿qué de nosotras? Con la llegada de las redes sociales, nuestro amor por la admiración pública solo se ha vuelto más pública. Vivimos en función de recibir comentarios como: "¡Te ves preciosa!" o "Pareces la hermana de tus hijas, no su mamá". Nuestros "me gusta" son trofeos que demuestran aprobación, y la falta de ellos es prueba de lo contrario.

La apariencia no es el problema

Tal vez tú (como yo) nunca hayas oído acerca de filacterias, mucho menos de las que son anchas. Obviamente las filacterias y las borlas no eran el problema. Lo que ellos vestían y el lugar donde se sentaban solo revelaban el verdadero problema, que estaba en sus corazones. Estos líderes religiosos ansiaban admiración. Más que cualquier cosa en la vida, ellos deseaban ser vistos. Para lograrlo, estaban dispuestos a lo que fuera, incluso ponerse largos flecos y grandes cajas en la cabeza, y someterse a todos sus preceptos autoimpuestos. Con todo, toda su ambición para recibir aprobación a sus propios ojos contrastaba con su absoluto desdén por los ojos *de Dios*.

Lo mismo nos sucede a nosotras. La ropa que vestimos, las selfies que tomamos y las lágrimas que derramamos en nuestra báscula del baño solo revelan el *verdadero* problema, que está en nuestros corazones. Como los fariseos, ansiamos ser admiradas y, dado que sabemos que nuestra cultura valora por encima de todo cuerpos delgados y rostros bonitos, eso es lo que medimos. Nuestros ojos funcionan como cintas de medir láser que toman medidas instantáneas de cada persona que encontramos y de cada imagen a la cual nos exponemos. Y los billones de dólares que se gastan cada año en cosméticos, dietas y cirugías estéticas revelan cuán obsesionadas estamos con nuestra belleza física.

Para algunas de nosotras, nuestra obsesión consiste en mantener la belleza que hemos cultivado. Preferiríamos morir antes que ver nuestra belleza marchitarse. Para otras, nuestra obsesión consiste en esconder defectos y deficiencias. Somos extremadamente inseguras a la hora de ser vistas y preferiríamos morir antes que ser fotografiadas sin estar perfectamente arregladas para la ocasión. Sea cual sea el caso, nuestro impulso egocéntrico es lo que marchita nuestra belleza interior, que solo puede cultivarse mediante una esperanza sosegada y la confianza en Dios.

LIBRE DE LA TIRANÍA DEL ESPEJO

Hace poco, mi hija Lindsay, que ya es estudiante universitaria, dejó de usar maquillaje durante la cuaresma. Sin embargo, se dio cuenta de que sus frecuentes visitas al espejo a lo largo del día en su obsesión por verse sin maquillaje echaban a perder el propósito de la renuncia. La cuaresma es un tiempo para privarse de algo y concentrarse en Dios, pero toda la atención de Lindsay estaba concentrada en ella misma. Su ejercicio de dejar de enfocarse en ella misma no estaba funcionando. De modo que ajustó su compromiso y renunció al "tiempo en el espejo" en lugar de dejar el maquillaje. Se miró en el espejo para aplicarse el maquillaje, pero nada más. No miró su vestimenta desde todos los ángulos. No revisó su cabello durante las pausas de clase. No se miró en el espejo mientras se lavaba las manos en el baño.

A Lindsay le sorprendió la cantidad de tiempo que estaba acostumbrada a pasar evaluándose frente al espejo. Y no se había dado cuenta de cómo sus comparaciones a lo largo del día se basaban en su imagen en el espejo cada mañana. Sin ese "tiempo en el espejo" encontró una nueva libertad. Pudo decir: "Vaya, mi amiga Lacy se ve muy linda hoy" y no compararse con la ropa, el cabello ni el maquillaje de su amiga.

Hay cierta correlación entre cuán obsesionadas estamos con nuestra propia apariencia y cuán libres somos para prestar atención a otras personas. Cuanto más nos obsesionamos con nuestra propia imagen en el espejo, más egocéntricas seremos en nuestras interacciones con los demás. Cuanto mayor es nuestra obsesión con las líneas medidoras (que en este caso incluyen las medidas de nuestro cuerpo), menos libres somos para enfocarnos en la boca de la taza medidora, es decir, menos pensamos en la entrega y la generosidad.

El antídoto

En nuestra cultura, los problemas de ansiedad parecieran ir a la par con el auge de los medios de comunicación digitales. Ahora estamos obsesionadas más que nunca con nuestra apariencia y con compararnos con los demás, de modo que el lenguaje que utiliza Jesús en su enérgica "intervención" parece muy pertinente. Si al igual que yo, tú reconoces que estás demasiado preocupada por las apariencias, te invito a que te introduzcas de nuevo entre el público de Jesús del martes por la mañana. Él está a punto de revelar el antídoto que aplaca la ansiedad contra este deseo de ser vistas y admiradas que con tanta frecuencia nos esclaviza. ¿Estás lista para otra comparación instructiva?

Jesús dijo: "El que es el mayor de vosotros, sea vuestro siervo. Porque el que se enaltece será humillado, y el que se humilla será enaltecido" (Mateo 23:11-12). Amigas, no pasen esto por alto. En respuesta a algunas personas que están obsesionadas con las apariencias y comparaciones, Jesús ofrece este antídoto: servir y olvidarse de uno mismo.

La comparación instructiva: Porque el que se enaltece será humillado, y el que se humilla será enaltecido (ver Mateo 23:12).

En tu imaginación, reúne a todas las mujeres cristianas que conoces en aquella multitud a la que predicó Jesús. Incluye a la mujer cuya belleza extrema te resulta intimidante. Inclúyeme a mí también, como la mujer promedio. Ahora mira a tu alrededor y escucha cómo Jesús nos dice a todas que nuestra grandeza no se basa en nuestra apariencia. Esto significa que las que están en mejor forma física o mejor bronceadas no son necesariamente las más grandiosas. Tampoco las que tienen el rostro más bonito, los muslos más firmes o los armarios más refinados. Y, de hecho, las que intentamos enaltecernos con nuestro atractivo en realidad no estamos alcanzando la grandeza, no en el reino de Jesús. Por el contrario, las que son grandes entre nosotras son quienes sirven. Las que son enaltecidas en nuestro grupo son las que se humillan y se enfocan en los demás en vez de obsesionarse con ellas mismas. Queridas amigas, saber esto es el antídoto contra el veneno de la comparación. Es el camino a la sanidad y la libertad.

Algunas nos hemos desgastado con estrictos planes de alimentación. Otras hemos agotado nuestros recursos para adquirir la ropa y el maquillaje apropiados. Muchas hemos maltratado nuestro cuerpo con ejercicio excesivo o desórdenes alimenticios. Hemos llorado, odiado, despreciado y abandonado... todo por cuenta de nuestra obsesión por dar la talla.

En cambio, Jesús quiere que disfrutemos de nuestros cuerpos y amemos su diseño único. Desde un principio *fuimos* creadas para ser diferentes en forma, tamaño y color. Dios nos llama a la unidad, no a la uniformidad, ¿recuerdas? El cautiverio y la distancia ocurren cuando nos comparamos en una actitud de inseguridad, o cuando nos comparamos en actitud de superioridad. La unidad y la conexión ocurren cuando en humildad desechamos nuestro perfeccionismo en el afán de dar la talla.

Amiga, si estás lista para liberarte de los efectos destructores de la tiranía del yo, echa otro vistazo a la multitud que te rodea, pero en lugar de comparar tu apariencia con la de otros, pregúntate: "¿Cómo puedo servir a alguien aquí?". Los siervos no tratan de ser vistos. Tampoco temen ser vistos. Están demasiado ocupados buscando maneras de invertir en otros como para preocuparse si alguien los está mirando o cómo los mira.

Servir no cambia nuestra apariencia, pero sí cambia la manera en que nos miramos a nosotras mismas y cómo nos miramos las unas a las otras.

Los implantes de Summer

Hace poco, Summer tuvo una cirugía para retirar los implantes de sus senos. Lo hizo, en parte, por los efectos negativos que los implantes tenían sobre su salud, pero también por lo que sucedía en su corazón.

Hacía cinco años, a raíz de un período de depresión postparto y frialdad espiritual, Summer había decidido hacerse la cirugía con implantes. Aunque amaba a su bebé recién nacido, Summer detestaba las secuelas de la crianza en su cuerpo. Y, aunque nunca lo habría reconocido, agrandar sus senos fue la solución a toda una vida de compararse y tratar de dar la talla. A Summer no le gustaba su apariencia, y esto le permitía hacer algo al respecto.

Ahora, Summer reconoce que la cirugía para aumentar el tamaño de sus senos revela algo acerca de su corazón, al igual que la cirugía para extraer los implantes. En los últimos cinco años, Summer ha visto cómo Dios ha renovado su ser interior a medida que ella ha respondido a su voz, apartándose del egocentrismo y concentrándose en otros. Abandonó una carrera que amaba para dedicarse por completo a su matrimonio y a la crianza de sus hijos. Y su tiempo de cuidado personal lo pasa liderando estudios bíblicos y compartiendo lo que Dios le ha enseñado acerca de la humildad, el servicio y el amor.

Conforme Summer invierte en otras personas, su deseo de agradar al Señor desvanece su impulso por agradar con su belleza física. Se libera del cautiverio de la apariencia. Cuando Summer se sometió a la cirugía para extraer los implantes, fue como librarse en el quirófano del yugo de su imagen corporal y de su afán por dar la talla. Se sintió *libre* para volver a su forma natural que Dios le dio.

Amiga, ¿te llama Jesús a una intervención? ¿Te pide renunciar a tu afán insaciable de ser vista como una mujer perfectamente hermosa? ¿O ajustar tus expectativas acerca de cómo lucir? Si te abruma la preocupación por tu apariencia personal, este es el antídoto: volverse más como Jesús, que centró su atención en otros, no en sí mismo, diciendo: "Yo estoy entre ustedes como uno que sirve" (Lucas 22:27, NVI).

≈ ¿Has experimentado algún yugo (desórdenes alimenticios, obsesión con el ejercicio, ansiedad, etc.) por causa de la comparación? ¿Te has alejado de alguien por su apariencia, al compararla con la tuya?

≈ Lee Génesis 11:1-9. ¿Qué paralelo encuentras entre esta historia y Mateo 23:5 y 12?

≈ ¿Observas alguna correlación entre tu obsesión con tu apariencia y la libertad que sientes para enfocarte en los demás? Lee Filipenses 2:3-4. ¿De qué manera el servicio que hace a un lado al yo sirve como antídoto contra la preocupación o el orgullo por la apariencia?

≈ Lee Mateo 6:1-6, 16-18 y enumera las tácticas que los fariseos usaban para "ser vistos". ¿Qué revelan estos versículos acerca de las recompensas por las cosas que otros ven comparadas con las que no se ven? ¿Qué te muestra Dios acerca del afán por buscar la belleza física?

≈ Examina tu Instagram o Facebook (o tu historial) hasta que encuentres una mujer con quien te sentirías tentada a compararte. Di en voz alta: "Las más importantes son las que sirven". En vez de comparar tu tamaño, tu forma o tu cabello con los de esa mujer, pregúntate: "¿Cómo puedo servirle hoy?". Pide a Dios que te muestre una manera de servirle, animarla o edificarla, ya sea en línea o en persona.

*Para meditar: Lucas 22:27 (*NVI*)*

Yo estoy entre ustedes como uno que sirve.

Como sierva, no trato de ser vista ni temo no ser vista. Estoy demasiado ocupada invirtiendo en otros como para preocuparme acerca de cómo me evalúan. *Señor, en vez de buscar que otros me vean o admiren, quiero convertirme en una de las más importantes que sirven a los demás.*

Lección 3: Lo de dentro
Lee Mateo 23:1-12, 25-26 y Lucas 11:37-41

DESPUÉS DE QUE RAQUEL (a quien conocimos en la Lección 1) observó cómo sus amigas se dirigían al baile sin ella, la joven decidió hacer algunos cambios drásticos para "arreglarse".

Una dieta estricta. Ejercicio extremo. Ingesta compulsiva después de aguantar el hambre. Luego, una purga para revertir el daño. Ese patrón se convirtió en una adicción. Por causa de sus obsesiones, Raquel empezó a alejarse y a ser excluida, que fue lo opuesto a lo que ella esperaba. En poco tiempo cayó en depresión, aislamiento y estancamiento. Por fortuna, se comunicó con alguien para pedir ayuda.

Aunque la consejería fue útil, no trajo sanidad a Raquel. Después de probar varios planes de tratamiento, ella llegó a la misma conclusión silenciosa: *Creo que soy incapaz de mejorar. Voy a tratar de vivir con esto y no hablar al respecto.* Y eso fue lo que hizo. Durante muchos años.

Por fuera, Raquel parecía estar bien a los ojos de los demás, pero en su interior reinaba la confusión y el descontento. De joven había planeado seguir a Jesús en victoria, pero en su vida adulta vivía en derrota. En un esfuerzo desesperado por dar la talla, Raquel seguía consumida por el afán de mantener su parte exterior limpia. Sin embargo, dejó a Dios por fuera, y sin Él es imposible limpiar nuestro interior.

Prácticas de limpieza

En dos ocasiones Jesús usó la analogía de limpiar por fuera y de ignorar lo de dentro. Una vez fue en el templo, aquel martes antes de su crucifixión. Jesús pronunció sus siete ayes para los líderes religiosos, uno de los cuales fue: "¡Ay de ustedes, maestros de la ley y fariseos, hipócritas! Limpian el exterior del vaso y del plato, pero por dentro están llenos de robo y desenfreno" (Mateo 23:25, NVI).

El otro momento ocurrió antes en el ministerio de Jesús, cuando fue invitado a cenar a la casa de un fariseo. Cuando llegó, Jesús fue directo a la mesa sin lavarse primero, lo cual provocó el asombro y la indignación del fariseo y de sus amigos.

Los fariseos no pensaban simplemente que la limpieza fuera tan importante como la piedad; pensaban que la limpieza *era* piedad. Recuerda que eran expertos en la ley de Dios, que estaba llena de leyes acerca de la limpieza y la impureza. Tocar ciertas cosas podía contaminarte, de modo que tenías que purificarte siguiendo las indicaciones de la ley (ver Levítico 15). Sin embargo, los fariseos añadían sus propios ritos que incluían el de lavarse las manos antes de comer (Mateo 15:2). Hacían creer que sus esfuerzos de limpieza meticulosa eran para agradar a Dios, pero en realidad solo querían parecer piadosos.

Esto es lo que sucedió cuando "el fariseo se sorprendió al ver que Jesús no había cumplido con el rito de lavarse antes de comer" (Lucas 11:38, NVI). Allí, reclinado en la mesa, observa lo que Jesús no hizo. No siguió el juego parándose para lavarse las manos. Tampoco pasó por alto la repulsión en los ojos de los fariseos, con todo y lo pacificador que es. Jesús no respalda la actitud de presionar a otros para que acaten normas que Dios nunca ha impuesto, ni a los que reaccionan con su autoproclamada indignación.

Mujer que te comparas, detente un momento y considera. ¿Eres culpable de esto? ¿Tus amigos o seres queridos sienten que los presionas para que se limpien conforme a tus propias normas, no las de Dios? a vestirse a la moda, a perder peso, o a mantener su cabello o su barba impecablemente arreglados? ¿O a vestirse con decoro para agradarte *a ti*, no al Señor? Si es así, toma tu lugar alrededor de la mesa, porque Jesús tiene algo qué decir al respecto:

> Ahora bien, ustedes los fariseos limpian lo de afuera del vaso y del plato; pero por dentro están llenos de robo y de maldad. Necios (Lucas 11:39-40, NBLA)

Estos fariseos son de una necedad extrema. Ahí están, sentados a la mesa con Jesús, convencidos de que *ellos son* los que están limpios cuando irónicamente es su suciedad interior de orgullo y superioridad lo que los impulsa a lavarse las manos. Quieren aparentar, no agradar a Dios. Y, aunque se veían bien delante de los demás, sentados a la mesa con sus manos húmedas brillando a la luz de la vela, Jesús veía el interior de sus vasos llenos de suciedad.

LA SUCIEDAD INTERIOR

Existen obvias diferencias entre las ambiciones de los fariseos y las mías, pero en esencia nuestro problema es el mismo. Al igual que ellos, mi suciedad al afanarme por llenar una medida es lo que determina toda mi obsesión con el exterior de mi vaso.

Mis hijos difícilmente me reconocerían si yo no estuviera haciendo algún tipo de dieta, aunque han aprendido a reír conmigo cuando hablo de empezar el dieta el lunes para poder comer *brownies* hoy. No soy muy glamorosa, de modo que tal vez no pienses que yo sea una mujer obsesionada con las apariencias, pero sí lo soy. Paso demasiado tiempo preocupándome por cómo los demás me ven. Gasto demasiado dinero en dietas pasajeras. Paso demasiadas horas en vestidores tratando de probarme prendas que por fin hagan desaparecer mis defectos.

Con todo, estas palabras de Jesús me dejan pensando. ¿Qué tal si el exterior del vaso no importa tanto como yo pienso? ¿Qué si, queridas hermanas, nuestros kilos de más en realidad no son el problema? ¿Qué si la caída de cabello, las arrugas, los brazos flácidos y las venas abultadas son nimiedades en lugar del problema principal? ¿Y si nuestra obsesión con la limpieza del exterior del vaso en realidad evidencia algún tipo de suciedad interior?

Jesús no nos manda descuidar nuestra apariencia ni dejar de lucir de la mejor forma. (Hablaremos acerca del gran valor y dignidad de nuestro cuerpo en la Lección 4). Lo que Jesús nos dice es que dejemos de hacer la vista gorda a lo que sucede realmente en el interior.

Ciegas por elección

¿Beberías una deliciosa taza de café caliente después de ver que alguien con gripe estornuda en ella? No, pero una mujer ciega lo haría al no saber la diferencia, hasta que empieza a enfermar.

Los fariseos no eran físicamente ciegos. Eran ciegos espiritualmente, por su propia elección. Sus corazones eran como calderos burbujeantes de avaricia y egoísmo, pero no les importaba. Los fariseos preferían considerarse a sí mismos limpios de pecado y mejores que todos los demás. Y, cuando Jesús intervino y les señaló su pecado, ellos sintieron deseos de matarlo, lo que a su vez complació enormemente a Satanás.

Los fariseos habían usurpado el trono de Dios y ahora eran los únicos que se sentaban en tronos y declaraban a otros "limpios" o "impuros". Sin embargo, eran ciegos a su propia inmundicia, y Jesús, el verdadero Rey, quería abrir sus ojos y mostrarles cómo ser *verdaderamente* limpios.

Acompáñame a visitar de nuevo la mesa del fariseo y los atrios del templo aquella mañana del martes antes de la muerte de Jesús. Escuchemos atentamente ambos relatos y extraigamos de las instrucciones de Jesús las enseñanzas acerca de cómo dejar de ser ciego y sucio, y cómo ser libre y limpio:

1. *Permite que tu Hacedor te transforme*

Jesús dijo a su anfitrión fariseo: "¿El que hizo lo de fuera, no hizo también lo de adentro?" (Lucas 11:40). Nuestro Hacedor nos creó como seres integrales, sin una separación entre nuestro ser interior y nuestro ser exterior. Cuando cambiamos nuestro exterior y descuidamos nuestros corazones, nos engañamos a nosotras mismas creyendo que hemos cambiado.

Supón que una mujer que no conoce a Jesús y sufre de inseguridad acude a ti en busca de ayuda. Tú le muestras cómo mejorar su apariencia y volverse más confiada, pero tú nunca le hablas acerca de Jesús ni de su pecado. Puede que ella se sienta completamente transformada, pero ella solo ha intercambiado un problema por otro. Su nueva confianza se basa en una apariencia mejorada, la cual va a marchitarse. Su nueva seguridad está construida sobre el yo, no en Dios, y rápidamente se transformará en orgullo o autosuficiencia. **La transformación completa involucra el corazón y solo es posible por medio de Jesús.**

Mi Hacedor quiere llevar a cabo en mí una transformación por dentro *y* por fuera. Él quiere limpiarme de celos, orgullo y ambición egoísta, los cuales, para empezar, son los causantes de mi obsesión con el espejo.

2. *Discierne si hay avaricia en tu corazón*

Cuando Jesús habló acerca de limpiar lo de "dentro del vaso", mencionó de manera específica el pecado de la avaricia (Mateo 23:25).

Avaricia es nunca estar satisfecho. Es querer siempre *más*. Una mujer que vive comparándose no quiere ser bella; quiere ser la *más* bella. No quiere atraer la mirada de un solo hombre; quiere atraer las miradas de *todos* los hombres. Quiere el poder para atraer y la aceptación con tintes de temor. Ella quiere verse en el espejo y en las miradas de aprobación de los demás y saber que sí, al fin, da la talla. Pero sin importar cuánta aprobación obtenga con su apariencia fresca y con su brillo exterior, su avaricia interior nunca queda satisfecha, porque esa es la naturaleza de la avaricia.

La supermodelo Cameron Russell dice: "Si alguna vez te has preguntado si tener muslos más delgados y cabello más brillante te hará más feliz, solo necesitas conocer a un grupo de modelos, porque ellas tienen los muslos más delgados, el cabello más brillante y la ropa más glamorosa, y de toda la tierra son las mujeres más inseguras respecto a su físico".[4]

Si yo tengo un deseo insaciable de aprobación, soy una necia al pensar que perder 5 kilos o conseguir extensiones de pestañas va a ayudarme. Necesito limpiarme de la avaricia para ser libre.

3. Observa si hay desenfreno

Jesús también mencionó específicamente el desenfreno (Mateo 23:25, NBLA). El desenfreno es ceder a los deseos del *yo*. A la mujer que está obsesionada con una apariencia perfecta le resulta fácil caer en este hábito. Ya sean productos, tratamientos, prendas y accesorios, o procedimientos, si hay algo que puede mejorar su apariencia, ella *tiene* que tenerlo. Por lo general, el desenfreno tiene un efecto acumulativo.

He notado que cuanto más compro ropa, más *quiero* comprar ropa. Cuanto más gasto en maquillaje, más *necesito* gastar en maquillaje. Cuanto más me desespero con el aumento de peso, más me *obsesiono* con las dietas (lo cual solo empeora mis ansias por excederme en mis antojos de helado). Si cedo constantemente a mis caprichos, es una necedad pensar que una gratificación más no conducirá a otra, y a otra. Si quiero ser limpia del desenfreno y ser libre tengo que decirme *no* a mí misma y decirle *sí* a Dios.

4. Sé generosa

Jesús dio una instrucción específica de limpieza al fariseo que lo había invitado a cenar: "Den más bien a los pobres de lo que está dentro, y así todo quedará limpio para ustedes" (Lucas 11:41, NVI). Jesús no quiso decir que la generosidad pueda cancelar el pecado. Solo Dios puede limpiar nuestro interior y purificarnos (Salmos 51:7). Sin embargo, es una necedad insistir en limpiar el vaso por fuera, cuando el interior del vaso es lo que está sucio. Como al fariseo, Jesús nos invita a participar en nuestra propia limpieza interior.

---

4. Cameron Russell, "Looks Aren't Everything. Believe Me, I'm a Model", TED, octubre, 2012, https://www.ted.com/talks/cameron_russell_looks_aren_t _everything_believe_me_i_m_a_model.

El fariseo que estaba sentado a la mesa podía tener las manos limpias, pero al parecer también tenía problemas de avaricia. Jesús le daba a conocer un agente limpiador que funciona en todos los casos de avaricia: *Inclina tu taza medidora y empieza a derramarla. Piensa en alguien más que no seas tú. Entrega algo.*

La avaricia crece en el interior. Por lo general, una mujer avariciosa que se compara no se da cuenta de su obsesión con el yo que contamina su corazón, porque está demasiado ocupada mirándose en el espejo. Mantiene su exterior impecable, mientras que en su interior es un desastre egoísta y mugriento. Pasa su vida entera acumulando todo lo que puede, sin dar nada.

Veamos cómo funcionan las tazas medidoras. **Es imposible llenar tu taza con una actitud egoísta y a la vez vaciarla con generosidad.** Por eso, la entrega generosa sirve para limpiar nuestro interior de avaricia y desenfreno. ¿Por qué no lo pruebas por ti misma? Si tu avaricia tiene que ver *con la moda*, trata de regalar algunas prendas o accesorios favoritos. Si tu avaricia tiene que ver *con la atención*, trata de prodigar atención a un bebé en la guardería de la iglesia. Si tu avaricia tiene que ver *con afirmación*, intenta enviar mensajes de texto selectos con versículos para animar a tus amigos y familiares. Si tu avaricia tiene que ver *con aprobación*, trata de atender las necesidades de una adolescente insegura.

Cuando me descubro comparándome y obsesionada con mi apariencia, lo mejor que puedo hacer es seguir las instrucciones de Jesús para limpiarme de ello y buscar la manera de ser generosa o de "activar mi generosidad". La semana pasada vi a una mujer en la iglesia a quien apenas conozco. Desde el otro lado del atrio, observé su silueta delgada y su elegante atuendo. Al verla me sentí simple y sin gracia, pero al instante me percaté de lo que sentía y me pregunté: *¿Cómo puedo ser generosa hoy? ¿Cómo puedo dar de mí a otros?* De modo que me acerqué a ella, la saludé y le pregunté algo relacionado con nuestra última conversación. Ella sonrió, mostrándose complacida por el hecho de que yo me acercara. Cuando conversamos, volví a fijarme en lo hermosa que era, solo que esta vez en lugar de compararme con ella, me gocé en la obra estética de Dios en ella. Cuando nos despedimos, ella me dio un abrazo y dijo: "Te aprecio mucho". Yo me sentí igual.

Cuando dejo de compararme y en lugar de ello me gozo en las

bendiciones de otros, cuando dejo de evaluarme y pienso más bien en dar, no solo bendigo a mis amigos, sino que *yo misma* me transformo. Esto es cierto en casa, en el vecindario, en la iglesia y en la vida virtual. Cada vez que inclino mi taza medidora con una actitud de entrega, las líneas medidoras se vuelven irrelevantes... y mi taza queda menos sucia.

LIBRE

Después de años de adicción a la comida, alguien invitó a Raquel a un estudio bíblico. En realidad, ella no creía que Dios pudiera cambiarla, pero decidió intentarlo. A medida que Raquel estudiaba por sí misma la verdad de la Palabra de Dios, *quitó* su mirada de ella misma. Pensó: *Tal vez he pensado demasiado en mí misma.*

Una noche, mientras conducía a casa de regreso del estudio bíblico, Raquel se dio cuenta de que su lucha más grande no era con la comida, sino con el *pecado*. Su insaciable avaricia por la aprobación nunca iba a desaparecer. Y al enfocarse en ella misma, se había apartado de Dios. Pensar esto la afligió mucho.

Allí, en su auto, Raquel expresó con lágrimas su tristeza y arrepentimiento al Señor, y sintió que había quedado limpia de pecado. Cuando iba a estacionarse y la puerta del garaje se abrió, ella sintió que había quedado libre del yugo de su adicción. De manera milagrosa, después de quince años, Raquel fue libre. Hoy día, Raquel sigue creciendo en su nueva seguridad, libertad y gozo, y todavía reconoce la presión de verse bien. Con todo, ella dice: "Más que hermosa físicamente, lo que ahora quiero ser es una persona hermosa, una amiga hermosa".

¿Experimentas alguna lucha abrumadora en tu interior por cuenta de una obsesión con lo exterior? Quizá puedas decir junto con Raquel: *Tal vez he pensado demasiado en mí misma.* Jesús quiere limpiarte con su verdad y liberarte para que seas la mujer hermosa que Él creó en ti.

≈ Lee 1 Samuel 16:6-7. ¿Qué mira Dios y qué no mira Dios? ¿Cómo replantea este concepto tu lucha con las comparaciones en lo que respecta a la apariencia?

≈ Relee Mateo 23:25-26. ¿Qué evidencias encuentras en las siguientes problemáticas de "dentro del vaso" en tu propia vida? Enumera cualquier extremo de "fuera del vaso" (como dietas, gastos, comportamientos en redes sociales, etc.) que se producen por una o más formas de avaricia:

- ansias de aprobación
- ansias de popularidad
- ansias de poder (especialmente poder sobre los hombres)
- desenfreno
- egocentrismo

¿Cómo te invita el Espíritu a participar en la limpieza de dentro hacia afuera?

≈ Lee 1 Pedro 3:3-4 y haz una lista de todo lo que aprendas acerca de la belleza interior. ¿Cómo te adornarás esta semana con la belleza interior?

Para meditar: Mateo 23:26

Limpia primero lo de dentro del vaso y del plato, para que también lo de fuera sea limpio.

Cuanto más me concentro en mi parte exterior, más ciega soy a la suciedad interior que *es la raíz* de mi enfoque equivocado con lo externo. Jesús me invita a participar en la limpieza del interior de mi vaso mediante la entrega generosa de mí misma. *Señor, muéstrame las maneras en las que me he fijado de manera excesiva en mí misma.*

Lección 4: Sepulcros blanqueados
Lee Mateo 23:25-28 y Marcos 5:1-20

HICE MUECAS CUANDO vi la foto de grupo que alguien publicó. Ahí estaba yo, entre dos mujeres guapísimas y altas. Comparada con ellas, yo me veía bajita y robusta.

Me quedé mirándola un buen rato, detestando la foto. *¿Por qué no busqué pararme junto a otras personas de mi estatura?* Entonces detesté a las otras mujeres. *¿Por qué tienen que ser tan hermosas?* Entonces me detesté a mí misma. *¿Por qué, oh, por qué soy tan fea?*

Había sido un lindo evento con mujeres a quienes aprecio mucho. Algunas de ellas son mis amigas más queridas y son un gran apoyo para mí. Habíamos creado vínculos profundos, lo cual renovó mis fuerzas y me llenó de satisfacción. Sin embargo, todo el recuerdo quedó empañado por pensamientos repulsivos como: *¿Fue así como me vi toda la noche? ¡Qué horror!*

Comparaciones como esta sacan a la luz el pecado de mi corazón. Sí, *pecado*.

Imagina si la hermosa mujer a mi izquierda publicara su foto en Facebook diciendo: "Mira lo hermosa que soy, más que las demás". No sería difícil detectar su orgullo pecaminoso, ¿no es así? Y aunque pareciera exagerado llamar "orgullo" a mi reacción, eso es lo que es. Yo solo estoy aquí, *deseando* ser la más hermosa y detestando el hecho de no serlo.

A Satanás no le importa con cuál tipo de orgullo respondo yo a las fotos grupales: el que se desprecia a sí mismo o el que se exalta a sí mismo. Él solo quiere que yo me ceda a mi propio egoísmo, que me valore en relación con otros y que vuelva a caer en el cautiverio de la comparación. Pero Dios, que me ama, se sirve incluso de fotos grupales para desarrollar mi humildad. Cada vez que me veo confrontada con mis carencias en una foto, en el espejo, en la báscula, es una nueva oportunidad para humillarme y decir: "Dios, confío en ti. Tú me ves como un tesoro, y yo confío en tus ojos más que en los míos o en los de cualquiera".

SEPULCROS BLANQUEADOS

A los escribas y fariseos les preocupaba verse bien a los ojos de los demás, pero no les importaba en absoluto cómo se veían a los ojos de Dios. Así que aquella mañana del martes, cuando su tiempo se acercaba a su fin, Jesús continuó su intervención añadiendo más ayes a su lista. Esta, sin duda, llamó su atención:

> ¡Ay de ustedes, maestros de la ley y fariseos, hipócritas!, que son como sepulcros blanqueados. Por fuera lucen hermosos, pero por dentro están llenos de huesos de muertos y de podredumbre (Mateo 23:27, NVI).

Es posible que tú y yo visitemos cementerios, pero los judíos no tenían esa costumbre. Como Jesús señaló, los sepulcros estaban llenos de huesos de muertos. Según la ley, si alguien tocaba un cadáver, quedaba impuro y tenía que someterse a los ritos de purificación para quedar puro otra vez. Por esta razón, los sepulcros eran para los judíos como lo que son las alcantarillas para nosotros. Comparar a un fariseo con un sepulcro blanqueado sería como compararte a ti con una alcantarilla con una tapa nueva y brillante. No era un halago.

Cada año, antes de la Pascua, los líderes religiosos ponían una nueva capa de pintura blanca sobre los sepulcros, para evitar que los visitantes, por error, corrieran el riesgo de pasar cerca y quedaran contaminados (Números 19:11).[5] Los sepulcros se veían bien desde lejos, brillaban con la luz del sol, pero todo el mundo sabía que, a pocos centímetros de profundidad, por debajo de la superficie, todo era muerte e inmundicia. El exterior no correspondía con el interior.

Nuestra manera de "blanquearnos" podría verse diferente de lo que hacían estos líderes religiosos, pero esta imagen sirve de advertencia para las mujeres que se comparan y quieren verse hermosas desde lejos.

HABITANTES DE SEPULCROS

La Biblia solo cuenta una historia acerca de un hombre que se sentía cómodo en los sepulcros. Se trataba de un demente que estaba lleno de espíritus impuros y que vivía en un cementerio. De día y de noche deambulaba entre los sepulcros, gritando y lacerándose.

Cuando apareció Jesús, mandó a los demonios que vivían en aquel hombre salir de él e irse a un hato de cerdos. El hato se precipitó sobre un despeñadero y todos los cerdos se ahogaron. El hombre, que ya no era una amenaza para él mismo o para los demás, milagrosamente regresó a la civilización y contó a todos lo que Jesús había hecho por él (Marcos 5:1-20).

Como sucedía con aquel demente, la obsesión con la muerte es un síntoma inequívoco de la influencia del enemigo en nuestra vida. Últimamente pareciera que las sugerencias predilectas de Satanás son

---

5. Frederick Dale Bruner, *The Christbook: A Historical/Theological Commentary, Matthew 1–12* (Waco, TX: Word, 1987), 452.

el suicidio, lacerarse y autoinfligirse daño. Sin embargo, antes de considerar estas conductas inspiradas por la muerte, el enemigo primero nos incita a la vergüenza y nos convence de que somos despreciables. Él se deleita en atormentar nuestros corazones que deambulan por cementerios con ecos del pasado, mensajes que pronunciaron personas pero que el enemigo repite. *Nunca serás lo bastante buena. No vales la pena. Eres un desastre. Ellos desearían que no existieras.* Algunos de los mensajes que duelen más profundamente tienen que ver con nuestra apariencia exterior. *Eres fea. Eres gorda. ¿Quién podría fijarse en ti?*

Lo mejor que podemos hacer es correr en busca de ayuda, alimentarnos de la verdad y examinar estas burlas en la luz. No obstante, muchas veces hacemos lo contrario. Blanqueamos nuestras faltas y nuestro dolor. Proyectamos confianza cubriéndonos de estilo y personalidad para ocultar nuestro sentimiento de indignidad. Abotonamos mangas de un blanco impecable para cubrir los lugares donde hemos despedazado nuestra propia piel. Maquillamos una sonrisa para desviar la atención de nuestros dolorosos complejos. Incluso irradiamos vida y vigor, pero por dentro seguimos viviendo entre los sepulcros.

¿Has tratado de blanquear tu sentimiento de indignidad? ¿O tal vez eres más como los fariseos que blanquean su corrupción y orgullo? De cualquier modo, ya sea que intentes ocultar un concepto de ti misma exagerado o infravalorado, Satanás seguirá pasándote la brocha de la hipocresía, diciendo: "No puedes permitir que alguien lo vea".

MANTENER EL PERÍMETRO

Todo el propósito de blanquear los sepulcros era evitar que la gente se acercara demasiado a ellos. Nuestros esfuerzos funcionan con el mismo propósito. No nos "blanqueamos" para acercar a las personas, sino para mantenerlas a distancia. Alejarlas de nuestras vergonzosas imperfecciones y complejos. Queremos que nos vean perfectas.

Por eso tomamos 116 selfies, para luego publicar la que mejor queda, con el ángulo perfecto para ocultar los defectos y resaltar la belleza. Por eso también, después de publicar la foto, retraemos nuestro verdadero yo, el yo con sobrepeso, arrugas y ojeras negras, para volver a su aislamiento. Nos sentimos más cómodas cuando podemos mantenernos a distancia. Preferimos que nuestros amigos den un "me gusta" o comenten nuestra foto retocada en vez de invitarlos a pasar tiempo juntos, donde podrían ver de cerca nuestras deficiencias.

Dado que Satanás se disfraza como ángel de luz (2 Corintios 11:14), no sorprende que nos tiente a adoptar la misma estrategia de encubrimiento. Y en nuestro orgullo y autosuficiencia, nosotras accedemos. Nos convencemos de que hay que evitar a toda costa ser vulnerables. Que debemos mantener el perímetro. Que debemos seguir blanqueando y lucir bien desde lejos. Porque, **¿qué pasaría si supieran la verdad acerca de nosotras?**

Un marcador en exhibición

Aunque a mi amiga Raeanne le encantaba su entrenamiento como gimnasta competitiva, había un día del mes que ella temía: el día en que los entrenadores publicaban el nombre y el peso de cada gimnasta en el muro del gimnasio, donde permanecía hasta el mes siguiente.

El peso de Raeanne era siempre saludable y normal, pero su buena amiga Katie siempre pesaba unos cuatro kilos menos que ella. Nadie tenía en cuenta que Katie era tenía ocho centímetros menos de estatura, y que su constitución física era menuda. Así, Raeanne se comparaba y llegaba a sus propias conclusiones, que la llevaron a una imagen distorsionada de su cuerpo, de la comida y de su autoestima.

Es probable que tú y yo no tengamos que preocuparnos porque alguien publique nuestro peso (la sola idea de esto me produce palpitaciones), pero *sí* vivimos en un mundo obsesionado con la competencia, que hace mediciones superficiales constantes. Nadie explica que **es saludable y normal verse diferente de nuestras amigas, nuestras hermanas, nuestras vecinas, e incluso nosotras mismas... en un espacio de diez años.** Entonces nos comparamos y sacamos nuestras propias conclusiones. Vivimos con miedo, preocupadas porque en cualquier momento alguien publique nuestros marcadores y valide nuestro mayor temor: No damos la talla, en absoluto.

Un espejo borroso

Tenemos la tendencia de "medirnos" de una o dos formas. Como los fariseos, nos comparamos con otros y nos asignamos un marcador elevado y exagerado, que corrompe nuestro corazón con orgullo. O, como el hombre que se cortaba en el cementerio, nos replegamos y nos asignamos un marcador bajo y despectivo que descompone nuestro corazón con vergüenza. En cualquier caso, seguimos blanqueando nuestro yo secreto y manteniendo el perímetro por temor a ser descubiertas.

Esto, amiga mía, es obra del enemigo. La verdad es que nuestro valor no está sujeto a evaluación. Dios, nuestro Creador, ha formado meticulosamente nuestro cuerpo y ha impreso en nosotras su imagen. Efesios 2:10 dice que somos hechura de Dios, su obra maestra irrepetible. Esta es la evaluación de Dios, y sus ojos santos y penetrantes son los únicos que importan. En este momento solo nos vemos en un espejo borroso (1 Corintios 13:12), pero Dios ve su diseño original. Vendrá el día cuando Él quitará los efectos de la maldición que lo han corrompido y empañado, y restaurará nuestro brillo original.

Nancy DeMoss Wolgemuth escribe: "Es muy probable que alguien ajeno e ignorante de las artes sea capaz de tirar a la basura una obra maestra. ¿Eso le restaría valor a la pintura? En absoluto. El verdadero valor de la obra queda en evidencia cuando la observa un coleccionista de arte que dice: 'Esta es una obra de incalculable valor, y estoy dispuesto a pagar cualquier suma para adquirirla'".[6] Esto, amada hermana, es lo que Dios ha dicho de ti.

Satanás merodea por la tierra tratando de apoderarse de las obras maestras de Dios (que somos tú y yo) y de arrojarlas en la basura, llevándonos a concluir que somos basura inservible. En cambio, Dios estuvo dispuesto a pagar el rescate más costoso: la muerte de Jesús, su Hijo, para redimirnos. *Ese* es nuestro valor.

UN REY QUE RESTAURA

Hay personas a las que les gusta decir: "Estás bien tal como eres", pero eso no es completamente cierto. No *estamos* bien. La suciedad del pecado nos ha menoscabado. Nuestros cuerpos eternos son devorados vivos por la muerte. Nuestro parecido con el Padre está deslucido y borroso.

---

6. Nancy DeMoss Wolgemuth, *Mentiras que las mujeres creen, y la verdad que las hace libres* (Grand Rapids: Portavoz, 2018), 72.

Tenemos, pues, una elección. Podemos seguir blanqueando la descomposición y el deterioro, y tratar de proyectar confianza y perfección, o podemos dejar que Jesús opere en nuestro interior su restauración que revierte los efectos de la maldición.

Los fariseos insistieron en optar por blanquear sus vidas. En el templo, a solo tres días de su muerte y al cabo de tres años de compartir su forma de vida, Jesús les dijo: "Ustedes, por fuera dan la impresión de ser justos, pero por dentro están llenos de hipocresía y de maldad" (Mateo 23:28, NVI). Fue una reprensión chocante y dura para quienes procuraban verse tan perfectos desde lejos. En cambio, para llegar a ser verdaderamente limpios y hermosos en su interior, y no solo una fachada blanqueada, tenían que humillarse y abrir sus corazones, sellados como un sepulcro, a su Rey que habla la verdad.

LIMPIOS Y HERMOSOS

Esto es lo asombroso acerca de Jesús: nada lo hace impuro. Cuando Él tocaba personas impuras o entraba en contacto con espíritus impuros, eso no lo afectaba y, en cambio, ellos quedaban completamente afectados por Él. Él hacía *puro* lo impuro.

Jesús rehúsa mantenerse fuera del perímetro, porque no hay necesidad. Él se acerca y toca a la puerta. Cuando nos humillamos, abrimos las puertas blanqueadas y abrimos nuestras vidas a Él, Jesús viene y nos limpia. Nuestro Jesús arroja luz a cada rincón y grieta de nuestros corazones sombríos, revelando las mentiras y trayendo verdad y vida.

Los mensajes del siseo de la serpiente ya llevan demasiado tiempo, desde el huerto perdido de Edén, repitiéndose y trayendo muerte a nuestra vida. En cambio, nuestro Jesús ha venido para proclamar vida sobre nosotras con el rugido de un león que conquista.

La serpiente sisea que *la mujer es insssignificante*. Jesús dice que ELLA ES DE GRAN VALOR.

La serpiente sisea que *la mujer es basssura*. Jesús dice que ELLA ES ESCOGIDA.

La serpiente sisea que *la mujer es essspantosssa*. ¡Jesús dice que ELLA ES HERMOSA!

Mujer que te comparas, sea cual sea la historia de orgullo o indignidad que te repitas a ti misma, Jesús, nuestro Rey que nos restaura, cuenta una historia mucho mejor. ¿Hay una piedra de sepulcro que necesitas que Jesús quite? ¿Hay un rincón oscuro de vergüenza al cual necesitas que Él entre? ¿Hay algún recuerdo muerto y putrefacto que necesitas que Él toque con su luz? ¿Hay una voz inmunda del pasado que necesitas que Él silencie con su rugido?

Jesús vino para embellecernos y limpiarnos. Por causa de Él, todas podemos dejar de blanquearnos y de guardar distancia. Cuando nos acercamos las unas a las otras en nuestra vulnerabilidad, nuestras imperfecciones quedan al descubierto, pero no hay riesgo alguno, porque Dios ve la obra maestra que somos realmente, y sus ojos son lo único que importa.

≈ Lee Marcos 5:1-20 y contrasta el efecto de la obra de Satanás y de la obra de Jesús en la vida del hombre. ¿Qué paralelos observas en tu vida?

≈ Lee Mateo 23:27-28. ¿De qué maneras has "blanqueado" lo que sucede realmente y has guardado distancia? ¿Has sido más propensa al orgullo que se enaltece o al que se desprecia? ¿De qué manera te impide el orgullo mostrar tu vulnerabilidad?

≈ Lee 1 Pedro 2:4. ¿Quién determinó que Jesús era una Piedra desechada? ¿Quién determinó que Él era precioso y de gran valor? Responde las mismas preguntas aplicadas a ti misma.

≈ Lee Hebreos 12:2. ¿Cómo se sintió Jesús respecto a su vergüenza? ¿En qué puso sus ojos? ¿Cómo puedes hacer tú lo mismo?

≈ Lee Mateo 4:16. ¿Cómo describe este versículo tu vida "entre los sepulcros" antes de venir a Jesús, y después "en la luz"?

Para meditar: Mateo 4:16

Y a los asentados en región de sombra de muerte, luz les resplandeció.

En una actitud de orgullo, yo "blanqueo" mi vida, para lucir bien desde lejos. En humildad, abandono ese perímetro que me mantiene alejada. *Jesús, gracias por acercarte y limpiarme. Confiaré en tus ojos en lugar de los míos, para determinar mi valor.*

Capítulo cinco

Comparar nuestros ministerios

MIRÉ UN VÍDEO en Twitter de una tierna niña de unos dos años a quien le presentaron su hermanito recién nacido. Sus padres lo pusieron con cuidado en su regazo y con dulzura la animaron a admirar al bebé, diciendo: "Elsa, ¿quieres darle un beso?".

Elsa no estaba impresionada. De manera cómica, se quedó mirando a lo lejos, con brazos flácidos y una expresión seria. En algún momento miró al hermoso paquete de ternura que tenía en su regazo, pero solo con un escepticismo malhumorado.

La expresión seria de Elsa (aparte de su ternura) me recuerda la forma como la directora de un ministerio femenino mira el surgimiento de nuevos ministerios por todas partes. O como una experimentada líder de la iglesia mira cuando algunas líderes nuevas acaparan toda la atención. O como una coordinadora de estudios bíblicos mira que un nuevo grupo se roba todos los miembros del suyo.

El mundo y Satanás (no la iglesia) sugieren que para *ser* alguien tenemos que ser mejores que alguien. Sin embargo, este no es un problema exclusivo de las personas en el mundo. Cuando Santiago 3:16 dice: "Porque donde hay envidias y rivalidades, también hay confusión y toda clase de acciones malvadas" (NVI), la palabra "donde" incluye a la iglesia.

Hasta ahora hemos examinado la comparación en el mundo y en la iglesia de manera intercalada, pero en este capítulo nos enfocaremos exclusivamente en los cristianos que sirven juntos en el ministerio. Podríamos *pensar* que en nuestra condición de discípulos que sirven somos inmunes a las tácticas de nuestro enemigo, pero Satanás sabe bien que no es así. Él pone algunas de sus trampas de comparación más eficaces al interior de nuestros ministerios femeninos, nuestros grupos eclesiales pequeños y nuestros estudios bíblicos. Por lo anterior, esta reflexión acerca de comparar nuestros ministerios es uno de los temas más importantes que abordaremos.

Lección 1: Expectativas elevadas
Lee Mateo 19:27–20:16

JESÚS NO CONTÓ la parábola de la viña como una historia aislada. Era parte de una conversación más amplia con sus discípulos a la cual nos referimos extensamente en el capítulo tres. ¿Recuerdas cuando el hombre rico se alejó y Pedro preguntó: "He aquí, nosotros lo hemos dejado todo, y te hemos seguido; ¿qué, pues, tendremos?" (Mateo 19:27).

Jesús animó a Pedro y a los otros discípulos a soñar en grande con las recompensas celestiales. Prometió que todo el que deja algo por su nombre "recibirá cien veces más, y heredará la vida eterna. *Pero* muchos primeros serán postreros, y postreros, primeros" (Mateo 19:29-30). ¿Te das cuenta cómo, con la palabra "pero", Jesús pasa del estímulo a la advertencia? Este será el punto de partida de nuestro estudio de hoy.

La respuesta de Jesús me recuerda las instrucciones que yo acostumbraba dar a mis hijos en el sendero para bicicletas: "Pueden adelantarse, *pero* cuando lleguen a la carretera tienen que parar. ¿Está claro? Tienen que *parar* en la carretera".

Pedro no estaba preguntando solamente si los obreros del reino serían recompensados. Él quería saber si quienes viven dando de lo que tienen en su taza medidora y dan *más* o *más rápido* o *más temprano* que los otros, son considerados *más importantes*. Y Jesús, que veía el motivo de la pregunta de Pedro, lo animó a pedalear con todas sus fuerzas hacia las recompensas celestiales, pero a frenar por completo antes de cruzar la línea del orgullo egocéntrico y de la ambición de ser "el primero".

Esta conversación entre Pedro y Jesús nos ofrece un telón de fondo para la historia que narra sobre los obreros de la viña.

LA HISTORIA DE UNA VIÑA

Esta es la historia. El propietario de una viña sale antes de las 6 de la mañana (el comienzo de la jornada[1]) a contratar obreros para su viña. Después que el propietario acuerda pagarles un salario generoso por el trabajo de un día, algunos obreros llegan a la viña y empiezan a trabajar con gran entusiasmo. Entonces el propietario hace algo inesperado. Regresa a las 9 de la mañana para llamar a más obreros. Esta vez dice que les pagará "lo que sea justo". Lo mismo vuelve a suceder a las 12 y a las 3 de la tarde. Luego el propietario sale una vez más a las 5 de la tarde, apenas una hora antes de que la jornada de trabajo termine, y contrata a otro grupo de obreros.

Al final del día, aunque los obreros trabajaron horas diferentes, todos recibieron el mismo salario generoso. Los obreros de las 5 de la tarde estaban dichosos, pero los obreros de las 6 de la mañana se sintieron frustrados. Es cierto que habían recibido el salario acordado, pero "pensaron que habían de recibir más" (Mateo 20:10).

Como veremos, Jesús elaboró su historia en torno a la frustración de los obreros de las 6 de la mañana, que se basaba en dos factores: la comparación y las expectativas. En comparación con los otros, ellos habían trabajado más. Habían soportado el ardiente sol, mientras que los otros obreros se sentaban en la sombra. Habían llevado la carga de una jornada completa de trabajo. Nadie más; solo ellos. Por esto tenían una expectativa subyacente: habían trabajado más, de modo que debían *recibir* más.

Sin embargo, el reino revolucionario no es un lugar para trabajar más duro, sacar ventaja ni llegar primero. Esa es la manera en que opera el mundo. **El reino revolucionario es un lugar para servir.**

Los siervos no son quienes se esfuerzan por ser reconocidos, y aquellos que buscan reconocimiento no son siervos. Esto es fácil de reconocer, pero mucho más difícil de vivir, especialmente cuando eres quien trabajó más duro que todos los demás, bajo el sol del verano.

---

1. John MacArthur, *Parables: The Mysteries of God's Kingdom Revealed Through the Stories Jesus Told* (Nashville: Thomas Nelson, 2015), 62. Publicado en español por Thomas Nelson con el título *Parábolas: Los misterios del reino de Dios revelados a través de las historias que Jesús contó*.

Los obreros de las 6 de la mañana

Yo crecí en un hogar en el cual servir en la iglesia era la norma. Mi padre fue diácono y maestro de escuela dominical durante décadas. Mi mamá preparaba las cenas de los miércoles por la noche para la iglesia entera. Siempre podías encontrar a los Berry sirviendo en la iglesia. Es lo que hacíamos. *Queríamos* estar allí, ministrando al pueblo de Dios.

Tal vez por cuenta de mi herencia de "obrero de las 6 de la mañana" me resulte más fácil esquivar algunas trampas de comparación. Puedo hacer caso omiso al hecho de no ser tan rica y hermosa, o de no tener una carrera exitosa como otras mujeres. Puedo taparme los oídos cuando el mundo dice que estas son formas de validación personal y de medir el valor de una mujer. Sin embargo, esa misma validación y valor es lo que yo busco cuando me pongo mi insignia de obrera al interior de la iglesia. Aunque no me guste reconocerlo, me muero por recibir reconocimiento ministerial. Anhelo que las personas de la iglesia me digan: "Ella es una gran sierva. Trabaja de manera incansable para Dios".

Ahora bien, como aprendimos en el capítulo uno, a mí me bendice poner a funcionar los dones especiales que Dios ha puesto en mis manos y compartirlos con otros en la iglesia. Conviene que yo encuentre propósito y pertenencia entre el pueblo de Dios al que sirvo. No obstante, cuando mi ambición es ser exaltada como una sierva destacada, necesito hacer un examen de orgullo y comparación.

¿Eres el tipo de voluntaria que pondría en bancarrota a la iglesia si fuera a pagarte por todas las "horas suplementarias"? ¿Eres el nombre que viene a la mente de todos cuando piensan en un "siervo" en la iglesia? ¿Eres la primera en llegar? ¿Eres la última en salir? ¿Eres la que más tiempo ha servido? Entonces acompáñame, querida hermana, a recibir esta advertencia de Jesús.

Como hija de obreros de las 6 de la mañana, puedo hablar con cierta autoridad cuando digo que quienes inclinamos nuestras tazas medidoras al extremo y servimos a Jesús con una entrega temeraria estamos en mayor riesgo de caer en el orgullo. Allí, en la cocina de la iglesia, en los salones de estudio bíblico o en la guardería, nuestros corazones egocéntricos nos tientan a mirar a nuestro alrededor y a comparar todo lo que hemos hecho con todo lo que los demás no han hecho, y concluir que nosotras merecemos *más*. Más reconocimiento. Más gratitud. Más validación. Más alabanza. Más honra. Más lealtad.

Por supuesto, nunca mencionaríamos tales expectativas. Y a veces ni siquiera somos conscientes de ellas. Es decir, hasta el momento en que *no* recibimos el "más" que pensábamos merecer. Entonces nos damos cuenta de que hemos caído en la trampa de la comparación.

He notado que rara vez Dios revela mi orgullo egocéntrico cuando recibo la validación y el reconocimiento que ansío. En esos momentos, me veo simplemente como una sierva del Señor que pedalea por delante de los demás. Sin embargo, llega el momento en el que no se me reconoce por hacer más o no se me alaba por servir por más tiempo. Siempre duele cuando tu trabajo es ignorado o infravalorado, pero para un obrero de las 6 de la mañana eso resulta demoledor.

Estas heridas de expectativas insatisfechas son lo que experimentó hace poco Trish, una consagrada sierva del Señor.

Una raíz amarga

Matt y Trish ingresaron al ministerio con gran entusiasmo. Aunque Matt tenía el título de "pastor asociado", Trish era tan comprometida como él. Durante varios años sirvieron juntos, entregando todo de sí a la iglesia. Entones, de manera inesperada, bajo un nuevo liderazgo y después de una reestructuración, Matt fue desplazado. Se sintió herido y desanimado, pero mucho más cuando se enteró en una entrevista de que su antiguo jefe había publicado un comentario negativo acerca de él, diciendo que "nunca lo contrataría".

Matt y Trish se sintieron profundamente traicionados, tanto por su pastor como por Dios. Habían invertido todo su ser en su ministerio. Habían cultivado relaciones y se habían sacrificado mucho. ¿Por qué los rechazaban? A sus treinta y tres años, Trish anhelaba mudarse a una casa más grande y aumentar su familia, como lo hacían muchas de sus amigas. En lugar de eso, tuvo que mudarse a un apartamento pequeño en una nueva ciudad, y trabajar en la noche mientras su esposo trataba de reiniciar su carrera. Trish sentía cómo las semillas de amargura empezaban a germinar. *¿Es así como Jesús trata a quienes más se sacrifican?*

Con frecuencia, los obreros de las 6 de la mañana nos ponemos en marcha como Matt y Trish, con grandes esperanzas de ser usados por

Dios y de producir fruto para el reino. Luego, cuando nuestro sacrificio y duro trabajo son recibidos con rechazo o traición, las raíces venenosas de amargura brotan, sin darnos cuenta, en nuestro corazón. Sin embargo, Hebreos 12:15 advierte: "Tengan cuidado de que no brote ninguna raíz venenosa de amargura, la cual los trastorne a ustedes y envenene a muchos" (NTV).

Cuando nos lastiman, debemos mirar a Jesús, que también fue rechazado y traicionado por su propio pueblo, el pueblo de Dios. Con todo, cuando le ofrecieron en la cruz un amargo vinagre mezclado con veneno, Él rehusó beberlo (Mateo 27:34). Beber la amargura reviviendo constantemente nuestros resentimientos promete una solución satisfactoria, pero la amargura es un veneno. Al igual que Jesús, debemos apartar nuestro rostro y negarnos a beberlo.[2]

Hebreos 12 no solo nos advierte contra la amargura, sino que también nos recuerda que Dios disciplina a quienes ama, no a manera de castigo, sino como un Padre. La disciplina nunca es agradable; por el contrario, es siempre dolorosa. No obstante, al final produce buen *fruto* (Hebreos 12:6-11).

Lo que se busca en una viña es fruto, ¿no es así? Pero el fruto toma tiempo. A menudo hay que esperar mucho tiempo para darnos cuenta de que Dios *estaba* produciendo fruto, el cual habría quedado inactivo de no ser por la penosa disciplina que Él nos pidió soportar. Como obreros de las 6 de la mañana que buscamos mayor validación, a veces nos parece que Dios usa nuestras expectativas insatisfechas para revelar el orgullo que nos ha frenado en la viña. Nuestro orgullo herido no tiene como propósito lastimarnos, sino producir más fruto (Hebreos 12:11).

Recuerda que, desde el principio, fue la pregunta de Pedro lo que dio lugar a esta parábola. Pedro quería saber si los obreros que dan *más, más rápido* o *por más tiempo* que otros son los que se consideran *más importantes*. ¿Te das cuenta de cómo las motivaciones secretas de comparación de Pedro podrían haber estancado su fruto en la obra de Dios? Jesús se dio cuenta. Tal era el propósito de su historia acerca de la viña. Mujer que te comparas, si no has recibido ese "más" que espe-

---

2. Michael Rydelnik y Michael Vanlaningham, eds., *The Moody Bible Commentary*, vol. 1 (Chicago: Moody Publishers, 2014), 1511. Ver también Jen Wilkin, "4 Ways to Battle Bitterness", The Gospel Coalition, 2 de febrero de 2016, https://www.thegospelcoalition.org/article/4-ways-to-battle-bitterness.

rabas, no te apartes en amargura ni traición. Invita a tu Señor a que use tu orgullo herido para hacerte aún más fructífera para Él.

Fruto silencioso

Después de mudarse, Trish estaba muy resentida. La tentación a beber el veneno de la amargura era muy fuerte. Su trabajo en la iglesia anterior había sido muy importante y significativo, pero este nuevo pueblo donde vivían era famoso por estar lleno de obreros cristianos. *Mis dones nunca van a usarse aquí*, pensó Trish. Pero estaba equivocada.

En su deseo por aprender lo que Dios quería enseñarle, ese año Trish se dedicó principalmente al estudio bíblico. Trabajó en las noches en un hospital y, a menudo, no tenía mucho que hacer, de modo que a veces podía aprovechar el tiempo para leer su Biblia. Una noche, Mary, su compañera de trabajo, le preguntó qué leía. Esto dio inicio a una conversación que duró cuatro horas, en las cuales Mary le hizo una pregunta tras otra acerca de Dios.

En todos sus años de ministerio, Trish nunca había experimentado algo parecido. ¡Dios la *estaba* usando! ¡Él *tenía* un plan! Por elección de Dios, no de ella, Trish había pasado de ser una obrera de las 6 de la mañana con grandes expectativas, a ser una obrera de las 5 de la tarde que daba por hecho que nunca produciría nada de valor para el reino. Sin embargo, en un silencioso pasillo de hospital, en medio de la noche, Dios había usado a Trish para llevar las buenas nuevas a una mujer que carecía de propósito y de gozo. En ambas vidas Dios estaba, silenciosamente, produciendo fruto.

Amiga, cuando inclinemos nuestras tazas medidoras y trabajemos duro por el reino, no lo hagamos por reconocimiento ni para tomar la delantera. Y cuando hieran nuestro orgullo rehusemos beber el veneno de la amargura. En lugar de eso, seamos obreras gozosas que esperan, en silencio, más fruto.

≈ ¿Cuáles de los obreros de Mateo 20:1-7 te representan mejor? ¿Por qué?

≈ Mateo 20:10 dice que los obreros de las 6 de la mañana "pensaron que habían de recibir más". Anota en tu diario algunas ocasiones en las cuales hayas ansiado o esperado más reconocimiento, más gratitud, más validación, más alabanza, más honra o más lealtad. Entrega cada una de estas expectativas delante del Señor, negándote a caer en la trampa de la comparación.

≈ Lee Hebreos 12:11-17. En el versículo 11, ¿qué resultados produce la disciplina paternal? En el versículo 17, ¿qué produce la amargura? ¿Cómo se han dado ambos frutos en tu vida?

≈ ¿Cuándo ha sido tu trabajo infravalorado o ignorado? ¿Qué relación tiene el hecho de sentirte ofendida con una expectativa de validación y honra? Ten siempre en mente Hebreos 12:11; para ello, anota el versículo en una tarjeta o en tu portátil para consultarlo cada vez que te niegues a beber la "copa amarga".

Para meditar: Hebreos 12:1

Es verdad que ninguna disciplina al presente parece ser causa de gozo, sino de tristeza; pero después da fruto apacible de justicia a los que en ella han sido ejercitados.

Debo cuidarme de las trampas de comparación en la iglesia, especialmente cuando he trabajado por mucho tiempo o con mayor empeño. Buscar mayor reconocimiento o validación no es la manera en que opera el reino. *Señor, apartaré mi rostro de la copa de amargura y en humildad esperaré dar fruto espiritual.*

Lección 2: Tratadas por igual
Lee Mateo 20:1-16

"¿Dónde está Alice?", pregunté. Me habían dicho que Alice y yo seríamos compañeras de ministerio este año. "Ah, Alice está apoyando al equipo de Jan", respondió alguien, y al instante lo supe. Estaban preparando a Alice para ascender en el liderazgo, y yo estaba siendo relegada.

¿Por qué no me habían escogido a mí? —me pregunté—. *¿Por qué le asignan a Alice ese papel en lugar de dármelo a mí?* Yo no quería que esto me fastidiara. Traté de no sentirme herida o insegura, pero de todos modos surgieron celos en mi corazón.

En el reino de Dios, donde celebramos los llamados y misiones particulares de cada miembro, me resulta fácil animar a aquellos que sirven en funciones que yo nunca podría desempeñar. Me emociona animar a quienes yo sirvo. Sin embargo, ¿qué siento por la hermana que posee dones similares a los míos y hace lo mismo que yo hago? Es con ella con quien me siento tentada a compararme y a sentir celos. Miro las uvas en su cesta y comparo su viña con la mía. Cuando ella es elegida en lugar de mí, yo me pregunto: *¿Por qué ella, Dios? ¿Por qué yo no?*

DESIGUALDAD AMPLIFICADA

¿Qué pasaría si Jesús contara la historia de la viña de la siguiente manera?

El reino de los cielos es como el dueño de una casa que salió temprano en la mañana y contrató a todos los obreros que necesitaba para su viña. Luego, los obreros trabajaron una jornada completa, y todos recibieron el mismo salario generoso.

No resulta muy interesante la trama, ¿no es así? Al contar la historia con obreros que empiezan a trabajar en horarios diferentes, Jesús subraya deliberadamente la disparidad entre la cantidad de trabajo que realizaron. Y Jesús añade un detalle más a la historia que amplifica aún más la desigualdad. Los últimos obreros de la viña, que empezaron a las 5 de la tarde, fueron los primeros en recibir su pago.

Si los obreros de las 6 de la mañana hubieran recibido la paga primero, se habrían ido felices, ¿no te parece? Ni siquiera habrían sabido que los otros recibieron el mismo salario. Sin embargo, como los últimos recibieron el pago primero, los obreros de las 6 de la mañana se quedaron mirando mientras los otros grupos recibían la misma paga. Jesús dirige aún más nuestra atención hacia este detalle del orden del pago cuando conecta la historia con dos comparaciones instructivas.

Comparaciones instructivas: "Pero muchos primeros serán postreros, y postreros, primeros" (Mateo 19:30). "Así, los primeros serán postreros, y los postreros, primeros" (Mateo 20:16).

Es como si Jesús pusiera un reflector en las expresiones de los rostros de los obreros cuando recibieron su paga. ¡Los obreros de las 5 de la tarde, o "los últimos", están asombrados y dichosos! Solo han trabajado una hora fácil y no pueden creer la generosidad del propietario. En cambio, los obreros de las 6 de la mañana, que son los "primeros", se sienten indignados por el maltrato después de doce horas de trabajo. Se quejan ante el propietario de la viña apretando los dientes, diciendo: "los has hecho iguales a nosotros" (Mateo 20:12). Nosotras, como mujeres que se comparan, miramos esto y decimos: "Bueno, creo que estoy de acuerdo con esos obreros".

En el mismo saco

Si mi hija ofreciera una tarjeta de día de la madre a otra mamá, eso no me caería bien. Si la universidad de la que me gradué empezara a repartir diplomas por la mitad de los créditos, yo me enojaría. Si el nombre de otra persona fuera añadido a la portada de este libro, yo me sentiría indignada. Podría sentirme tentada a llamar al editor y decirle: "¡Ha hecho a esta persona igual a mí!".

Naturalmente, nosotras creemos que las cosas deben ser justas. El reconocimiento y la honra deben ganarse. Y cuando las personas que son menos merecedoras de ello reciben la misma honra y reconocimiento, nos sentimos *deshonradas* y que pasamos *desapercibidas*. Esto es particularmente cierto en la iglesia.

Cuando servimos en el ministerio, lo que hacemos no es un simple trabajo. Son nuestros dones lo que se derrama sobre el altar para

Dios. Queremos que Dios se dé cuenta de lo que hemos dado, especialmente cuando hemos dado *más*. Y cuando hay alguien que no ha servido durante tanto tiempo, o cuyos dones parecen menos dignos, o cuyos sacrificios parecen mínimos comparados con los nuestros, es molesto que nos metan en el mismo saco... especialmente a las mujeres que nos comparamos.

Tal vez no nos opondríamos a que Dios dé a alguien la misma vida eterna que nos ha dado a nosotras. Y no nos enojaríamos por las recompensas celestiales, porque no podemos verlas. Lo que nos molesta son las recompensas adelantadas aquí y ahora. Como cuando alguien sirve a Dios menos, y aún así se enriquece, recibe ascensos, se compromete para casarse o recibe alguna honra. Eso es lo que nos resulta exasperante. Reclamamos enojadas, como los obreros de las 6 de la mañana por recibir el mismo salario de todos los demás, diciendo: "¡Los has hecho *iguales* a mí!".

Esta declaración revela tres creencias equivocadas acerca del reino de los cielos.

Creencia equivocada 1: La importancia es obvia

Los más importantes en el cielo pueden no parecernos muy obvios aquí en la tierra, donde estamos tan acostumbradas a la manera de comparar del mundo. Como en el desenlace de la historia de la viña, habrá sorpresas en el cielo. ¿Recuerdas la comparación instructiva de Jesús? "Muchos que ahora son los más importantes en ese día serán los menos importantes, y aquellos que ahora parecen menos importantes en ese día serán los más importantes" (Mateo 19:30, NTV).

Algunas de nosotras nos consideramos "primeras" en el pueblo de Dios, y exigimos ser reconocidas por nuestro servicio prolongado y nuestras contribuciones importantes a la obra del reino. Al enaltecernos, demostramos en realidad que somos "últimas" en el reino, porque Dios se opone al orgulloso (1 Pedro 5:5). Otras nos consideramos "últimas" y consideramos a otros más capacitados para servir en la obra del reino. No vemos nada extraordinario en nosotras y nos asombra pensar siquiera que Dios podría agradarse en nosotras. Nuestra disposición para servir en anonimato y silencio muestra que en realidad somos "primeras", porque Dios exalta al humilde (1 Pedro 5:6).

Creencia equivocada 2: Adaptarse a las circunstancias elimina los celos

Tal vez nos sintamos tentadas a pensar: "Si a los obreros de la historia les pagaran en el orden contrario, no habría problema alguno". Pero eso no es verdad. El problema de la comparación celosa y de la superioridad ya estaba presente. El detalle del orden del pago solamente lo sacó a la luz. Supón que yo estoy celosa hoy y que no veo razón alguna para estar agradecida. Aun si mis circunstancias cambian mañana, mi actitud no va a cambiar. Porque las circunstancias no son el problema.

Recuerdo cómo miraba anhelante la manera tan hermosa como una pareja de nuestra iglesia lideraba un ministerio. Era como una danza elegante, ¡y yo sentía celos! *Si mi esposo y yo tan solo pudiéramos ser como esa pareja.* Pero cuando se lo comenté a mi esposo, me recordó que él estaba en plena temporada de trabajo intenso. Dijo que solo tenía disponibilidad para su ministerio de cada dos semanas con los niños de dos años en la iglesia. Bueno, eso me enojó mucho. Me dije a mí misma que si pudiéramos servir juntos en el ministerio como aquella pareja, yo no me sentiría celosa. Pero la verdad es que yo no tenía razón para estar celosa. Dios me bendecía a mí y a mi esposo en nuestro servicio a Él, el cual se manifestaba en formas diferentes, y si yo *estuviera* en los zapatos de la otra esposa, solo encontraría otra razón para estar celosa. Los celos no nacen de la situación en la cual me encuentro; los celos nacen de mi corazón.[3]

Creencia equivocada 3: El reino se caracteriza por la igualdad

La *des*igualdad del reino es el punto central de esta parábola. Los que trabajaron una hora recibieron el mismo pago de los que trabajaron doce. La historia desafía la idea de que podemos trabajar duro, hacer más y tener ventaja, pero esto se basa en la ambición egoísta y en el afán de logro del mundo. Por algo comparó Isaías nuestras justicias con trapos de inmundicia (Isaías 64:6).

Es inútil mantener un registro de cuántas horas hemos trabajado

---

3. Kevin DeYoung, "Fairness or Grace?", Truth for Life, 15 de mayo de 2013, https://www.youtube.com/watch?v=6NLDhb_3NHQ.

o cuánto hemos logrado para el reino, puesto que todos somos absolutamente indignos (Romanos 3:23). Y cuando zapateamos para exigir la honra que merecemos, es evidente que hemos olvidado lo que *sí* merecemos realmente: "la paga del pecado es muerte" (Romanos 6:23). En la historia, la paga generosa representa la vida eterna, y ninguna de nosotras merece recibirla.

Nada a qué aferrarse

Entonces, ¿cómo deberíamos reaccionar los ciudadanos del reino de los cielos, que no somos merecedores, cuando se exalta a alguien que consideramos menos merecedor aún? ¿Qué deberíamos decir cuando se pasa por alto lo que nosotras aportamos a la causa? ¿Qué deberíamos hacer cuando la realidad parece injusta, desigual o sesgada?

Veamos las respuestas de Jesús a estos mismos desafíos. Subraya y añade un signo ≠ sobre cada parte de este versículo que describe parcialidad, desigualdad o injusticia en la comparación con lo que Jesús merecía.

> Haya, pues, en ustedes esta actitud que hubo también en Cristo Jesús, el cual, aunque existía en forma de Dios, no consideró el ser igual a Dios como algo a qué aferrarse, sino que se despojó a Sí mismo tomando forma de siervo, haciéndose semejante a los hombres. Y hallándose en forma de hombre, se humilló Él mismo, haciéndose obediente hasta la muerte, y muerte de cruz
>
> (Filipenses 2:5-8, NBLA).

Aunque Jesús nunca dejó de *ser* Dios, no se aferró a su igualdad con Dios. No consideró esto "algo a qué aferrarse". Cuando parecía perderla, Jesús no se aferró aún más a su igualdad. Se contentó con *no* ser igual, someterse y decir "no se haga mi voluntad", aun cuando Dios le permitió morir.

Jesús tomó su taza medidora y la vació por completo. **Jesús se despojó a sí mismo y se volvió un siervo. Derramó todo en la cruz, para que nosotros pudiéramos salir de nuestra depravación.** Él fue burlado, torturado y escupido, para poder llevarnos de la muerte a la vida eterna.

Cuán improcedente es, pues, llevar cuentas y comparar lo que hemos derramado de nuestras tazas medidoras con lo que otros han dado. Cuán ridículo es monitorear los aportes de cada uno. Cuán absurdo resulta golpear la mesa con nuestro puño y exigir justicia e igualdad, siendo beneficiarios de tan extravagante generosidad.

Verdadera hermandad

Al cabo de unos meses, mis sospechas acerca de Alice quedaron confirmadas cuando recibí un correo electrónico en el que anunciaba su nuevo cargo en el liderazgo. Lo leí un lunes por la mañana, todavía acostada en mi cama, agotada después de predicar en un retiro. De inmediato, sentí una punzada de celos y quise llorar en mi almohada. *¿Por qué ella, Dios? ¿Por qué yo no?*

Sentí el impulso de sacar mi vara medidora y apilar toda la evidencia para demostrar que yo merecía ese honor más que Alice. Yo había servido por más tiempo. Yo era más experimentada. Yo era mejor que Alice para contar anécdotas graciosas y agradar a la gente. Por otro lado, también quería regodearme en autocompasión por las muchas maneras como Alice era más capaz que yo. Definitivamente era más bonita. Y tenía más seguidores en Instagram. Y enseñaba la Biblia con mucha claridad.

El honor que Alice había recibido me hizo sentir *deshonrada*. Yo quería lanzar un gemido, cubrirme la cabeza con una almohada y evitar a Alice a partir de ese momento. Sin embargo, en todo ello reconocí la voz de la mujer que se compara. Estaba pensando como el obrero celoso de las 6 de la mañana, exigiendo igualdad, que no es la manera en que opera el reino. En lugar de eso, Jesús quería que yo pensara como Él: "No hagas nada por rivalidad o por orgullo, sino con humildad, y considera a Alice como mejor que ti misma" (ver Filipenses 2:3, DHH).

Cuando tomé el teléfono para llamar a Alice y felicitarla, de inmediato mi corazón se llenó de gozo. Recordé cuán capaz era Alice y podía ver cómo sus esfuerzos harían la viña más fructífera aún. No obstante, mi corazón se llenó también de alivio, porque, a diferencia del entusiasmo desbordante de Alice con su nuevo papel, yo solo quería tomar una siesta. Me gusta mucho predicar en retiros, pero estaba agotada. A diferencia de Alice, no me quedaba nada más para dar, en parte porque ella *no había* estado trabajando en un retiro. Dios había dispuesto con precisión que Alice y yo tuviéramos dones diferentes. Estamos hechas para tareas diferentes. ¿Por qué desearía yo la suya cuando Dios me ha asignado mi propia tarea?

Hermanas, el mundo nos urge a reclamar igualdad y a exigir el reconocimiento que merecemos. Pero en el reino de Jesús las cosas son diferentes. Aquí nos animamos mutuamente con una actitud humilde y desinteresada. En lugar de gemir bajo la almohada y evitar al otro, abordamos la comparación preguntándonos: "¿En qué difiere mi tarea de la suya?".

Seamos obreras que viven libres de la tiranía del yo, que animamos a las otras y trabajamos codo a codo, alegres por nuestra gran fortuna colectiva. ¿Puedes creerlo? ¡Somos las beneficiarias de la vida eterna!

≈ ¿De quién sientes celos en el ministerio? ¿Cuál de las tres creencias equivocadas operan en esa situación?
  - Creencia equivocada 1: La importancia es obvia.
  - Creencia equivocada 2: Adaptarse a las circunstancias elimina los celos.
  - Creencia equivocada 3: El reino se caracteriza por la igualdad.

≈ Haz una lista de las personas con quienes trabajas en el ministerio. Escribe 1 Pedro 5:5b. ¿Por qué piensas que dice "todos"? ¿Cuál es una manera en que puedes "revestirte" de humildad cada vez que ministras junto a otros obreros?

≈ Lee 1 Pedro 5:6-11.
  - ¿Cómo ves la promesa de 1 Pedro 5:6 reflejada en la historia de la viña?

- ¿Cómo estás poniendo en práctica el versículo 6?
- ¿Cómo genera ansiedad la actitud de esperar que Dios te dé reconocimiento? Según el versículo 7, ¿qué deberías hacer con esta ansiedad? ¿Por qué?
- ¿Por qué necesitan recordar el versículo 8 las mujeres que se comparan en el ministerio?
- ¿Qué sufrimiento has padecido en el ministerio? ¿Por qué es útil recordar que todos los creyentes tenemos esto en común (v. 9)?
- ¿Qué palabra del versículo 10 te anima más?

Para meditar: 1 Pedro 5:6 (NVI)

Humíllense, pues, bajo la poderosa mano de Dios, para que él los exalte a su debido tiempo.

Cuando doy un pisotón y reclamo diciendo: "¡La has hecho igual a mí!", es evidente que he olvidado que *yo* merezco muerte, no vida eterna. *Señor, quiero animar a mi compañera en la obra de la viña y preguntarme con humildad: "¿En qué difiere mi tarea de la suya?".*

Lección 3: "Primeros" frustrados
Lee Mateo 20:1-16

La escuela de mi hijo propuso una nueva colecta de fondos: subastar los asientos de primera fila y VIP para los musicales escolares. En cada presentación, los afortunados (y generosos) ganadores tendrían el privilegio de sentarse en cómodos sillones en primera fila. Eran los que daban más dinero. Y, a cambio, tendrían los mejores asientos.

A veces vemos a Dios en un tipo de acuerdo similar. Nosotras damos más. Deberíamos disfrutar los asientos más cómodos. Al menos, eso es lo que esperamos. Pero en lugar de eso estamos en la última fila de sillas plegables, mientras que alguien más está en el frente, con su ministerio floreciente, su exitosa familia, o una vida cómoda y fácil. Creemos que estamos resentidas con la persona que ha sido bendecida, cuando en realidad estamos enojadas con Dios.

Observa que cuando los obreros dicen "los has hecho iguales a nosotros" (Mateo 20:12), el sujeto tácito es el propietario, a quien dirigen su reclamo. Esto ilustra la manera en que a veces nos dirigimos a Dios, protestando por la bondad que ha mostrado a otro obrero del reino. Venimos delante de Él con oraciones como:

- Dios, ¿por qué a ella le dieron el solo cuando yo soy la que ha servido en el grupo de alabanza durante años?
- Dios, ¿por qué le pidieron a ella y no a mí ser líder de estudio bíblico? ¡Yo estoy mejor capacitada que ella!
- Dios, ¿por qué su hijo va a servir en el ministerio cuando el nuestro ni siquiera asiste a la iglesia? ¡Nosotros somos los que tuvimos tiempos devocionales cada noche!
- Dios, ¿por qué ese joven prefirió salir con ella y no conmigo? ¡Ella es completamente inmadura en su fe!
- Dios, ¿por qué no me dieron a mí ese papel? ¡Yo soy mucho más seria en mi estudio bíblico!
- Dios, ¿por qué la familia de ella está junta mientras que la mía está separada? ¡Yo soy la que nunca ha engañado!

Cada protesta que susurra la mujer que compara y que dirige a Dios, revela un serio malentendido.

ENOJADA CON DIOS

Mi amiga Jill tenía un trabajo donde ganaba un sueldo básico para apoyar a su esposo mientras él iba al seminario. Aunque no había dinero para gastos adicionales, un año ellos usaron todo el dinero que habían ahorrado en los cumpleaños y en Navidad para comprar bicicletas nuevas, lo cual serviría como plan de ejercicio y de entretenimiento como pareja. Una tarde estacionaron sus bicicletas delante del apartamento donde vivían en el seminario, y horas después descubrieron que habían desaparecido.

Jill estaba enojada. "¿En serio, Dios? ¿Después de todo lo que nos sacrificamos? ¿Después de todo lo que hemos dejado para estar aquí? ¿Por qué no dirigiste a ese ladrón para que robara las bicicletas de otra persona?".

Quienes trabajamos duro en la viña de Dios a menudo llevamos cuentas en nuestra mente. Pensamos: "Esto es lo que te he dado, Dios. Ahora, esto es lo que espero que tú me des". La fórmula parece lógica y organizada. Sin embargo, **cuando presentamos nuestras expectativas, actuamos como si *nosotras* fuéramos Dios, y Él fuera el que *nos* sirve a nosotras.**

Amigas, este es un delito grave por parte de quienes sirven al Dios Altísimo. Como lo expresa un comentarista: "Es perverso ofender a Dios, pero es peor considerarse ofendido por Dios".[4] La verdad es que Dios no da más explicaciones de las que dio el propietario de la viña a sus siervos.

El propietario respondió a la queja que tenían contra él con tres preguntas. Y, como siervas de Dios, nos conviene también considerar estas preguntas.

Pregunta 1 del Propietario de la viña: ¿Acaso no habíamos convenido algo?

Los obreros habían convenido en recibir un salario específico y generoso, y eso fue lo que recibieron. ¿Cuál es, pues, nuestro convenio como obreras de la viña de Dios?

Un día nuestro trabajo va a terminar y recibiremos la vida eterna, no como pago por nuestro trabajo, porque eso no requiere un trabajo. Y no hay cláusulas de contrato que contemplen beneficios adicionales (como protección contra ladrones de bicicletas) para quienes trabajen más duro o se sacrifiquen más. Dios vino no como un amo sino como un Padre que anhela que sus hijos vengan a casa. Él nos ofreció una morada eterna y nosotros aceptamos. Ese es nuestro convenio.

Pregunta 2 del Propietario de la viña: ¿Acaso no tengo derecho a hacer lo que quiera?

Dios no nos rinde cuentas. Él es el Rey del reino, el Dueño de la viña y el Propietario de todo lo que existe, y puede dar a quien Él quiera lo que Él quiera.

---

4. J. A. Bengel, *Gnomon of the New Testament* (Nueva York: Sheldon and Co., 1862), 240.

Desde el principio en el huerto, Satanás es el que ha sugerido que desafiemos a Dios y que pongamos en duda su bondad. Sin embargo, recuerda que esta línea de pensamiento es lo que ha causado la ruptura en nuestra vida eterna con la muerte. Cuando actuamos como si Dios tuviera que darnos explicaciones, nos ponemos del lado del diablo, que hace lo mismo. Ya sea que lo tratemos o no como tal, Dios *es* el Rey del universo y el Creador de todo. Él elige qué da y a quién lo da.

Pregunta 3 del Propietario de la viña: ¿Te da envidia de mi generosidad?

Esta es la traducción literal de la pregunta: "¿Es tu ojo malo?". Un ojo malo está siempre lleno de celos. Mira al compañero con quien trabaja con resentimiento y dice: "¡No es justo, Dios! Ella no ha trabajado tan duro en el ministerio como yo. ¿Por qué la recompensas con *más*?".

Más personas. Más respuestas. Más crecimiento. Cada recompensa es una manifestación de la generosidad extraordinaria de Dios. Así pues, mi respuesta cuando el Maestro elige mostrar a un consiervo una gracia especial debe ser aplaudir de gozo. Es totalmente fuera de lugar que, en lugar de eso, mis ojos se llenen de resentimiento y envidia. ¡Qué mal es mirar la generosidad de Dios con indignación!

PROTAGONISMO INVERTIDO

La historia de Jesús muestra el contraste entre dos grupos de obreros: los que llegaron de últimos a la viña y los que llegaron primero. En su relato, Jesús destaca primero los obreros de las 5 de la tarde que, en su asombro y deleite por haber recibido la paga de una jornada completa por una hora de trabajo, saltan de alegría y se abrazan por su buena fortuna. Mientras sonreímos al ver la escena de gozo, nuestros ojos se vuelcan naturalmente al propietario que ha sido tan generoso. Allí está, mirando y disfrutando de la escena tanto como nosotros. Sin embargo, después de un vistazo, nuestra atención se desvía a otro grupo de personas. El grupo de obreros de las 6 de la mañana, que ventilan sus celos con enojo.

Este "protagonismo invertido" es el objetivo de nuestro enemigo en la vida real cada vez que Dios manifiesta su generosidad.

Supongamos que Dios, que es libre para mostrarse generoso como Él quiere, elige recompensar a mi hermana en el ministerio. Ella es una escritora cristiana como yo, pero acaba de empezar. No ha trabajado tan duro y por tanto tiempo como yo. Entonces, desde el primer día, sus libros empiezan a venderse como pan caliente. La demanda es tan alta que la imprenta no alcanza a producir todo lo que se necesita. Su ministerio de escritura se dispara de la noche a la mañana al punto que resulta imposible explicarlo tan solo por el duro trabajo realizado. Es evidente que Dios ha sido extraordinariamente generoso.

Un día, en una ceremonia de premios, oigo la mención de su nombre para recibir uno de los premios. Pero cuando la veo subir a la plataforma, no sonrío, ni aplaudo de emoción por la generosidad de Dios. Tampoco me fijo en el rostro sonriente de Dios. Mi ojo malo está demasiado ocupado comparando las recompensas del ministerio de ella y del mío. La discrepancia se siente como un abuso, y mi corazón de mujer que se compara se llena de tantos celos y resentimiento que no puedo sentarme quieta. Con todas las miradas todavía sobre mi hermana, yo salgo por el pasillo con mis ojos echando chispas y exigiendo: "Dios, ¿por qué has sido bueno con *ella* y no *conmigo*?". Y en ese instante Satanás sonríe, porque acabo de robarle el protagonismo a Dios y he caído en la trampa del enemigo.

Amigas, cuando Dios bendice generosamente el ministerio de alguien, es la gloria de Él, y no la de esa persona, lo que resuena como un aplauso por el universo. Y nosotras, como quienes miramos desde los lados, tenemos la opción de multiplicar la gloria de Dios con nuestra alabanza o de silenciarla con nuestras protestas envidiosas.

Tenemos que ver las recompensas en el ministerio como lo que son realmente. Cuando las personas se vuelven a Dios, cuando el fruto espiritual madura, cuando la plataforma de un siervo se expande porque su público se deleita en la verdad, todos estos factores dicen poco acerca de la persona que está en la plataforma y mucho acerca de Dios. Porque cada vez que se multiplica el fruto espiritual, ¡la bondad y la generosidad de Dios se manifiestan! ¿Y quiénes somos nosotras para resentir tal cosa?

Es con uno ojo malo que miramos con celos a la consierva cuya obra Dios recompensa. Y **nuestros celos de ojo malo no solo nublan la gloria de Dios, sino que nos roban nuestro propio gozo.**

GOZO LIBRE DE ENVIDIA

Steve Bezner era un estudiante universitario que estudiaba para ser pastor. Aunque era un obrero de las 6 de la mañana, dedicado, Dios estaba bendiciendo a su compañero de cuarto, Matt Chandler. Todo empezó cuando Matt (ahora pastor de la Village Church en Texas), fue elegido en lugar de Steve para liderar un estudio bíblico en la universidad, que llegó a congregar 2.000 estudiantes. Matt empezó a recibir propuestas para predicar desde todos los rincones de West Texas, y Steve empezó a sentirse realmente celoso.

Después de graduarse de la universidad, el problema continuó, cuando Steve trabajaba en una iglesia rural donde iba a pasar siempre desapercibido, y Matt trabajaba en un contexto urbano con un ministerio juvenil en pleno crecimiento. Entonces sucedió algo que catapultó el protagonismo de Matt. Steve escribe:

> Como si no fuera suficiente con su rápido crecimiento, a Matt le diagnosticaron un tumor cerebral maligno. En poco tiempo, parecía que dondequiera que yo miraba, Matt estaba allí, predicando con su cabeza calva y una pronunciada cicatriz en la cabeza, dando testimonio de la bondad de Dios.
>
> Mientras todos los auténticos cristianos salvados escuchaban con deleite, yo me encontré en la ridícula posición de envidiar a un paciente de cáncer.
>
> Aunque él había tenido un tumor cerebral, era yo el que estaba enfermo.[5]

La bondad de Dios siguió manifestándose, Matt se sanó, y su ministerio fue todavía más fructífero. Después de años de comparaciones, Steve decidió llamar a Matt un día y confesarle su envidia. Matt dijo: "¡Qué gracioso!, porque a veces yo te envidio a ti".

Para Steve, este fue un momento decisivo. De repente, se dio cuenta de que Matt era simplemente un siervo que, al igual que él, podía caer en la envidia como cualquier otro. Ambos eran simplemente hermanos al mismo nivel, liderando iglesias y sirviendo a un Dios que dice:

---

5. Steve Bezner, "On Being Matt Chandler's Roommate", For the Church, 20 de noviembre de 2015, https://ftc.co/resource-library/blog-entries/on-being-matt-chandlers-roommate.

"¿Acaso no tengo derecho a hacer lo que quiera? ¿O te da envidia de que yo sea generoso?".

Dios usó ese momento de cruda confesión, junto con las palabras de gracia de Matt, para desarraigar los celos del corazón de Steve. Ahora se alegra, en vez de molestarse, por el fruto que Dios ha producido en el ministerio de Matt. Dios ha dado a ambos pastores los dones, las oportunidades y el fruto exacto que Él quiere que ellos tengan. Querida hermana, lo mismo es cierto de ti y de mí.

≈ ¿Hay alguna mujer cuyo ministerio, ya sea en su casa, en la iglesia, en el extranjero o en la comunidad, haya sido generosamente recompensado por Dios? Haz una lista y, para cada situación, escribe la respuesta de tu corazón.

≈ Lee Hebreos 13:15. Escribe tu "sacrificio" reconociendo la generosidad de Dios para con la(s) persona(s) de tu lista y alabándolo por ello. Considera si Dios desea tal vez que confieses tu envidia como lo hizo Steve.

≈ Lee Éxodo 34:14. ¿Cuál es el nombre de Dios? ¿Por qué está bien para Dios ser celoso, pero no para nosotras? ¿Por qué tu envidia de otra persona despierta los celos de Dios?

≈ Lee Isaías 42:5-9. ¿Qué no dará Dios a otros (v. 8)? ¿De quién sientes celos y cómo compite eso con la gloria de Dios? ¿Qué versículo o frase te ayuda a apartarte de tu comparación celosa y volver a Dios?

Para meditar: Mateo 20:15 (NVI)

¿Es que no tengo derecho a hacer lo que quiera con mi dinero? ¿O te da envidia de que yo sea generoso?

Cuando Dios recompensa generosamente a mi hermana en el ministerio, tengo la opción de silenciar la gloria de Dios con mis protestas envidiosas o de multiplicar su gloria con mi alabanza. *Dios, ¿quién soy yo para envidiar tu generosidad? ¡Voy a gozarme en el ministerio y en la vida de _______________!*

Lección 4: "Últimos" exaltados
Lee Mateo 20:1-16

Cuando hablo a grupos de mamás, me anima ver cómo las mujeres comprometidas crean vínculos entre sí. No obstante, en algunas ocasiones, después de mover cielo y tierra solo para llegar a un evento, me doy cuenta de que las mamás caen rápidamente en la trampa de la comparación.

Las diferencias no son difíciles de percibir. Está la mamá que llega primero, con veinte minutos de anticipación y acompañada de sus seis hijos. Sonríe plácidamente cuando los deja con las maestras de la guardería, cada uno con su cabello bien peinado, sus dientes cepillados y listos para recitar el versículo de memoria de la semana anterior. Ella se ha levantado al despuntar el día, ya tiene lista la cena en la olla de cocción lenta, y tiene pañales de repuesto empacados en caso de que tú y otras mamás hayan olvidado traer lo que necesitan.

Luego está la mamá que llega la última, que a todas luces está abrumada y exhausta. Llega veinte minutos tarde, lleva puestos sus pantalones de yoga del día anterior, con una mancha en la pierna derecha. Su nuevo bebé llora y ella está sudando. No tiene ni idea de lo que habrá para cenar y va a necesitar pañales, porque los olvidó traer y el bebé está mojado.

Si me conocieras bien, sabrías que siempre estoy esforzándome al máximo por alcanzar mis metas y por ser como la primera mamá, pero con mayor frecuencia soy como la última. Continuamente llego tarde. Ando cansada y desprevenida. Con frecuencia olvido las cosas, rara vez tengo un menú preparado para la cena, y por lo general llevo puestos los pantalones de yoga del día anterior con una mancha. Ya sea que en la actualidad sirvas a Jesús como mamá o de otras maneras, me gustaría ser solidaria con la mujer que siente que es "la última". Me gustaría hablar con la que mira a "la primera" y piensa: *Jesús, ¿te he fallado? Siento que no doy la talla.*

Si esa eres tú, tengo buenas noticias. La parábola de los obreros de la viña es también para nosotras, "las últimas", y nos brinda aliento.

Jesús contó la historia como una tierna represión para Pedro, que era, a todas luces, uno de "los primeros". Sin embargo, al relatarla,

Jesús tuvo en cuenta a los otros discípulos presentes, que también trataban de entender cuál era su lugar en la historia (Mateo 19:23, 25).

Recuerda que Jesús se enfocó en dos personajes en esta historia. Ya hemos escuchado cuidadosamente las advertencias que lanzó Jesús a "los primeros". Ahora escuchemos con el mismo cuidado el mensaje de aliento que dio Jesús a "los últimos".

El llamado del Maestro

El propietario contrató obreros en cinco momentos a lo largo del día. Los últimos obreros no escogieron su grupo ni el número de horas que querían trabajar. Eso fue elección del propietario de la viña. Observa la pregunta que hizo el propietario cuando regresó a las 5 de la tarde y los encontró esperando. "'¿Por qué han estado aquí parados todo el día sin trabajar?' Ellos le dijeron: 'Porque nadie nos ha contratado'" (Mateo 20:6-7, NBLA).

Nuestro narrador quiere que sepamos que estos obreros no eran perezosos. No eran obstinados ni reticentes. Ni siquiera estaban sentados. Estaban de pie. Estaban esperando que alguien los contratara. Ciertamente hay pasajes de la Biblia donde Dios corrige nuestra rebelión, pereza y egocentrismo, pero este no es uno de ellos.

Estos obreros hicieron lo que pudieron durante el tiempo que tuvieron disponible. Al final del día, era obvio que no habían logrado mucho, pero para su dicha recibieron un salario generoso. ¡Qué amo tan bondadoso!

Ahora llegamos a la parte de la historia donde nosotras, que nos sentimos como "últimas", tenemos que escuchar y aprender acerca de nuestro Señor y de cómo Él ve las cosas. Cuando los obreros de las 6 de la mañana protestaron enojados por no recibir un mayor salario por el trabajo, el propietario no se quedó callado. Los desafió. No permitió que "los primeros" actuaran como si fueran superiores. A los ojos de él, ellos *no lo eran*. En caso de duda, ¡mira la misma suma generosa en manos de cada obrero!

El propietario no estaba desacreditando a los obreros de las 6 de la mañana. Antes bien, estaba *promoviendo* a los obreros de las 5 de la tarde. Eso también es algo que nuestro Dios hace. Él exalta a los que se sienten pequeños, inferiores o últimos, y reafirma su valor.

Poco es mucho

¿Por qué calcularía Dios el valor de un siervo según el resultado o el talento neto cuando, en sus manos, aun la persona más pequeña puede llegar a ser grande? Piensa en David, el joven pastor de ovejas, con una honda en la mano. Dios lo usó para derribar a Goliat. Piensa en el prófugo Moisés, que tartamudeaba. Dios lo usó para desafiar al faraón y liberar a millones de personas de la esclavitud.

Si Jesús pudo recoger un puñado de polvo y de ahí sacar a un ser humano, supongo que cualquier puñado sirve. Y si pudo repartir el almuerzo de un niño para alimentar a cinco mil personas, supongo que el almuerzo de cualquier niño funcionaría igual. Jesús es el gran multiplicador. La cantidad de talento, de riqueza, de influencia o de potencial que hay en nuestra taza medidora carecen de importancia para Jesús, porque Él puede compensar cualquier cosa que falte.

¿Recuerdas cómo Pablo alardeaba de su debilidad en lugar de sus muchas fortalezas? Pablo sabía que cuando él era más débil, Dios era más poderoso (2 Corintios 12:9). Dios quiere que aprendamos a vernos las unas a las otras, y a nosotras mismas, desde la nueva perspectiva del reino. Si Dios llena una taza medidora con Él mismo, cualquier persona pequeña, cualquier don pequeño o cualquier servicio pequeño tiene una potencialidad ilimitada. Los "últimos" tienen posibilidades increíbles, no porque sean grandes, sino porque Dios lo es.

Pertenencia

Cuando era maestra de cuarto de primaria hubo momentos en los que un estudiante trataba a otro como si fuera inferior, justo enfrente de mí. No me refiero al matoneo agresivo, sino al empujón sutil o a una burla ligera. Suficiente para que "el primero" ponga al "último" en su lugar. Usé estas situaciones de manera estratégica corrigiendo el comportamiento en público y con gran firmeza.

Yo decía: "No, no te atrevas. Caroline es miembro valioso de esta clase, y no te atrevas *nunca* a tratarla con tanta falta de respeto. ¿Entiendes? Tienes que disculparte con ella ahora mismo".

Esto le daba a los estudiantes un par de ideas para pensar. Comunicaba a los que se consideraban "primeros" que en realidad yo no los veía como superiores. Y a los que se consideraban "últimos", les decía que yo no los veía como inferiores. Podían relajarse, asumir riesgos e incluso hacer tonterías, confiados en que nadie tenía permiso para burlarse de ellos ni para despreciarlos. No, no todos eran iguales. Pero sí, todos pertenecían y todos eran aceptados.

Es así como Jesús quiere que nos consideremos los unos a los otros. Por eso contó la historia de esa manera, para desafiar a las personas que se quejaron porque no se las trataba como "primeras", y para que las que sabían que eran "últimas" supieran que eran elevadas a una posición de dignidad. Sin importar cuándo llegamos al reino ni cuánto hemos logrado, esta es la verdad: nuestro Señor valora nuestro trabajo. Sin embargo, nuestro valor no *se deriva* de nuestro trabajo. Él nos ve no como "primeros" ni "últimos", sino como aquellos a quienes Él llamó, aquellos que le pertenecen. A cada uno nos ha dicho: "Vayan también ustedes a la viña" (Mateo 20:7, NBLA).

Amiga, sería un error sumar tu servicio para el reino usando la calculadora del mundo. Sería un error permitir que otros que se evalúan según las líneas medidoras definan el valor de tu servicio. Sueña con el día en el que el sol se ponga sobre tu obra en la viña. Puede que hayas dejado doce niños que siguen a Jesús, o un adolescente a quien discipulaste. Puede que hayas guiado a miles de personas a Jesús o que hayas sembrado unas pocas semillas. Puede que hayas servido durante cuarenta años en el campo misionero o unos pocos días en la guardería de la iglesia. Sencillamente, no sabes cómo Dios usará hasta el servicio más pequeño que hayas prestado.

ALGO GRANDE

Mi amiga Alicia Bruxvoort soñaba con hacer grandes cosas para Dios. Había usado todo su tiempo libre (que no era mucho, siendo madre de cinco niños pequeños) preparando el manuscrito de un libro por el cual oró para que Dios usara de manera espectacular.

Un día, abrió el sobre de otra respuesta de un editor más, que decía lo mismo que las demás: "Nos gusta como escribe. Nos gustan sus ideas. Pero debido a que su plataforma es pequeña, no creemos que pueda vender suficientes libros". Eso rebosó el vaso. Alicia rompió la carta en pedazos y la lanzó al piso, luego se desplomó y quedó sentada en medio de los trozos de papel. Con lágrimas en sus ojos, dijo: *¡Dios, me doy por vencida con este sueño!* Entonces ella lo escuchó decir: *Bien.*

¿Qué? Eso no es lo que ella quería oír. Ella le dijo: *Señor, ¡yo estaba haciendo esto por ti!* Pero sintió que Él le susurraba: *No lo creo.*

Esa noche, antes de acostarse, Dios dispuso que le llegara otro correo a Alicia. Era un correo electrónico de una joven madre llamada Callie que había asistido al grupo de madres al cual Alicia se había dirigido en una charla esa mañana.

Callie no había planeado estar allí. De hecho, ni siquiera era parte del grupo. Sin embargo, después de dejar a su hija en el preescolar, Callie pasaba por ahí en su auto y se percató del hermoso campanario de la iglesia. Y oró: "Dios, desearía saber que me amas realmente". Luego sintió que debía detenerse y entrar en la iglesia.

Callie todavía no podía creer que lo había hecho. Parecía una locura, pero estacionó y entró en el edificio, que estaba oscuro y en silencio. Ella casi se da vuelta para irse, pero en ese momento oyó voces y se dirigió hacia ellas. Se quedó en la parte de atrás del salón donde Alicia hablaba y les decía cuánto las amaba Jesús.

Callie se sentó a escuchar el mensaje tratando de no llorar. Ella sabía que Jesús había enviado a Alicia para demostrarle su amor por ella, y ahora le escribía a Alicia para contarle que, antes de irse de la iglesia, ella había vuelto a consagrar su vida a Aquel que la amaba realmente.

Aquella mañana, Alicia había conducido su auto durante treinta minutos para predicar en el sótano mohoso de una iglesia a un grupo de veinte mamás con quince bebés lactantes. Y ella había vuelto a casa con una planta en una maceta. No había sido un evento sofisticado. A Alicia le había parecido un servicio pequeño e insignificante, especialmente comparado con las cosas grandes que ella soñaba hacer para Dios. Con todo, Dios había tomado su pequeño acto de servicio y había hecho algo *grande* con él.

Amiga, ¿te consideras una de "las últimas"? ¿Te comparas y te preocupas porque no haces lo suficiente o porque tu obra para Jesús no da la talla? Siempre que te miras para compararte con otros, Jesús viene a ti y dice: *Deja de mirar a los demás. Deja de medirte con mis otros obreros. Tú estás aquí para servirme. Así que simplemente entrega aquello que tienes y recuerda que en mis manos todo es posible.*

≈ Relata una ocasión en la que te sentiste como "última" comparada con otros siervos de Cristo. ¿Cómo te sientes al saber que Dios reprende a cualquiera que diga que tu obra debería valer menos?

≈ Lee Juan 6:5-13. ¿Qué le pidió Jesús a Felipe? ¿Por qué? A veces Jesús pone nuestras limitaciones delante de nosotros como una prueba. ¿De qué manera pequeña o limitada te pide hoy Jesús que le sirvas? Escribe una oración, confiando en que Él multiplicará lo que tú das.

≈ Lee 2 Corintios 12:7-10. ¿Qué "aguijón" te impide hacer todo lo que quisieras hacer para Jesús? ¿De qué manera te ha impedido tu aguijón volverte presumida? Escribe el versículo 10 incluyendo en él tu aguijón personal. Ora para que esa verdad se cumpla.

Para meditar: 2 Corintios 12:9

Y me ha dicho: Bástate mi gracia; porque mi poder se perfecciona en la debilidad. Por tanto, de buena gana me gloriaré más bien en mis debilidades, para que repose sobre mí el poder de Cristo.

En las manos de Dios, aun el acto más insignificante de servicio puede ser multiplicado y usado en gran manera. Él no me ve como "primera" ni como "última", sino como una de las obreras que le pertenecen a Él. *Señor, ayúdame a dejar de mirar con actitud de superioridad a tus siervos, y a dejar de comparar. Te pido que manifiestes tu poder en mi debilidad.*

Capítulo seis

Comparar el estatus

A COMIENZOS DE MI VEINTENA, estaba llenando mi auto de combustible cuando vi a una amiga de la secundaria en el surtidor de al lado. Nos saludamos, y luego seguimos conversando mientras llenábamos el tanque. Luego, cuando me alejaba en el auto, caí en la cuenta de algo vergonzoso.

En ese breve intercambio que duró alrededor de un minuto y medio, yo había revelado detalles sobre mi nuevo empleo, mi nuevo auto y mi nuevo novio, que también tenía un excelente empleo y un lindo auto. No podía recordar haberle hecho una sola pregunta a aquella amiga acerca de su vida y, si había hecho alguna, no tenía ni idea de cuál había sido su respuesta.

En el tiempo que tomó llenar el tanque de mi auto, yo había intentado alardear de mi estatus con tal arrogancia que daba náuseas. Décadas después, todavía siento la desazón. ¡Qué horrible e inapropiado había sido mi egocentrismo! ¡Cuánto necesito a Jesús para librarme de la tiranía del yo!

A medida que estudiemos acerca de los discípulos en algunas de sus últimas interacciones con Jesús, su obsesión con su propio estatus es igualmente inapropiada. Sin embargo, cuando ponemos nuestros ojos en Jesús, que en humildad vació su taza, encontramos la inspiración y la dirección que necesitamos para seguir adelante.

Lección 1: Igualdad de oportunidades
Lee Marcos 9:33-37 (NBLA)

HAYLEY SIEMPRE ha luchado con un sentimiento de inferioridad respecto a su hermana menor. Mari es decidida, exitosa y hermosa. Es médico y está casada con un abogado. Tienen cuatro hermosos hijos, viven en una casa espectacular y conducen autos nuevos. Hayley ama su vida, pero reconoce que es mucho más sencilla. Su personalidad es más callada, y se contenta con quedarse en casa con sus dos hijos. Hayley y su esposo, que es electricista, tienen una casa más modesta y conducen autos usados.

Cuando Hayley era niña, su papá ayudaba a Mari a entrenar sóftbol, pero a Hayley no le llamaban la atención los deportes. Ella no tenía ninguna cualidad destacable y se preguntaba: *Papá, ¿te das cuenta de que yo también existo?*

Hace poco, Hayley escuchó de lejos que su papá le hablaba a alguien acerca de la casa nueva y del nuevo trabajo de Mari. Cuando la persona de la conversación le preguntó acerca de Hayley, él dijo: "Ah, Hayley está bien. Ella está en casa cuidando a sus hijos". Entonces se dio cuenta de que las cosas siempre iban a ser iguales. La brecha que existía entre el estatus de Mari y el de ella solo iba a aumentar, al igual que la inclinación de su padre por Mari.

El estatus se alcanza cuando superas a alguien. De algún modo logras ser "mejor" que otros. No se trata necesariamente de tener más, sino de mostrar que *eres* más. Lo que tienes, lo que haces, o lo que has logrado nada más son la evidencia de ello. El estatus no puede lograrse en una isla desierta. Es preciso que haya otras personas alrededor, y necesitas estar a la altura.

¿Te sientes, como Hayley, superada por alguien en el trabajo, en tu familia, en tu vecindario o en la iglesia? ¿Tu vida parece pequeña en comparación con la de esas personas? Escucha atentamente, porque Jesús tiene algo que Él quiere que tú sepas acerca del reino revolucionario.

¿Quién es ahora el más grande?

Un día, en el camino a Capernaúm, los discípulos de Jesús se enredaron en una gran discusión acerca de quién era el más importante. Era el equivalente a poner sus tazas medidoras una al lado de la otra y discutir qué taza estaba más llena de importancia. No se nos dice qué inició la disputa, pero, como mujer que se compara, tengo una teoría al respecto.

Al principio del mismo capítulo encontramos la historia en la cima de la montaña, donde Jesús dejó a un lado su humanidad y reveló su gloria resplandeciente (Marcos 9:2-10). Pero no todos los discípulos lo vieron. Solamente los tres que fueron invitados y, aunque Jesús les prohibió hablar acerca del asunto, es probable que esto no les hubiera impedido hacer gestos o comunicar mediante el lenguaje corporal lo increíble que había sido la experiencia. La Biblia no relaciona ese acontecimiento con la discusión de los discípulos en el camino a Capernaúm, pero no resulta difícil imaginar cómo la exclusividad de aquel asombroso suceso pudo haber provocado entre los doce un debate acerca de "¿quién es el más importante?".

En casa, Jesús preguntó cuál había sido la discusión de ellos en el camino a Capernaúm, pero los discípulos no dijeron nada. Ellos sabían que su comportamiento había sido inapropiado. Era obvio que se habían enfocado en las líneas medidoras, no en la boca de la taza por donde fluye la entrega.

La comparación instructiva: "Si alguien desea ser el primero, será el último de todos y el servidor de todos" (Marcos 9:35, NBLA).

En respuesta al silencio de ellos, Jesús se sentó y refirió otra comparación instructiva: "Si alguien desea ser el primero, será el último de todos y el servidor de todos" (Marcos 9:35, NBLA). Observa que Jesús no criticó a los discípulos por querer ser importantes; simplemente redefinió lo que eso significa. En el reino, los más importantes no son los que han alcanzado un estatus de primer lugar, sino los que eligen ser los últimos.

En nuestro mundo, lo natural es querer el primer lugar, ocupar el primer lugar, ser escogido el primero. Queremos la taza medidora que está llena hasta el borde. Sí, somos conscientes de que hay puestos limitados en la cima, pero eso solo los hace más codiciables.

Nos esforzamos en nuestro intento por superarnos y por superar a los demás, con el objetivo de lograr el estatus de primer lugar.

En cambio, en el reino de Jesús es todo lo contrario. No estamos sometidas a un sistema estratificado que determine nuestro estatus y nos obligue a superar a otros o destacarnos en medio de una multitud. Todas podemos alcanzar la grandeza siempre, si tan solo elegimos ser últimas, no primeras.

MEDALLISTAS DEL PODIO MÁS BAJO

Piensa en los Juegos Olímpicos, donde los ganadores de medallas de oro se sitúan orgullosamente en el podio más alto, lo cual evidencia su estatus al distanciarse de los otros competidores.

En el reino de Jesús es todo lo contrario. Los "primeros" se agrupan en un espacio amplio en la parte inferior. Estos "primeros" están dispuestos a servir a todos, grandes y pequeños. Son los "últimos" quienes luchan por ocupar el podio más alto. Al tratar de destacarse por encima de los que parecen pequeños, estos "últimos" se autoexcluyen de la recompensa.

Jesús quería que sus discípulos vieran que, en el reino, la grandeza no es un asunto de estatus. No se logra por convertirse en el único que se sitúa en el podio más alto. Se trata más bien de ser uno entre los muchos que se encuentran en la parte inferior, donde todos caben. Él les enseñó: "Si alguien desea ser el primero, será el último de todos y el servidor de todos" (Marcos 9:35, NBLA). Observa la palabra "todos". El último de *todos*. El servidor de *todos*. La grandeza en el reino es todo menos exclusiva. Para aclarar lo que quería decir, Jesús usó una lección objetiva cuyo protagonista era, de entre *todos* en ese lugar, el más pequeño.

Tomó un niño, probablemente un bebé o un niño pequeño de una de las familias presentes, y lo puso en medio de los doce hombres. ¿Lloró el niño? Yo creo que sí, teniendo en cuenta que estaba rodeado de doce extraños. Con ello, Jesús creó una necesidad, para luego abrir sus brazos para suplirla, en sentido literal. Tomó al bebé y lo sostuvo en sus brazos.

Su mensaje fue: "¿Quieren ser importantes? Vean cómo se logra". Entonces tomó un bebé. Y demostró que en el reino los importantes no son los que ocupan el primer lugar del podio y se comparan con los que están abajo. Son los que están abajo, *inclinados* y con las necesidades de otros en sus brazos.

Hoy día, si Jesús reuniera a los pastores y líderes más influyentes de nuestros días y llevara a cabo un entrenamiento acerca de la grandeza, yo creo que haría lo mismo. "¿Quieren ser importantes?", preguntaría. Entonces, les mostraría cómo serlo inclinándose y tomando a un bebé en sus brazos.

El estatus de mamá

Un año, en la época en la que mi hijo jugaba fútbol, alguien mencionó que otra madre del equipo era médico. De inmediato, cambió la opinión que yo tenía de ella. Respondí: "¡Oh! No sabía que era *médico*". Yo pensaba que solo era una mamá, como yo.

En todos mis años de ser madre, nadie, después de conocerme por un tiempo, ha dicho: "¡Oh! No sabía que eras *mamá*". La maternidad no me ofrece de manera automática un estatus en el mundo. En cambio, en el reino revolucionario de Jesús, donde los importantes se inclinan y sirven, la maternidad ofrece, de hecho, multitud de oportunidades.

Jesús no estaba diciendo que cuidar niños fuera la única manera de ser importante. Eso no fue lo que los discípulos buscaron hacer a partir de ese momento. Sin embargo, al tomar a un bebé para demostrar grandeza, Jesús dejó muy claro que, en el reino, "grandeza" y el cuidado de los pequeños, ya se trate de niños en sentido literal o quienes son considerados "pequeños", no se excluyen mutuamente.

¿Has tomado hoy a un bebé en tus brazos? ¿Has pasado temporadas de tu vida tomando bebés en tus brazos? ¿Has dedicado décadas sirviendo a tu familia o atendiendo a familiares con necesidades especiales o una salud deteriorada? Puede que en el mundo estos no parezcan logros que merezcan una medalla de oro. Pero en la economía celestial de Jesús, los que sirven son los importantes. Pasar el día recibiendo niños en tus brazos por causa de Cristo no te hace ganar estatus; te convierte en aquel "primero", la ganadora de una medalla de oro en el podio más bajo.

Recibir a los bebés

Como mujeres, fuimos diseñadas por Dios con la capacidad única de "recibir a un niño", no solo en nuestros brazos sino en nuestro vientre. Aunque es una manera hermosa de servir a otro ser humano, también es muy costosa. Algunas dirían que demasiado costosa.

En la época en la que me ocupaba de pañales apestosos y mentones babeados, leí un artículo escrito por la filósofa Linda Hirshman, quien, en respuesta al rechazo que recibía, escribió: "Al parecer, todos empezaron a odiar a Linda cuando publiqué un artículo... diciendo que las mujeres que renuncian a sus trabajos para quedarse en casa con sus hijos cometían un error. Peor aún, dije que las tareas del cuidado del hogar y de la crianza de los hijos no merecían el tiempo y los talentos de seres humanos inteligentes y educados".[1] Tal vez a Linda le sorprendió recibir correos de repudio, pero yo no. Mientras imaginaba cómo Linda me miraba con repulsión desde su pedestal por ser una mujer con educación universitaria que cambia otro pañal, me consoló saber que Jesús viera mi trabajo de una manera diferente.

El modelo de grandeza de Jesús libera a las mujeres para considerar la maternidad como una opción viable para una vida satisfactoria, no un simple obstáculo que puede anular por completo a la mujer. Jesús dice que cuando recibimos a los niños en nuestros brazos, en nuestro regazo o incluso en nuestro cuerpo, recibimos a Dios mismo (Marcos 9:37) y gozamos de comunión con Él y de su cercanía. Hay incluso un sentido en el cual, a través del embarazo, esto se cumple en sentido literal, ya que cada bebé es portador de la imagen de Dios.

Ahora bien, es obvio que Dios no nos llama a todas a tener hijos. Ana, Miriam, Débora y Marta sirvieron a Dios de manera extraordinaria, pero (muy probablemente) no a través de la maternidad. Además, Dios tampoco nos llama a tener el mismo número de hijos. Sara solo tuvo uno.

Una vez, una mujer mayor de mi iglesia me dijo que, como esposa piadosa, yo debería tener todos los bebés que mi cuerpo fuera capaz de producir, entre catorce y dieciocho hijos. Amigas, puedo decirles que no fue la búsqueda de estatus lo que me impidió tener dieciocho hijos, ¡sino la búsqueda de la cordura! Debemos ser cuidadosas a la hora de imponer a otra mujer lo que significa para ella "servir a Dios", especialmente teniendo en cuenta que con frecuencia Jesús nos conduce en direcciones

---

1. Linda Hirshman, "Unleashing the Wrath of Stay-at-Home Moms", *Washington Post*, 18 de junio de 2006, http://www.washingtonpost.com/wp-dyn/content/article /2006/06/16/AR2006061601766.html.

muy diferentes. Puede que Él invite a una de nosotras a servírle dando a luz a dieciocho hijos, y a otra a servirle en formas completamente *diferentes* de la maternidad. La maternidad no es la única manera de alcanzar la grandeza en el reino, pero sí *es* una de ellas. Eso es lo que quiero decir.

Antes de que sigamos, permíteme hablar con ternura a la mujer que desea servir al Señor formando una familia y que, por alguna razón, no puede hacerlo. Te ruego que no dejes que el enemigo use la Palabra de Dios para moverte a celos por medio de la comparación. Querida hermana, ¡tú tienes tantas oportunidades como cualquier mujer para alcanzar la grandeza en el reino de Dios! Nada, absolutamente *nada*, te impide lograr una vida digna de una medalla de oro en el amplio espacio de la base del podio.

Piensa en Jesús. Sí, Él cargó muchos bebés en sus brazos, pero no tuvo hijos propios. ¿Te atreverías a decir que la vida de Jesús fue menos importante porque no tuvo hijos? Te ruego asimismo que no afirmes tal cosa respecto a la tuya.

El reino de Jesús ofrece igualdad de oportunidades para las mujeres en el sentido más verdadero. Ninguna mujer está excluida de ninguna oportunidad, porque cada una puede alcanzar la grandeza dondequiera que puede servir. Esto puede llevarse a cabo detrás de un elegante escritorio en una oficina ubicada en un rascacielos. También puede llevarse a cabo en una cocina sucia y desordenada con niños llorando.

Amigas, cada vez que nos inclinamos a servir, buscamos el avance del reino. Y cada vez que abrimos nuestros brazos para recibir a alguien "pequeño", recibimos a Jesús y a Aquel que lo envió (Marcos 9:37).

≈ Escribe Marcos 9:35, resaltando con letras grandes la palabra "todos". Dibuja unas personas "grandes" y ponles los nombres de varias personas a quienes consideras "pequeñas". Ahora dibuja una persona pequeña, que te represente a ti, y anota una manera en que tú puedes servir a cada una de ellas.

≈ Lee el cántico que entonó María en Lucas 1:46-55, con el bebé Jesús en su vientre, después de saludar a Elisabet. ¿Cuál es la respuesta de María a este embarazo (vv. 46-49)? Anota lo que dice María acerca de los métodos revolucionarios del reino (vv. 51-53).

≈ Lee Filipenses 2:3-4. Haz una lista de maneras en las puedes estimar "a los demás como superiores a [ti] mism[a]" (v. 3). Ahora, titula tu lista "Igualdad de oportunidades para alcanzar grandeza". Marca con una estrella los servicios que tú quieres llevar a cabo con gran entusiasmo.

Para meditar: Marcos 9:35 (NBLA)

Si alguien desea ser el primero, será el último de todos y el servidor de todos.

En el reino de Jesús, ninguna mujer está excluida de ninguna oportunidad, puesto que toda mujer puede alcanzar la grandeza dondequiera que ella sirve. *Señor, ayúdame a ser sierva de todos, a no excluir a nadie, y a invitarte a estar cerca de mí.*

Lección 2: Hacerme pequeña
Mateo 18:1-4 y Filipenses 2:1-11

MI ESPOSO HABÍA estado trabajando pocos meses en una compañía mayorista internacional de distribución de alimentos cuando asistimos a la fiesta anual de Navidad. Yo estaba en la entrada del edificio mientras mi esposo entregaba nuestros abrigos, cuando observé a un hombre mayor que parecía esperar a alguien. Lo saludé, y él conversó conmigo amablemente, preguntándome cuál era el cargo de mi esposo y nuestros planes de vacaciones.

Mientras hablábamos, me di cuenta de que aquel hombre parecía conocer *a todos los presentes*. A medida que llegaban los invitados, él levantaba la mano y saludaba, y luego volvía a centrar su atención en mí. También me di cuenta de que, aunque las personas saludaban alegremente, ninguna se acercaba para conversar. Era como si hubiera un anillo invisible alrededor de este gentil caballero y yo. Ya avanzados en nuestra amigable conversación, me fijé en la etiqueta con su nombre. Estaba hablando con John Gordon, uno de los propietarios de la compañía. Más exactamente, yo estaba acaparando a John Gordon, y él me estaba tratando con la máxima deferencia y atención.

En ese instante, me disculpé con mi rostro sonrojado, y me comporté como todos los demás que expresaban honra al no acaparar al hombre que había convocado la fiesta.

Si me preguntas nombres de familias de gran estatus en mi comunidad, la familia Gordon encabezaría la lista. John Gordon es uno de los empresarios más adinerados, influyentes y respetados en West Michigan. Y, de algún modo, su amabilidad hacia mi humilde persona lo hizo parecer aún más importante, ¿no te parece? Eso es lo que produce la humildad. En lugar de menoscabar la grandeza de alguien, la humildad la amplifica. Hace a las personas aún más importantes.[2]

EL PREMIO AL DISCÍPULO MÁS IMPORTANTE

A lo largo de su vida, los discípulos se habían aferrado a la promesa de un Mesías. Un rey que vendría y liberaría a su pueblo... lo cual significaba obviamente acabar con la opresión romana. ¡Y ahora el rey había llegado! Las profecías que antes parecían vagas ahora se convertían en vívidas imágenes mentales. Pronto las calles estarían libres de soldados romanos que los miraban con desprecio y los hacían sentir inferiores. Pronto los impuestos romanos ya no reducirían sus ingresos. Los discípulos podían ver a sus padres, hermanos, esposas e hijos en reuniones como hombres libres, levantando ramos delante de Jesús sentado en su trono. Sus corazones se inflamaban de emoción cada vez que pensaban en todo ello.

No obstante, había un problema. Ellos no sabían con exactitud cómo *ubicarse* en esta imagen mental. ¿Cuál de ellos tenía el estatus más elevado? ¿A quién se le asignarían los codiciados tronos a la derecha y a la izquierda de Jesús? Ellos se planteaban estas preguntas y, al parecer, lo hacían en voz alta, lo cual desencadenó aquella discusión en el camino a Capernaúm.

En el relato de Marcos, que vimos la última vez, los discípulos se quedaron callados cuando Jesús les preguntó qué habían estado discutiendo. Sin embargo, según el relato de Mateo, parece que alguien rompió el silencio y pidió a Jesús que resolviera el asunto. Pregunta-

---

2. John Dickson, *Humilitas* (Grand Rapids: Zondervan, 2011), 29.

ron: "¿Quién es el mayor en el reino de los cielos?" (Mateo 18:1). Ellos no esperaban saber cómo *llegar a ser* importantes; ellos querían saber quién *era* el más importante en ese momento. *¿Quién se destaca por encima de los demás, Señor? ¿Cuál de nosotros tiene el rango más elevado? Si tuvieras que elegir ahora mismo....*

Recuerdo cómo mis hijos pequeños solían buscarme cuando querían que yo resolviera sus peleas. Ellos se paraban frente a mí, dándose codazos o pequeños empujones, y se interrumpían cada frase para poder terminar su propia versión de la historia. Siempre querían que yo tomara partido por uno de ellos, no por los dos. Por mi parte, yo solo quería que ellos se amaran. Si mantenían esa rivalidad, ambos saldrían heridos.

Así se sintió Jesús respecto a sus discípulos. Cuando acudieron a Él para pedirle que les diera el nombre del "discípulo más importante", ninguno de ellos trataba de rebajarse y ser pequeño. Se abrían camino a codazos para reclamar la grandeza del podio más alto. De modo que Jesús los confronta, y lo hace con un bebé sentado en sus rodillas.

SER GRANDE, SER PEQUEÑO

En la última lección vimos cómo Jesús demostró la grandeza al tomar en sus brazos a un bebé. Esta vez, Jesús amplía la lección objetiva declarando que los discípulos deben volverse *como* el bebé que tiene en sus brazos: "Les aseguro que a menos que ustedes cambien y *se vuelvan como niños*, no entrarán en el reino de los cielos. Por tanto, el que se humilla *como este niño* será el más grande en el reino de los cielos" (Mateo 18:3-4, NVI).

¿Viste eso? En una habitación llena de hombres compitiendo por estatus, Jesús señala a un bebé y dice: "Sean como este pequeño". Cualquiera que se humilla como un niño es el más grande en el reino de los cielos.

Cuando mis hijos eran pequeños, yo usaba una puerta de bebés para mantenerlos en el área de la cocina. Cuando Ken llegaba a casa del trabajo, ellos corrían a esa puerta y alzaban sus brazos hacia él. No trataban de pasar por encima de la puerta ni de buscar otra salida. Simplemente miraban a su papá del otro lado y levantaban sus brazos.

Cuando nos acercamos a la puerta del cielo, es así como Jesús dice que debemos venir, como niños. Sin egos, sin credenciales. Sin abrirnos camino empujando a otros para reclamar el trono más prestigioso. Simplemente como niños necesitados que levantan sus brazos al Padre, conscientes de que nada más se puede hacer.

Cuando presento mis rivalidades con otros a Jesús, lo que menos deseo escuchar es que me mande volverme pequeña. Mi intención es hacerme notar, no encogerme. La idea es que me escuchen, no que me silencien.

A decir verdad, cuando me siento amenazada por alguna persona que intenta robarme mi trono, lo que realmente quiero que Jesús haga es que ponga sus manos sobre mis hombros y amablemente infle mi ego, diciendo: "Shannon, Shannon... ¡Mira tus dones! ¡Mira cuán especial eres! Piensa en todas tus contribuciones tan únicas. ¡Te necesitamos en este equipo!". Sin embargo, cuando Jesús responde a sus celosos discípulos con su cara roja de enojo, Él no hace nada parecido.

Como hemos observado antes, es inútil responder a un problema de egocentrismo con más egocentrismo. De modo que en lugar de recordar a los discípulos que cada uno es escogido, elegido y tiene una obra importante por hacer, lo cual es cierto y es lo que tal vez habrían preferido escuchar, Jesús les responde lo que ellos necesitan oír.

Jesús pasa a hablar más específicamente y declara: "Les aseguro que a menos que ustedes cambien y se vuelvan como niños, no entrarán en el reino de los cielos" (Mateo 18:3, NVI). ¡Esto suena muy drástico! Jesús dice a sus doce escogidos que a menos que abandonen sus aspiraciones de ser los más grandes y empiecen a volverse pequeños, pueden olvidarse de subir al nivel de grandeza del reino. Peor aún, ni siquiera lograrán *entrar*. ¿Hay acaso una consecuencia más drástica?

Este juego de comparación que los discípulos sostienen está cubierto de grafitis que dicen: "Satanás estuvo aquí". Su rivalidad celosa y su ambición egoísta indican que han escuchado la sabiduría terrenal, no la sabiduría de lo alto (Santiago 3:14-15). Jesús quiere que sus amigos sepan que hay una apuesta arriesgada con repercusiones eternas. Y, antes de que descartemos la advertencia de Jesús, debemos recordar que eso fue exactamente lo que hizo Judas.

Amiga, detente un momento y haz un examen cuidadoso. ¿Estás viviendo conforme a la sabiduría de este mundo? ¿Ansías lograr estatus y tratar de llenar tu taza medidora para demostrar no solo que tienes más, sino que *eres* más? Algunos de los versículos más escalofriantes de la Biblia son advertencias para quienes se consideran discípulos, pero oirán a Jesús decirles: "Jamás los conocí. ¡Aléjense de mí, hacedores de maldad!" (Mateo 7:23, nvi).

Sabemos que nadie es expulsado del reino por causa de lo que hizo o no hizo (Romanos 11:6). Sin embargo, Jesús denuncia abiertamente los rasgos que tienen en común estas personas engañadas. Son aquellas que no se inclinaron. No sirvieron. Ni siquiera tuvieron ojos para ver a los necesitados (ver Mateo 25:31-46). ¿Tal vez estaban demasiado ocupadas abriéndose paso a codazos para reclamar el estatus más elevado? Queridas amigas, que esto nunca se diga de ti ni de mí.

Hacerse pequeño

A menudo hablamos acerca de "ser humillado" como algo que nos *sucede* desde fuera. No obstante, existe una gran diferencia entre ser humillado contra nuestra voluntad y elegir voluntariamente humillarnos. Dios se deleita en la *elección* de ser humilde, de vivir con generosidad y en función de la entrega, no en la comparación y la ambición personal.

La humildad es la elección de vernos a nosotras mismas como pequeñas. Es el yo que se hace "pequeño",[3] pero, para dejarlo claro, no es el menosprecio del yo. **La persona humilde no renuncia a su propia dignidad.** No finge que su taza medidora está más vacía de lo que en realidad está. Humillarnos no significa dejar de hacer aquellas cosas para las cuales estamos capacitadas o dotadas, ni empezar a negar los dones y recursos que llenan nuestras tazas. No es así como Jesús se humilló a sí mismo.

Jesús nunca negó que Él era el Hijo de Dios ni que tenía autoridad y poder. Él no negó su grandeza y dignidad, pero sí *se hizo* pequeño. Cuando Jesús exhortó a los discípulos a humillarse a sí mismos y a

---

3. Frederick Dale Bruner, *Matthew: A Commentary, Volume 2: The Churchbook, Matthew 13–28*, ed. rev. (Grand Rapids: Eerdmans, 2004), 211.

volverse pequeños como el bebé sentado sobre sus rodillas, Él podría haber añadido: "como yo lo he hecho".

Volverse un bebé

A mí me encantan los bebés, pero no puedo imaginarme *convertirme* en uno. ¿No poder sostener mi cabeza? ¿Necesitar pañales y ser llevado a todas partes? ¿Recibir en la boca cucharadas de zanahorias en puré? En los capítulos finales de mi vida nada de esto será extraño. Pero ¿elegirlo? Eso *sí* que suena extraño. No me cabe en la cabeza que yo prefiera que alguien limpie la saliva que escurre por mi barbilla o me dé un baño.

Sin embargo, ¡esto es lo que Jesús, el ser más grandioso de todo el universo, estuvo dispuesto a elegir! Y Él no hizo esta elección de volverse un bebé siendo hombre; hizo la elección siendo *Dios*.

Para Jesús, no existe una sola fotografía del Hubble que revele algo desconocido. Ninguna investigación va a demostrar jamás algo que Él no conozca. Ningún avance le parecerá jamás revolucionario a Jesús, porque Él tenía todo en mente cuando creó nuestro universo por medio de su palabra.

Este es el Rey que eligió dejar la gloria del cielo, rodeado por doquier de la adoración angelical, para encogerse hasta el diminuto tamaño de un embrión. *Este* es el Rey que fue llevado en las caderas de su madre adolescente. *Este* es el Rey que dejó a un lado su inteligencia sin par para aprender carpintería de su padre adoptivo.

Antes de que el Rey Jesús invitara a alguien a su reino revolucionario, Él mismo encarnó su mensaje revolucionario. Él se despojó de estatus y se hizo pequeño sirviendo a otros en vez de exigir ser servido. Jesús llegó incluso a humillarse muriendo en la cruz, el acto más extraordinario de humildad que el mundo haya conocido jamás. Y, precisamente, en virtud de la suprema humildad de Jesús, Dios lo exaltó hasta lo sumo (Filipenses 2:8-9).

Nuestro Dios ama la humildad. Cuando Jesús advirtió a sus discípulos que dejaran de buscar el estatus de "discípulo más importante" y en cambio buscaran la humildad, lo hizo porque Él quería que ellos gozaran del favor de Dios y la multiplicación de las bendiciones del cielo. Cuando Jesús se encogió en el vientre de María, Él se despojó de estatus, pero no de grandeza. Su humildad solo magnificó aún más su grandeza. Esto puede también ser cierto de ti y de mí, de los discípulos de Jesús. Yo me vuelvo más grande y más honorable solo en la medida en que me convierto en la persona más pequeña dondequiera que estoy.

≈ Escribe o imprime Filipenses 2:5-10. Encima de las palabras que indican humildad o "hacer pequeño" el yo, traza una flecha que señale hacia abajo, y encima de las palabras que hablan acerca de expansión o magnificación, traza una flecha que señale hacia arriba.

≈ Imagínate a ti misma en varios lugares: en casa, en el trabajo, en la iglesia y en otras situaciones. Dibuja en tu diario recuadros que representen cada uno, y pide a Dios que te revele formas específicas en las que Él quiere que tú te conviertas en la persona más pequeña en ese lugar. Anota tu compromiso dentro de cada recuadro.

≈ Como "ovejas" seguiremos el ejemplo de Jesús humillándonos a nosotras mismas y sirviendo a otros. Lee Mateo 25:31-46 y haz una lista de las seis cosas que hicieron las ovejas, según aparecen en los versículos 35-36. ¿Has hecho algunas de ellas? ¿Cómo podrían estas actividades evidenciar tu humildad? ¿Cómo te invita Dios a responder?

Para meditar: Mateo 18:4

Así que, cualquiera que se humille como este niño, ese es el mayor en el reino de los cielos.

Humildad no significa fingir que mi taza medidora está vacía ni renunciar a mi dignidad. Ser humilde es despojarme de cualquier estatus y volverme la persona más pequeña dondequiera que estoy. *Señor, ayúdame a volverme "más grande" conforme "hago pequeño" mi yo, en humildad.*

Lección 3: Petición de privilegios

Lee Mateo 20:20-28

En 2006, la familia Barrick sufrió un accidente a causa de un conductor ebrio que los estrelló de frente a más de 120 kilómetros por hora. No se esperaba que sobreviviera su hija Jen, de quince años, pero después de una serie de cirugías, lo logró. Ahora Jen vive con una lesión cerebral que ha alterado su vida para siempre, pero en un sentido positivo. Antes del accidente, Jen había orado a Jesús en lo secreto para que Él la ayudara a ser valiente. Hoy día ella habla acerca de Él con denuedo y deleite frente a miles de personas, contando los milagros que Dios ha hecho.[4] Yo he estado en medio del público al que se dirige y la escuché orar: "¡Contigo, Papito, sabemos que lo mejor está por venir!".

Este año tuve el privilegio de encontrar a Jen y a Linda, su mamá, en una conferencia. Con ternura, Linda dijo a un pequeño grupo: "¿Por qué no buscamos un lugar para orar juntas?". Así que detrás de una cortina nos pusimos de rodillas y elevamos nuestras peticiones a Dios. Allí reunidas, yo dije al Señor que yo quería lo que tenía Jen, su gozo ardiente y su confianza absoluta. Sin embargo, confesé que no quería el sufrimiento que había llevado a Jen a tener un enfoque tan puro y una mente completamente centrada en el cielo.

En algún punto, oré: "Señor, te entrego todo lo que más amo. Incluso mis hijos...". Mi voz se quebrantó al pensar en todo lo que la familia Barrick había sufrido, y mis palabras se fueron apagando, pero Linda continuó con fortaleza y gozo, orando: "pero Señor, sabemos que tú no nos has dado un espíritu de temor. ¡No tenemos nada qué temer cuando tú estás con nosotras!".

Fue un recordatorio hermoso de una madre que ha renunciado a muchos sueños para su familia y que ha soportado lo que ninguna de nosotras escogeríamos jamás, pero que ha salido del fuego con un corazón lleno de asombro y de gozo.

---

4. Ver Linda Barrick, *Miracle for Jen* (Carol Stream, IL: Tyndale, 2013) y *Oraciones de esperanza* (Grand Rapids: Portavoz, 2019).

Una madre de rodillas

Hay otra mamá que cayó de rodillas ante Jesús un día en el camino a Jerusalén. Se trata de Salomé, la madre de Santiago (Jacobo) y Juan, que vino a presentar una petición.

A todas luces, Salomé amaba al Señor y se enorgullecía de que sus hijos lo siguieran. Y su firme convicción de que Jesús se sentaría un día en el trono de David era la evidencia de una fe hermosa. Sin embargo, me temo que las intenciones de Salomé, cuando se puso de rodillas, no eran hacerse pequeña delante de Jesús. Ella tenía en mente más bien lo contrario.

"Ordena que en tu reino se sienten estos dos hijos míos, el uno a tu derecha, y el otro a tu izquierda" (Mateo 20:21). Salomé quería que sus hijos fueran reconocidos, importantes e influyentes, y que tuvieran acceso directo a Jesús. Ella quería que alcanzaran grandeza, pero entendió mal lo que *era* grandeza. Al igual que sus hijos, ella pensó que la grandeza suponía ser más importante *que* los demás. Como sucede a las mujeres que nos comparamos, la perspectiva de Salomé estaba distorsionada por el mundo en el que vivimos, que está obsesionado con la competencia. Más aún, Salomé intentaba usar su "influencia de tía" para ganar estatus.

Si comparas las anotaciones acerca de las tres mujeres que estaban a los pies de la cruz de Jesús, te darás cuenta de que Salomé es hermana de María, la madre de Jesús (Juan 19:25). Esto significa que ella es, para Jesús, la tía Salomé, y que Santiago y Juan son sus primos.[5] De modo que no se trata de una extraña que se arrodilla para hacer una petición. Es una mujer que trata de usar su "influencia" para pedir privilegios para sus hijos.

Y esto es lo que Jesús responde a la tía Salomé: "Ustedes no saben lo que están pidiendo" (Mateo 20:22, NVI). Dijo esto porque ella se imaginaba tronos y honra, no cruces y prisiones para sus adorados hijos.

Todas las mamás tenemos anhelos similares para nuestros hijos. Vemos sus dones y su capacidad como nadie más, y soñamos con las maneras en que Dios podría usarlos para su gloria. No obstante, cuando rogamos a Dios que haga importantes a nuestros hijos, como

---

5. *ESV Study Bible* (Wheaton, IL: Crossway Bibles, 2008), 1863.

Salomé, se entremezclan nuestros propios deseos de grandeza. Lo mismo es cierto con respecto a nuestros nietos, discípulos y amigos. Conectamos nuestro éxito con el estatus de ellos.

Cuando nos arrodillamos para pedir algo para nosotras mismas o para otros, presentando a Jesús nuestras peticiones de grandeza en el reino, somos un poco como Salomé. No sabemos lo que pedimos. Porque en el reino, cuando Dios llama a una persona a una grandeza extraordinaria, Él primero vacía su taza medidora de maneras extraordinarias.

El camino hacia arriba va en descenso

Después de responder a Salomé, Jesús lanzó una pregunta a Santiago y a Juan: "¿Pueden acaso beber el trago amargo de la copa que yo voy a beber?". Ellos dijeron: "Sí, podemos" (Mateo 20:22, NVI). Pero dado que ellos no sabían lo que habían pedido, tampoco sabían lo que habían respondido.[6]

Jesús, que se había sometido a limitaciones humanas, les dijo que Él no podía garantizarles asientos específicos en el cielo, pero sí sabía una cosa: su sufrimiento precedería a su gloria. Justamente de eso había estado hablando.

En el camino a Jerusalén, Él había tomado aparte a sus discípulos para una lección objetiva, diciendo: "He aquí subimos a Jerusalén" (Mateo 20:18). Sin embargo, Jesús quería que sus discípulos comprendieran que, en el reino, el camino hacia arriba van en descenso. Tan pronto llegaron a Jerusalén, Él fue burlado, azotado y crucificado. Y al tercer día resucitó.

Jesús usó un lenguaje claro y sincero. Les estaba enseñando los métodos revolucionarios del reino poniéndose a sí mismo como ejemplo. Sí, Jesús iba a levantarse de los muertos, pero no antes de haber descendido hasta el sepulcro. Sí, Él iba a ascender al trono más alto, pero no antes de ser humillado en extremo en la cruz (Filipenses 2:8-9). En el reino, el camino hacia arriba siempre va hacia abajo. ¿Lo entendieron ellos?

---

6. Matthew Henry, *Matthew Henry's Commentary on the Whole Bible* (Peabody, MA: Hendrickson, 1991), 289.

Entonces aparece Salomé en uno de los momentos más inoportunos. Por alguna razón, ella pensó que ese era el momento adecuado para preguntar: "¿Pueden mis muchachos ser elegidos para ocupar los dos tronos más prestigiosos?".

¡Ay, Salomé, cómo me identifico contigo! También he oído la historia de la cruz y le he dicho a Jesús que estoy lista para seguirlo. Y también me he puesto de rodillas para rogarle que mis hijos sean importantes en el reino. Tal vez Dios *escoja* a uno de mis hijos para sus grandes propósitos, pero, si eso es así, irá acompañado de una copa de sufrimiento amargo que tendrá que beber. Cuando me presento delante de Jesús con mirada ilusionada, diciendo: "¿Puede mi hijo ser elegido para ser importante en el reino?", es evidente que, al igual que Salomé, no tengo ni idea de lo que estoy pidiendo.

UNA COPA DE SUFRIMIENTO

Ninguno de los discípulos anhelaba sufrir. Ninguno ansiaba beber la copa que Jesús estaba a punto de beber. Desde luego que Santiago y Juan no querían eso. Incluso Jesús, la noche que fue traicionado, oró: "Padre mío, si es posible, pase de mí esta copa; pero no sea como yo quiero, sino como tú" (Mateo 26:39).

La comparación instructiva: "El que quiera ser el primero deberá ser esclavo de los demás; así como el Hijo del hombre no vino para que le sirvan, sino para servir" (Mateo 20:27-28, NVI).

A un lado del camino a Jerusalén, con la tía Salomé de rodillas y sus primos prometiendo osadamente seguirlo hasta el final más amargo, solo Jesús podía ver lo que les deparaba el futuro. ¿Querían realmente Santiago y Juan ocupar el lugar a su derecha y a su izquierda? Porque esos lugares iban a ser ocupados por dos hombres que colgarían cada uno en una cruz. La cruz de Jesús precedió su trono. Su copa amarga precedió a la gloria. Una vez más, para ayudarles a entender el reino, Jesús presentó otra comparación instructiva: "El que quiera ser el primero deberá ser *esclavo* de los demás; así como el Hijo del hombre no vino para que le *sirvan*, sino para *servir* y para dar su vida en rescate por muchos" (Mateo 20:27-28, NVI).

Jesús, su líder, había venido a servir. Estaba a punto de tomar un camino con un drástico y empinado descenso. En poco tiempo sería un esclavo encadenado con una cruz en su espalda. ¿Le seguirán Santiago y Juan? ¿Beberán la copa de sufrimiento de Jesús? ¿Entregarán fielmente sus vidas?

Como revelan los siguientes capítulos de sus vidas, la respuesta es sí y no. La noche del arresto de Jesús, los discípulos, entre ellos Santiago y Juan, no fueron lo bastante comprometidos como para velar y orar (Mateo 26:40). Sin embargo, por el poder del Espíritu, ambos hermanos exhibieron el valor supremo de Jesús al entregar sus vidas por causa de Él.

Escogidos para grandeza

Unos catorce años después,[7] cuando Salomé recibió la estremecedora noticia de la muerte de su hijo Santiago, por la espada de Herodes, me pregunto si ella reflexionaría sobre aquel día de camino a Jerusalén. Me pregunto si ella recordaría cómo se había arrodillado, con ojos emocionados, para pedir a Jesús que le concediera su petición. No debió ser fácil oír que los líderes judíos reaccionaron con agrado perverso a la brutalidad de Herodes hacia su hijo (Hechos 12:2-3). ¿Bebería Salomé la copa del sufrimiento de Jesús con la misma fe con la que acudió una vez a Él?

¿Volvió ella a arrodillarse el día en que su hijo Juan fue llevado en cadenas a Patmos por su testimonio acerca de Jesús (Apocalipsis 1:9)? Ella había criado a sus hijos para que fueran hombres de principios firmes, y debió tener igualmente esa fortaleza interior. ¿Permaneció ella fiel a su propia convicción de que Jesús un día ocuparía su lugar en el trono? Juan era ya anciano cuando escribió Apocalipsis, donde

---

7. Este es un cálculo aproximado, que ubica la resurrección de Jesús alrededor del 30 d.C., y luego refiere la descripción de Pablo en Gálatas 2:1 de un lapso de catorce años que coincide con Hechos 11:30, al igual que con Hechos 12:1, y empieza con las palabras: "En aquel mismo tiempo...".

habló acerca de la privilegiada revelación del cielo y acerca del trono de Jesús (ver Apocalipsis 21), de modo que es poco probable que Salomé hubiera tenido la dicha de leerlo. Sin embargo, en caso de que hubiera tenido de algún modo el privilegio de leer las palabras escritas por su hijo, las cuales han infundido tanta esperanza y luz al pueblo de Dios, ¡imagina sus lágrimas de gozo y de honor!

Cuando Salomé se arrodilló delante de Jesús para pedirle que hiciera importantes a sus hijos, ella no tenía ni idea, en el sentido terrenal, de lo que pedía ni de lo que Dios pediría de ella. Nosotras tampoco lo sabemos en nuestro caso personal. Quizá soñemos con ser escogidas para la grandeza del reino, pero ninguna de nosotras ansía beber la copa del sufrimiento que la precede. Esto es, pues, lo que tenemos que resolver. ¿Nos someteremos a los propósitos que Dios tiene para nosotras y para las personas a las que amamos? ¿Estaremos dispuestas a tomar nuestras tazas medidoras y a vaciarlas por completo?

Esta es la realidad de Salomé. Ella sufrió mucho y sería recompensada (Marcos 10:29-30). Sus hijos también sufrieron, pero un día su madre los vería sentados en los tronos del cielo (Mateo 5:11-12; 19:28). El sufrimiento de Salomé fue pasajero, y no puede compararse con la gloria que ella experimentará cuando Jesús establezca su reino (Romanos 8:18). Querida hermana, esto también es cierto para ti y para mí.

≈ ¿Te ha pedido Dios que te humilles de manera extraordinaria? ¿Cómo te ha usado Él para su gloria?

≈ Lee Romanos 8:18, 26-30. Elige una frase que te sirva de consuelo y escríbela varias veces en tu diario.

≈ Lee Apocalipsis 21:1-14, teniendo en cuenta que este pasaje lo escribió Juan. ¿Qué perspectiva da esto a tus esperanzas y penas presentes? ¿Qué significado crees que tenía para Juan el versículo 14?

≈ Ponte de rodillas delante del Señor, y entrégale tus ideales de grandeza para ti, para tus hijos o para otros. Di como Jesús: "no sea como yo quiero, sino como tú".

Para meditar: Romanos 8:18

Las aflicciones del tiempo presente no son comparables con la gloria venidera que en nosotros ha de manifestarse.

La grandeza extraordinaria del reino supone vaciar mi taza medidora de una manera extraordinaria. *Señor, quiero renunciar a mis ideales de grandeza para mí misma y para los demás. Ayúdame a beber la copa del sufrimiento que pongas delante de mí, segura de que contigo no tengo que temer.*

Lección 4: Círculos que restauran
Lee Mateo 20:20-28

En algunos lugares, "líder" y "superior" son términos intercambiables. Pero la iglesia no es uno de esos lugares.

En el cuerpo de Cristo, si Jesús te da el don del liderazgo, no es diferente de los otros dones. Liderar es solo otra manera de inclinar tu taza y de servir. Sin embargo, Santiago y Juan no siempre lo vieron de esa manera. Para ellos, el liderazgo era una ventaja. Era un trono donde sentarse. Una forma de elevarse por encima de los demás y de alcanzar estatus.

Lugares de honor

Pedro, Santiago y Juan eran parte del círculo íntimo de amigos de Jesús. De los tres, oímos acerca de Pedro más que de los demás.

Él fue uno de los que lanzó su red al otro lado del bote, fue el que caminó sobre el agua y sacó las monedas de la boca del pez. Pedro también tenía la mala costumbre de hacer comentarios impertinentes. La ocasión en la que Jesús se transfiguró en la montaña, Pedro fue el que sugirió construir tres enramadas, ante lo cual Dios intervino para mandarle guardar silencio y escuchar a Jesús (Mateo 17:1-7). En otra ocasión, cuando Pedro tomó aparte a Jesús para confrontarlo, Jesús dijo: "¡Quítate delante de mí, Satanás!" (Mateo 16:23). ¿Que Jesús llame a alguien "Satanás"? Eso no es bueno.

No es fácil recuperarse de errores tan garrafales como estos, de modo que cuando Jesús mencionó doce tronos alrededor del trono glorioso de Él (Mateo 19:28), Santiago y Juan debieron llegar a la conclusión automática de que Pedro no era candidato para los dos mejores tronos. Quedaban, pues, *ellos dos*. Era obvio. No obstante, para eliminar cualquier sorpresa, enviaron a su madre para cerrar el trato.

¿Y qué pensaron de esto los otros discípulos? "Cuando los diez oyeron esto, se enojaron contra los dos hermanos" (Mateo 20:24). Supongo que la indignación de Pedro fue la más sonora. *¿Qué se creen? ¿Dónde esperan que yo me siente... a sus pies?*

Al tratar de reclamar estos dos lugares de honor, Santiago y Juan envían el mensaje implícito y desdeñoso: "Creemos que somos más importantes que ustedes". Así funciona el estatus. No se puede negociar el trono más elevado sin rebajar a otros. No puedes abrirte paso a codazos hacia el centro sin empujar a otros y sacarlos del camino.

Queda claro que estos dos están pidiendo estatus. ¿Y qué de los otros diez enfadados? Si bien es comprensible lo que sentían, ¿no te parece que su indignación también estaba inspirada por su deseo de estatus? Su indignación y repulsión también envían un mensaje: "Nosotros *nunca* caeríamos tan bajo como ustedes dos".

Los doce discípulos corrían el riesgo de quedar divididos entre dos y diez, que es exactamente lo que sucedió a las doce tribus de Israel. Y por las mismas razones.

DOS SERIES DE CONSEJOS

Cientos de años antes, cuando Israel funcionaba todavía como una nación libre de doce tribus, se estableció un nuevo rey llamado Roboam. El pueblo, cansado de ser tratado como esclavos, cuestionó su estilo de liderazgo. Roboam pidió consejo de dos fuentes para saber cómo responder.

Los consejeros ancianos respondieron sabiamente: "Si Su Majestad se pone hoy al servicio de este pueblo... y condesciende con ellos y les responde con amabilidad, ellos le servirán para siempre" (1 Reyes 12:7, NVI). Los líderes que sirven con humildad a su pueblo inspiran a su pueblo a servir igualmente.

Sin embargo, Roboam optó por el consejo de los jóvenes que se habían criado con él, quienes le indicaron tratar al pueblo con mano dura y doblegarlo. Roboam dijo al pueblo: "Si mi padre les impuso un yugo pesado, ¡yo les aumentaré la carga! Si él los castigaba a ustedes con una vara, ¡yo lo haré con un látigo!" (1 Reyes 12:14, NVI). Su arrogancia y dureza terminó causando la división de Israel en dos tribus por un lado y diez tribus por el otro. Es decir, los discípulos estaban a punto de repetir la historia.

UNA LÍDER DE ROJO

Una vez escuché acerca de una directora ejecutiva de una compañía que le dijo a su equipo que iba a lucir un vestido de color rojo en la fiesta de Navidad, de modo que a nadie más se le permitía vestir de rojo. Ella quería destacarse y sobresalir, lo cual por supuesto solo hizo que todas las demás mujeres quisieran ir vestidas de rojo.

Una mujer que es altiva, que menosprecia, subestima o denigra a otros, siempre está tratando de sobresalir, sin importar de qué color se vista. Ella quiere que sepas cuán elevada es su posición y cuán por debajo de ella estás tú. Ella quiere transmitir el mensaje de que es superior.

Jesús ha tratado de entrenar a sus discípulos para tener exactamente la actitud contraria a la de aquella directora de rojo. En lugar de reclamar la cima para poder mirar desde allí con superioridad a los demás, los seguidores de Jesús están llamados a *servir*. Y los líderes simplemente van primero. ¿Recuerdas la anécdota, en el capítulo uno, de cómo en mi familia juntamos todos los bocadillos para compartir? Cuando todos inclinamos nuestra taza medidora simultáneamente y nos servimos los unos a los otros, se forma un círculo singular. Las inseguridades se desvanecen y los estratos se nivelan. Como miembros del círculo, todos damos y recibimos, y tenemos un lugar al cual pertenecer.

ENTRENAMIENTO

Esto es exactamente lo que *no* estaba sucediendo entre los doce discípulos. Después que Santiago y Juan pidieron privilegios, ninguno le estaba ofreciendo *a los demás* un lugar al cual pertenecer.

La ironía es impresionante. Ahí están los doce hombres que Jesús había escogido uno a uno para formar el equipo de lanzamiento de su iglesia, la cual se caracteriza por la unidad. Sin embargo, al cabo de tres años de entrenamiento en el reino revolucionario, todos están listos a lanzar puños en una riña de comparaciones, y justo de camino a Jerusalén, donde Jesús iba a ser crucificado.

¿Qué hace Jesús? Convoca una charla de discipulado improvisado allí en el camino a Jerusalén (Mateo 20:25). Seguramente, los hombres se veían agrupados en dos bandos separados de dos y de diez, cada uno echando humo desde su lado en actitud arrogante.

Casi esperaría que Jesús dijera: "Ustedes *doce*. Digo una sola palabra sobre tronos y se ponen a pelear por quién se sienta allí". Sin embargo, Jesús demuestra una dulzura extraordinaria. No señala a nadie. No arroja amenazas acerca de cómo las cosas van a cambiar a partir de ese momento. Antes bien, el Maestro de los momentos de enseñanza aprovecha al máximo esta oportunidad para discipular. Jesús da ejemplo del liderazgo del reino que atrae e incluye a todos, en lugar de excluir a alguno.

Jesús empieza diciendo: "Ustedes saben que los gobernantes de los gentiles se enseñorean de ellos, y que los grandes ejercen autoridad sobre ellos" (Mateo 20:25, NBLA). Sí, ellos sabían todo acerca del estilo de liderazgo romano. Sus ciudades bajo la ocupación romana estaban llenas de soldados, guardias, espadas y cruces. Roma imponía su poderío y aplastaba a todos los que estaban por debajo. Los judíos despreciaban a sus opresores romanos. Y Jesús dijo: "No ha de ser así entre ustedes" (Mateo 20:26, NBLA)

Jesús estaba usando un ejemplo negativo para mostrar a sus discípulos lo que no son. Es como el sabio consejo que podrías ofrecer a un grupo de empleados, estudiantes o deportistas cuya líder es una tirana egocéntrica: "¿Ven cuán humillante y denigrante es ella? ¿Ven cómo solo se interesa por ella misma? No se traten entre ustedes como ella los trata". Jesús señaló el estilo de liderazgo arrogante, dominante y ambicioso de Roma para establecer el contraste, diciendo: "No ha de ser así entre ustedes" (Mateo 20:26, NBLA). Me imagino cómo Jesús se inclina y hace énfasis en cada palabra.

No. Ha. De. Ser. Así.

Esto era al mismo tiempo un consuelo y una advertencia. Los diez no tenían que preocuparse porque los otros dos se salieran con la suya en su reclamo de poder. Con todo, si alguno de ellos deseaba alcanzar la grandeza del reino, tendría que empezar a aprender las comparaciones instructivas de Jesús.

La grandeza de un siervo

"El que entre ustedes quiera llegar a ser grande, será su servidor, y el que entre ustedes quiera ser el primero, será su siervo" (Mateo 20:26-27, NBLA).

Observa que Jesús no les dice que dejen de intentar ser grandes; simplemente redefine el concepto de grandeza. El "grande" es el que sirve. Ese ha sido el estilo mismo del liderazgo de Jesús, como Él señala: "así como el Hijo del Hombre no vino para ser servido, sino para servir" (v. 28, NBLA). Observa también que, en ese momento, Él demuestra el corazón de un siervo al invitar a todos sus discípulos a formar parte del círculo.

En el reino de Jesús, los grandes no miran con desprecio a las personas, sino que miran a los demás a los ojos y los tienen en cuenta. Algunos están en posiciones elevadas y otros en posiciones humildes, pero todos cumplen su papel de siervos. Quienes tienen importancia no prestan atención a este hecho, porque están demasiado ocupados cuidando de otros. No están empujando a los demás para abrirse paso, ni están aplastando a otros. Se inclinan para servir. Escuchan. Tratan de entender a los otros porque se interesan por ellos.

¿Y cuál es el resultado? Es como el consejo que los ancianos, los consejeros sabios, dieron a Roboam. **Las personas que sirven humildemente invitan a otros a hacer lo mismo.**

Por supuesto, en un círculo donde dos reclaman estatus y los otros diez reaccionan con indignación, inclinarse a servir no es la respuesta más normal y natural. Lo que Jesús pedía de sus discípulos era contrario a la lógica y era además culturalmente radical. Servir es volverse grande. Pero nadie ha dicho jamás que esto fuera fácil.

Con todo, Jesús quiere que cada uno sepa que cuando un discípulo con un corazón de siervo pone a los demás primero y a sí mismo en el último lugar, todo cambia. Una mujer que tiene esa actitud no tiene que ser una líder oficial. Puede ocupar cualquier cargo. En el reino, la grandeza está al alcance de todos. Cuando uno rompe la tendencia natural con una actitud de humildad y el olvido del yo, el grupo lo percibe. Tiene un efecto que desarma. Las divisiones desaparecen y el círculo de unidad empieza a formarse.

Servir a su círculo

Durante veinte años, Brittney había esperado sus encuentros para tomar café con el mismo grupo de amigas cristianas. Sin embargo, este mes, al llegar al lugar de encuentro acostumbrado, ella sintió un terrible malestar.

¿Podría ella soportar dos horas de conversaciones sin fin para oír las maravillosas noticias de sus amigas? ¿Podría sonreír y asentir con los reportes acerca de Justin y su lanzamiento triunfal, la beca de Lizzie, las vacaciones de Jan en Europa y la sorpresa que le dio a Janelle su esposo, un auto nuevo? Brittney tomó una calle lateral en la dirección contraria. Necesitaba más tiempo para prepararse antes de entrar en la cafetería. Todavía no le había contado a ninguna de ellas que ella y Jim se habían separado.

Veinticinco años. Ese es el tiempo que había invertido en tratar de ser la esposa perfecta. Cuando Jim se fue, la dejó sin explicación alguna. Durante meses, Brittney había intentado abrirse paso en medio de toda esa confusión. En los dos últimos encuentros para tomar café con sus amigas, ella se ocultó detrás de su fachada de "dar la talla", fingiendo que estaba bien. Pero en cada ocasión eso la había dejado agotada y afligida. *Eres un fracaso, Brittney. Comparada con ellas, no das la talla.*

Mientras conducía su auto, Brittney se preguntó: "¿Debo entrar, Señor?". Lo más natural sería apartarse, alejarse. Seguir conduciendo en la dirección opuesta. Pero ella sintió que Dios le decía: *Tú necesitas a otras personas. El aislamiento no es mi plan para ti.* De modo que ella dio un giro hacia la cafetería, y entró.

Más tarde, mientras Brittney meditaba en otra mañana invertida tratando de no desmoronarse emocionalmente en la cafetería, ella decidió hacer algo contrario a la lógica. Su consejera la había animado a combatir su perfeccionismo, que es en realidad otra manera de buscar estatus, revelando sus imperfecciones. *Aquí voy...* pensó, y tomó el teléfono. Había llegado el momento de revelar a sus amigas lo que *realmente* estaba sucediendo en su vida.

Conforme Brittney llamaba a sus amigas, una a una, y abría su corazón, se sorprendió que muchas de ellas le dijeran: "Brittney, no estás sola. Yo también tengo luchas que no he contado al grupo". Su afirmación calurosa fue para ella un gran regalo.

La experiencia despertó el deseo de comunicar más que una "ronda de novedades" con su grupo. Brittney no era la líder como tal, pero tampoco necesitaba un título oficial para ser influyente en el grupo. De modo que decidió tomar una iniciativa osada y probar algo novedoso. Invitó a sus amigas del círculo a un estudio bíblico en su casa, y se alegró al saber que todas aceptaban. A medida que estudiaban juntas y que experimentaban y comentaban su propia convicción de pecado, la transparencia unió al grupo aún más, y gozaron de una comunión sin precedentes.

La comparación centrada en el yo había afligido mucho a Brittney. Había puesto en riesgo los vínculos con su círculo. Ahora, recibía sanidad por medio de él. Inclinarse a servir a su círculo en lugar de apartarse de él había sido una decisión contraria a la lógica y había exigido de su parte una gran humildad y desprenderse del yo. Sin embargo, Brittney quedó maravillada por el gozo que esto había producido y cómo había edificado al círculo.

Piensa en tu propio círculo. ¿Hay alguien que intenta enaltecerse o demostrar que está en la cima? ¿Hay alguien que trata de reaccionar para protegerse o lanzar acusaciones de indignación? No hace falta que seas la líder de un grupo para influir sobre otros. Tú puedes ayudar a restaurar las partes dañadas de tu círculo tomando la valiente decisión de servir.

≈ En tu círculo, ¿hay alguien que reclame estatus como aquellos "dos", tratando de exaltarse por encima de los demás? ¿Cómo usan estas personas actitudes altivas para demostrar que ocupan los primeros lugares? ¿Hay alguien que responda con indignación como aquellos "diez", reaccionando para protegerse? ¿Cómo comunican estas personas su indignación o tratan de reclamar el estatus perdido? ¿En qué lado del círculo te encuentras tú? ¿En qué lado del círculo acostumbras sentarte? Haz una lista de las maneras en las que podrías desarmar el conflicto sirviendo con humildad y transparencia.

≈ Escribe Santiago 3:17. ¿Qué parte de este versículo adoptarás como meta para restaurar la unidad de tu círculo?

≈ Lee 1 Reyes 12:1-14 y realiza dos listas que describan el consejo de los ancianos y de los jóvenes. Ahora, para cada lista escribe nombres de personas en tu vida que te dan un consejo similar. ¿Qué lista tiene la voz de Jesús? ¿A qué personas deberías escuchar?

≈ Lee Santiago 3:12-18. ¿En qué se asemejan los dos tipos de consejo en 1 Reyes 12 con la sabiduría de lo alto y la sabiduría terrenal? Incluye las descripciones de Santiago 3 en las dos listas que hiciste en el ejercicio anterior. ¿Qué tipo de consejo o sabiduría siguieron Santiago y Juan en Mateo 20:20-28? ¿Y los otros diez? ¿Qué consejo o sabiduría ofrecía Jesús?

Para meditar: Mateo 20:25-26 (NBLA)

Ustedes saben que los gobernantes de los gentiles se enseñorean de ellos... No ha de ser así entre ustedes.

¿De qué manera comunico superioridad arrogante o indignación altiva? Esto causa divisiones en mi círculo. *Señor, ayúdame a ser una de las grandes que sirve a los demás. Quiero ayudar a edificar o restaurar mi círculo inclinándome a servir, escuchando y tratando de comprender a los demás.*

Lección 5: Un Rey partido y entregado
Lee Lucas 22:14-27

EL DÍA EN QUE nació su hermano menor, nuestro hijo Cole, de tres años, recorría la habitación del hospital con una mirada de desconcierto; se le veía dolido. ¿Por qué todo el mundo se quedaba mirando a ese bebé y lo ignoraba a él?

Tenemos un vídeo de Cole recogiendo el diminuto gorro que daba el hospital a los recién nacidos, y tratando de ponérselo en su enorme cabeza. Tal vez pensó que ponérselo le ayudaría a recuperar un poco la atención que había perdido. Lo intentó una y otra vez, pero el gorro no estiraba lo suficiente ni para cubrirle media cabeza; siempre volvía a encogerse.

"*¡Vamos!*", seguía diciendo con enojo creciente y frustración después de cada intento fallido. Al final, desechó el gorro y se enfurruñó mientras los adultos lanzaban carcajadas. En ese momento pareció tierno, pero si he aprendido algo acerca de criar a dos niños, es esto: La rivalidad y los celos pierden su encanto.

CABEZAS GRANDES

Los discípulos no son tiernos cuando intentan estirar sus pequeñas ideas acerca del reino sobre sus grandes cabezas. Siguen oyendo a Jesús hablar acerca del sufrimiento, la muerte y la cruz, pero son como niños de tres años que no pueden comprender. La cruz simplemente no *encaja* en sus grandiosos planes de estatus. De modo que, en los momentos más inoportunos, después que Jesús les acaba de recordar que se dirige a su muerte, los discípulos retroceden a las mismas rencillas de antes acerca de quién es el más importante, y lo hacen repetidamente. Es de no creer.

Lee tres ejemplos de esta situación en los siguientes pasajes, y a medida que lees, marca con una flecha hacia abajo (↓) cualquier palabra que denote sufrimiento, traición o muerte. Marca con una flecha hacia arriba (↑) cualquier palabra acerca de grandeza o estatus.

Porque enseñaba a Sus discípulos, y les decía: "El Hijo

del Hombre será entregado en manos de los hombres y lo matarán; y después de muerto, a los tres días

resucitará". Pero ellos no entendían lo que les decía, y

tenían miedo de preguntar a Jesús. Llegaron a Capernaúm; y estando ya en la casa, Jesús les preguntaba:

"¿Qué discutían por el camino?". Pero ellos guardaron silencio, porque en el camino habían discutido entre sí quién de ellos era el mayor (Marcos 9:31-34, NBLA).

"el Hijo del Hombre será entregado a los principales sacerdotes y escribas, y lo condenarán a muerte; y lo entregarán a los gentiles para burlarse de Él, lo azotarán y crucificarán, pero al tercer día resucitará". Entonces se acercó a Jesús la madre de los hijos de Zebedeo con sus hijos, y postrándose ante Él... le dijo: "Ordena que en Tu reino estos dos hijos míos se sienten uno a Tu derecha y el otro a Tu izquierda" (Mateo 20:18-21, NBLA).

Mas he aquí, la mano del que me entrega está conmigo en la mesa... Entonces ellos comenzaron a discutir entre sí, quién de ellos sería el que había de hacer esto. Hubo también entre ellos una disputa sobre quién de ellos sería el mayor (Lucas 22:21-24).

No estoy segura si Marcos, Mateo y Lucas quieren que lloremos o riamos. Son los seguidores más cercanos de Jesús. Él les dice que el camino que tienen por delante va en dirección descendente antes de ir hacia arriba. Él será humillado antes de ser exaltado. Él será puesto en un sepulcro antes de ser levantado. Con todo, a ellos no les cabe en la cabeza algo que sugiera siquiera un descenso.

Lamentablemente, durante los últimos momentos con Jesús, recaen. En vez de atesorar el tiempo que les queda con Él, reaparecen las viejas rencillas acerca de quién es el primero.

Una nueva Pascua

Dios, en su providencia, programó la última cena de Jesús con sus discípulos exactamente en la Pascua.[8] A lo largo de la historia, la Pascua conmemoraba la protección de los hogares hebreos cuando *pasó de largo* el ángel de la muerte, al poner ellos la sangre del cordero en sus dinteles la noche antes de que Dios liberara al pueblo de la esclavitud en Egipto. Pero, mientras Jesús celebraba la Pascua con sus discípulos, instituía una nueva cena de recordatorio. A partir de ese momento, los creyentes se reunirían para recordar *aquella* noche, la noche antes de que Jesús, el Cordero de Dios, iba a ser sacrificado para librarnos de nuestra esclavitud al pecado.

Los discípulos solo reconocieron el significado completo de esto más adelante, mientras que Jesús sabía exactamente lo que estaba diciendo durante la cena, cuando tomó dos objetos que lo representaban. Primero, tomó pan y lo partió. Esto representaba su cuerpo, que iba a ser molido por ellos. Luego tomó una copa de vino que, entregada, representaba su sangre que iba a ser derramada. Si eres una creyente experimentada, no permitas que la familiaridad que tienes con estos dos elementos te robe el asombro de estas dos imágenes.

Jesús nos pidió recordarlo como un trozo de pan que ha sido partido y una copa que se ha vaciado. Él fue nuestro Cordero sacrificial, molido por su pueblo. Él fue nuestro Rey que entregó su vida para salvarnos. Jesús recordó constantemente a sus discípulos, y nos recuerda a nosotras, que esta fue la razón por la cual Él vino. "Porque

---

8. Esta lección se basa en gran parte en mi artículo "Broken and Poured Out", que apareció en el blog *True Woman* el 3 de mayo de 2018, https://www.reviveourhearts.com/true-woman/blog/broken-and-poured-out/. Los derechos pertenecen a la autora.

el Hijo del Hombre no vino para ser servido, sino para servir, y para dar su vida en rescate por muchos" (Marcos 10:45). Jesús vino para pagar la deuda de nuestro pecado y para liberarnos de este mundo obsesionado con la competencia.

Sin duda, los discípulos comieron el pan y bebieron la copa con gran solemnidad. Con todo, su entendimiento todavía estaba muy distorsionado. Incluso después de escuchar a Jesús repetir durante tres años sus comparaciones instructivas, ellos seguían obsesionados con la imagen de un reino que vendría a conquistar, aunque mucho más tarde de lo que habían pensado inicialmente. Cuando Jesús habló de sufrimiento y del costo de seguirle, ellos se imaginaban valientes duelos de espadas que culminaban en coronas, tronos y honor. No sangre que vertía de una cruz y de una corona de espinas, bajo el escarnio de una multitud.

Cabe aclarar que Jesús sí esperaba su propia exaltación. Hebreos 12:2 dice: "por el gozo puesto delante de él sufrió la cruz, menospreciando el oprobio, y se sentó a la diestra del trono de Dios". Y es cierto que Jesús había motivado a los discípulos con imágenes de coronas y tronos (ver Lucas 22:29-30). Sin embargo, había enseñado sistemáticamente que, en el reino revolucionario, ser quebrantado y entregar su vida es lo que antecede a la grandeza, mientras que el egocentrismo y la búsqueda de protagonismo personal son barreras que lo frenan.

De modo que, en su última cena con Jesús, los discípulos todavía están preocupados por las líneas medidoras, no por la manera de derramar la taza y servir a los demás. Irónicamente, cuando Jesús mencionó al hombre más egocéntrico presente en ese momento, se desató otra serie de "¿quién es el más importante?". Parece ridículo, pero perfectamente posible. Muy parecido a lo que ocurre con nosotras.

Yo nunca

Observa el evidente contraste entre Jesús y Judas cuando se sientan a la mesa. En un acto de entrega absoluta, Jesús se preparaba para dar su vida por sus amigos. En un acto egoísta malvado, Judas se preparaba para conducir a Jesús a una trampa mortal.

Cuando Jesús dijo: "Mas he aquí, la mano del que me entrega está conmigo en la mesa" (Lucas 22:21), los discípulos de inmediato se miraron unos a otros preguntándose quién haría una cosa semejante.

Por primera vez su indignación se correspondía perfectamente con las circunstancias, puesto que la ejecución de Jesús fue la mayor atrocidad que se haya cometido jamás. Sin embargo, una vez más, en lugar de buscar defender a Dios, trataron de justificarse a sí mismos.

Lo que empezó con un angustioso "¿Soy yo, Señor?" se convirtió rápidamente en "¡Yo creo que es él!". Señalamientos. Alboroto. Discípulos ofendidos proclamaban con indignación "¡Yo nunca!". Luego, en un giro igualmente escandaloso, el "¡Yo nunca!" se transformó en "Recuerden que yo soy el que...", y volvieron a la misma disputa de antaño: "Hubo también entre ellos una disputa sobre quién de ellos sería el mayor" (Lucas 22:24).

Siempre que alguien nos acusa, queremos promocionarnos. Cuando nos sentimos amenazados, recurrimos a defender nuestro ego. En nuestra defensa, nos retiramos y salimos enojadas diciendo: "¡Yo nunca!". Sin embargo, la autodefensa, la autoprotección y la autopromoción no son métodos del reino. Y el tiempo de Jesús con sus nuevos oficiales del reino se acercaba a su fin.

El que sirve

Cuando veo esta escena, quisiera que Jesús empezara a dar órdenes. Quisiera que dijera "¡Atención todos!" y señalara con su dedo la cara de estos hombres. En lugar de eso, con una paciencia y una bondad infinitas, Jesús aprovecha los últimos momentos con ellos no para reprender, sino para enseñar.

Con ternura, Él guía a sus furiosos, engreídos e indignados discípulos de vuelta al reino: "Los reyes de los gentiles se enseñorean de ellos; y los que tienen autoridad sobre ellos son llamados bienhechores. Pero no es así con ustedes; antes, el mayor entre ustedes hágase como el menor, y el que dirige como el que sirve. Porque, ¿cuál es mayor, el que se sienta a la mesa, o el que sirve? ¿No lo es el que se sienta a la mesa? Sin embargo, entre ustedes Yo soy como el que sirve" (Lucas 22:25-27, NBLA).

Jesús, cuya taza medidora está llena de más grandeza de la que podrían contener todos los océanos, quería que nosotros lo recordáramos como Aquel que sirve. Él era el líder que se puso de rodillas para lavar los pies de ellos. Él es el Cordero cuya sangre será derramada por su pueblo. Él es el Rey que siempre será recordado por un trozo de pan partido y una copa vacía.

Y si ellos son sus discípulos, deben seguir su ejemplo.

Un seguidor quebrantado

Como mujer cristiana que vive en una democracia, yo gozo de un sinnúmero de privilegios y la protección que otras mujeres no han tenido a lo largo de los siglos. Y, aunque estoy muy agradecida por mi libertad y las oportunidades que tengo a mi disposición, en cierto sentido creo que es más difícil vivir como un creyente "partido y entregado" por otros en esta, "la tierra de la libertad".

El mundo me exige que me defienda, que exija mis derechos, que pelee por mi éxito. El sueño americano solo quiere saber de líneas medidoras y nada acerca de la entrega. La idea de entregar lo que otros han logrado para mí con tanto esfuerzo casi parece vergonzoso.

Cuando se proclaman los temas revolucionarios del cielo como la sumisión, la renuncia a los derechos, el quebrantamiento, el sacrificio y el arrepentimiento, las personas a mi alrededor no aplauden. Por el contrario, las mujeres se congregan para marchar en contra de tales ideas. Agarran con toda su fuerza sus tazas medidoras, y empuñan sus carteles y megáfonos.

Sin embargo, las mujeres que seguimos a Jesús debemos tomar un camino más angosto. Debemos ignorar el rugido de la multitud y escuchar a nuestro Jesús, que dice: "entre ustedes Yo soy como el que sirve. Sígueme".

≈ Lee Lucas 22:14-20. En grupo o de manera individual dedica tiempo para repasar lo que simbolizan el pan y la copa, y para recordar a Jesús.

≈ ¿Cómo te invita Jesús a ir contra la corriente del mundo y sus marchas y megáfonos, y seguirlo para ser, como Él, "partido y entregado" por otros?

≈ Lee Filipenses 2:2-4. ¿Cuál es el contraste entre estas instrucciones y la actitud de compararse que exhibieron los discípulos en la última cena?

≈ Lee Filipenses 2:5-8. A lo largo de la lectura de este libro,
  ¿cómo han cobrado más valor estos versículos, especialmente
  el versículo 7 acerca de cómo Jesús se "despojó a sí mismo"?

Para meditar: Lucas 22:19 (NBLA)

Y tomando el pan... lo partió, y les dio, diciendo: "Este es Mi
cuerpo que por ustedes es dado; hagan esto en memoria de Mí".

Jesús me dejó dos imágenes para recordarlo: un trozo de pan partido y una copa vacía. *Señor, ayúdame a buscar el quebrantamiento, no la
perfección. Ayúdame a vaciarme a mí misma de estatus y a servir a otros como
tú lo hiciste.*

Conclusión:
"Señor, ¿y qué de ella?"

La noche después de la resurrección de Jesús, siete de sus discípulos fueron a pescar. Temprano en la mañana, cuando se acercaban a la orilla, vieron a un hombre que cocinaba pan y pescado sobre un fuego.

Era Jesús.

Pedro se lanzó al mar para llegar primero a la orilla, y luego lo alcanzaron los otros para una gran reunión. Disfrutaron juntos de un desayuno, y luego Jesús caminó con Pedro. Fue una conversación importante. Todavía no habían hablado acerca del momento en el que sus miradas habían quedado fijas en el instante en que había cantado el gallo, justo después de que Pedro había negado al Señor (Lucas 22:61).

Pedro sabía que había fracasado terriblemente. A Pedro lo indignaba su egocentrismo de aquel momento, mientras que Jesús, de manera asombrosa, no veía menos potencial en Pedro. A Aquel que puede transformar el agua en vino, multiplicar un almuerzo para alimentar a miles, y convertir las debilidades en fortalezas, no lo limitan nuestros fracasos. De hecho, ser tan consciente de su debilidad le iba a ser de gran utilidad a Pedro en los días que tenía por delante. Porque cuando sentimos nuestra propia incapacidad, invitamos a Jesús para que compense lo que nos falta.

"¿Me amas, Pedro?". Jesús le preguntó tres veces, para dar a Pedro la oportunidad de revertir sus traiciones. Cada vez, Jesús le indicó a Pedro cómo demostrar su amor: alimentando a las ovejas de Jesús. Pedro fue llamado a apacentar el rebaño de seguidores, que ahora se juntaba uno a uno conforme escuchaban acerca de la resurrección de Jesús y ponían su fe en Él. Pedro jugaba un papel fundamental en esa misión. No un papel competitivo, sino la misión de entregarse a sí mismo por los demás.

¿Qué a ti?

Jesús tenía algo más qué decirle a Pedro acerca de lo por venir. Pedro iba a experimentar una nueva prueba, y esta vez no iba a ceder al temor ni al afán de protegerse. En la vejez, Pedro, con brazos extendidos en su propia cruz, glorificaría a Dios en su muerte (Juan 21:18-19).

Después de comunicarle esta sombría noticia, Jesús da a Pedro una instrucción que lo abarca todo en una sola palabra: "Sígueme" (v. 19). Pedro estaba llamado a seguir las pisadas de Jesús y a despojarse por completo de su vida.

Pedro, girando su cuello para ver a Juan que iba detrás, preguntó: "Señor, ¿y qué de éste?" (v. 21). ¿Iba a morir Juan en una cruz? ¿Sería llamado también Juan a sacrificarlo todo? Pedro quería saber. Pero Jesús dijo: "¿Qué a ti? Sígueme tú" (v. 22).

Mujer que te comparas, es hora de ponerle fin a la obsesión de mirar las tazas medidoras de los demás. Es hora de dejar de caer en la tentación del enemigo de compararte con envidia, o de compararte con indignación. Nuestro Señor nos ha mostrado una gran paciencia a pesar de nuestra obsesión con la comparación, y ahora dice que ha llegado el momento de parar. Tenemos demasiado trabajo en nuestro llamado a entregarnos y a derramar nuestra taza como para vivir distraídas con las líneas medidoras.

Puede que la taza medidora de la hermana que está a mi lado tenga una inclinación más pronunciada o esté llena de dones más excepcionales. Puede ser que ella recorra un camino más empinado en su descenso o uno que la eleve más. En cualquier caso, cuando yo miro a los lados y pregunto: "Señor, ¿y qué de ella?", su respuesta es "¿qué a ti?".

En una sola palabra, Jesús me da la misma instrucción, la que glorifica a Dios, la que dio a Pedro y te da a ti también. A cada una de nosotras, Él dice: "Sígueme".

Vivir libre de la tiranía del yo

En este libro tuvimos el privilegio de escuchar la respuesta directa del Rey Jesús a las personas que se comparaban como nosotras, engañadas por el mismo gobernador malvado que viene a robar, matar y destruir. Hemos visto a nuestro Señor abrir de par en par la estrecha puerta de su reino, ofreciendo un escape del temor de no dar la talla y del orgullo de llevar la delantera. Él ha abierto un camino para las mujeres que estamos cansadas de compararnos, para que abandonemos nuestra lucha continua por llenar nuestra taza medidora en nuestras fuerzas, y en lugar de eso ser llenas de su Espíritu.

Cuando andamos con Jesús, entregando lo que somos y lo que tenemos, las líneas de nuestra taza medidora se vuelven irrelevantes. Cuando nos inclinamos para servirnos las unas a las otras, dejamos de preocuparnos por dar la talla. Cuando de manera colectiva inclinamos nuestras tazas, ofrecemos a los demás un lugar al cual pertenecer.

Esa vida es lo que yo he anhelado. Es lo que quiero ser. Es lo que quiero para ti también, amiga que te comparas. Porque vivir para dar con generosidad es la manera en que Jesús restaura nuestra libertad, nuestra confianza y nuestro gozo.

¿Estás lista? Dejemos atrás la comparación que pone al yo en el primer lugar. Sigamos a nuestro Jesús y heredemos juntas la vida eterna. Descubramos una vida libre de la tiranía del yo, una vida verdaderamente incomparable.

> Pues esta aflicción leve y pasajera nos produce un eterno peso de gloria que *sobrepasa toda comparación*, al no poner nuestra vista en las cosas que se ven, sino en las que no se ven. Porque las cosas que se ven son temporales, pero las que no se ven son eternas (2 Corintios 4:17-18, NBLA).

Guía para líderes de grupo

Una carta para las líderes de grupo

Estimada líder:

Estoy muy agradecida por tu deseo de liderar tu grupo en el estudio de *¡No te compares!* ¡Tu misión de animar y apoyar es muy importante! Lo es especialmente porque el enemigo se ha propuesto durante tanto tiempo presionar a las mujeres de tu grupo a dar la talla y a avergonzarlas cuando no es así. ¿Por qué quiere Satanás que las mujeres se comparen? Porque compararnos las unas con las otras nos lleva siempre al cautiverio y el aislamiento. Mi esperanza es que este estudio guíe a las mujeres en la dirección contraria.

Me emociona pensar que un grupo de mujeres encuentre libertad y una comunidad donde cada una ofrezca a las demás un lugar al cual pertenecer cada vez que se sienten en círculo con sus Biblias abiertas y sus oídos reciban las palabras de Jesús. Escucharlo a Él y aprender a reconocer su voz les permite liberarse de la comparación y del afán de dar la talla.

¿Qué dice Jesús? ¿Nos dice Él que dejemos de compararnos? Es curioso, pero no. De hecho, Jesús usó muy a menudo palabras que denotan comparación y contó historias de comparación. Usó constantemente "comparaciones instructivas" que contrastan de manera evidente con la manera de comparar del mundo, tales como:

- Los primeros serán los últimos.
- El más grande entre ustedes será el que sirve.
- El que se exalta será humillado.

Jesús no planteó sus comparaciones instructivas de forma aleatoria. Él las convirtió en historias y las usó en conversaciones como respuesta a quienes se comparaban con otros. Creo que Jesús quería que estas declaraciones quedaran grabadas en las mentes de las personas y les ayudaran a replantear su manera de ver el mundo. Creo que Él quiere lo mismo para las mujeres de hoy que se comparan. Por eso he organizado este estudio alrededor de las comparaciones instructivas de Jesús.

Mi oración es que, a lo largo de este estudio, las mujeres de tu grupo aprendan a escuchar la voz de Jesús y a comparar como Él compara, que es la manera como nos protegemos contra la dañina mentalidad del mundo que usa comparaciones nocivas. En vez de sentirte atormentada por sentimientos de incompetencia, celos, egoísmo y orgullo, espero que todas podamos aprender a derramar nuestras vidas y ser libres.

Afectuosamente,

Shannon

Cómo está diseñado el libro

He dividido los capítulos en lecciones (algunos capítulos tienen más lecciones que otros). Cada lección empieza con un pasaje bíblico relacionado. Te pido que no saltes las lecturas bíblicas; no quiero que te pierdas la experiencia de escuchar a Jesús directamente. Aunque he leído estas historias decenas de veces, la revolucionaria perspectiva de Jesús se vuelve más y más clara con cada lectura. Mi anhelo es que tú también lo experimentes.

Te darás cuenta de que cada lección concluye con una meditación que condensa la verdad enseñada, además de algunas aplicaciones prácticas y preguntas para tu estudio bíblico personal. Espero que uses un cuaderno de notas para anotar tus respuestas y tus planes de acción.

Amiga, pongamos fin a estos ataques de comparación que nuestro enemigo ha usado en nuestra contra por tanto tiempo. En lugar de compararnos las unas con las otras, exaltemos juntas a Dios y sirvámonos mutuamente. En lugar de vivir atormentadas por la comparación, derrotémosla, entreguemos nuestras vidas para servir al prójimo y seamos libres.

Capítulos

Los capítulos se asimilan mejor cuando las participantes leen una lección a la vez en lugar de leer todo el capítulo de corrido. Por ejemplo, las mujeres del grupo podrían estudiar una lección por día en preparación para su reunión semanal.

Dado que hay seis capítulos, pueden convertirlo en un estudio de seis semanas. O, si desean incluir una semana introductoria para distribuir los libros y familiarizarse con el tema, pueden hacer un estudio de siete semanas. Pueden incluso utilizar su primera semana para leer la introducción en voz alta y responder las preguntas de reflexión acerca de la introducción que aparecen en esta guía.

CADA LECCIÓN CONTIENE...

Lectura bíblica: Cada lección comienza con una lectura bíblica. ¡Por favor, anima a las participantes a abrir sus Biblias y a leer el pasaje o los pasajes antes de pasar a la lección! Nada que yo pueda decir es más importante que lo que Dios quiere decir a través de las páginas de su Palabra. Dios puede usar los mismos versículos de mil maneras diferentes para obrar en los corazones y en las vidas de las mujeres de tu grupo que lo buscan.

Lección: Cada lección incluye ejemplos y observaciones personales que invitan a las participantes a considerar una advertencia o una verdad para sus vidas, o una nueva perspectiva de Dios relacionada con el tema de la comparación.

Preguntas para la aplicación práctica: Al final de cada lección, aparecen varios versículos adicionales y preguntas de reflexión que ayudan a aplicar el contenido a nuestra vida personal. Anima a las mujeres de tu grupo a llevar un registro de sus respuestas, pensamientos y planes en un diario o cuaderno personal. Invítalas a traerlo a las reuniones para que puedan consultar sus respuestas durante las conversaciones.

Meditaciones: Te ruego especialmente que animes a las participantes a usar la meditación que aparece al final de cada lección, la cual condensa la verdad principal de la lección y ofrece un versículo relacionado. La transformación sucede cuando renovamos nuestra mente por medio de la meditación de lo que Dios, no el mundo, dice que es verdad. Tú también puedes animar a las mujeres con estas pautas prácticas para profundizar en la meditación:

- Copiar la meditación en sus cuadernos o en una tarjeta.
- Leer y releer despacio la verdad y pensar en ella detenidamente, reflexionando en el significado de cada frase.
- Leer la verdad en voz alta o declararla en oración a Dios.
- Imaginar que, a medida que enfrentan las diferentes situaciones de su día, viven en su propia realidad la veracidad de estas frases y versículos.

Líderes, por favor, tomen nota

Al principio del estudio, provee un bolígrafo de tinta roja para cada participante, a fin de que puedan marcar las comparaciones instructivas de Jesús tanto en sus libros como en sus Biblias. Estas comparaciones instructivas de Jesús constituyen el marco de referencia de nuestro estudio y ayudarán a las mujeres a reorientar su pensamiento conforme a la perspectiva del reino de Jesús.

Esta guía práctica se puede utilizar tanto en grupos pequeños como en grandes, pero será más eficaz en grupos de dos a doce personas. Si tu grupo es más grande, considera dividirlo.

Mientras utilizas esta guía de estudio, **toma nota** de lo siguiente:

1. **Pasajes bíblicos:** Cada lección empieza con un pasaje bíblico para leer y una pregunta general que tiene como propósito invitar a las mujeres a pensar en la historia bíblica. Esta es una estrategia formidable para reorientar la conversación en el caso de que se haya desviado a otros temas.

2. **Preguntas para todo el grupo:** Las preguntas marcadas con un * son preguntas para todo el grupo, ya que todas pueden responderlas y cada participante dará una respuesta única. Permitir que todas respondan ayuda a integrar a las más calladas del grupo. Si el tiempo de la reunión es limitado, considera la posibilidad de escoger una o dos * preguntas que parezcan adecuadas para tu grupo. Sin embargo, asegúrate de no exceder el tiempo dedicado a las anécdotas personales, dando prioridad a la Palabra de Dios y a la aplicación de sus verdades.

3. **Preguntas textuales:** Las preguntas en negrita son citas tomadas directamente del libro. Puedes indicar a tu grupo el número de página y animarlas a comentar las respuestas que consignaron en sus diarios.

4. **Preguntas con respuesta:** Estas preguntas hacen referencia a una sección o cita textual del libro. Informa del número de página para que todas puedan seguir la lectura mientras tú lees la cita textual.

5. **Preguntas abiertas:** A medida que avanzan en las lecciones como grupo, podrías empezar cada lección con una pregunta abierta como: "¿Qué fue lo que más les habló de esta lección?" o "¿Hubo algo que no entendieron aquí?" o "¿Qué resaltarían de esta lección?". Esto ayudará a que el diálogo fluya de manera natural, que generalmente es lo mejor. Mientras las mujeres hablan, marca las preguntas que ya se han tratado para que puedas retomar las que no se han abordado. Si sientes que ya se ha dedicado suficiente tiempo a la lección, pasa a la siguiente. Si la conversación empieza a desviarse del tema, vuelve al tema con otra pregunta.

6. **Oración de cierre:** Invita a las participantes a repasar las meditaciones del capítulo y a elegir una frase o una verdad para elevar a Dios en oración. En caso de que a alguna participante le incomode orar en público, invítala a intentar simplemente leer la frase a Dios, lo cual puede ser un primer paso para vencer ese temor.

Ten en cuenta que esta "Guía para líderes de grupo" no es más que una *guía*. ¡Siente la libertad de usarla como les resulte más provechoso! Que Dios te bendiga ricamente en tu tarea de guiar a otras mujeres a vivir para dar, no para compararse.

Introducción

1. Recuerda la anécdota de Shannon con el himnario al revés. ¿Cómo se expresa en ti este deseo de ser vista como alguien que no comete errores?

2. Recuerda la anécdota de Shannon acerca de sus citas amorosas que quedaron al descubierto. ¿De qué maneras o en qué situaciones te sientes tentada a exagerar la verdad acerca de ti misma?

3. Recuerda la anécdota de Shannon cuando era profesora. ¿Cómo te sientes tentada a contrarrestar tus inseguridades con orgullo?

*4. **¿De qué males quisieras librarte? Señala los más prioritarios para ti (p. 24).**

   - **Inseguridad**

   - **Celos y envidia**

   - **Egocentrismo y el sufrimiento por no dar la talla**

   - **El afán continuo de superar o aventajar a los demás**

5. Repasa a qué se refiere Shannon con "las comparaciones instructivas de Jesús" (pp. 19-21). ¿Por qué crees que Jesús repitió tanto estas comparaciones? ¿Qué esfuerzo vas a realizar para tener presentes estas comparaciones instructivas a lo largo de este estudio? ¿Te ayudaría marcarlas con color rojo?

6. **¿Cuál crees que es la principal transformación que Dios quiere obrar en la manera como te ves a ti misma y a los demás, por medio de este estudio (p. 24)?**

Capítulo 1

De la competencia a la entrega

Lección 1: ¿Compararse o entregarse?

Lee Filipenses 2:3-11.

Pide a alguien que comente lo que entiende de la metáfora de la taza medidora.

*1. Recuerda la anécdota de Shannon acerca de los rulos de esponja de color rosa en las páginas 26-27. Comenta alguna ocasión en la que tus ojos fueron abiertos a la realidad de dar la talla o de quedarse corta en algo.

2. Revisa la sección "Lo que quiere Satanás" en la página 29. ¿Hasta qué punto has tropezado con la comparación, pensando solo en ti misma e ignorando por completo la batalla cósmica que se libra a tu alrededor?

3. Lee Filipenses 2:7 e Isaías 53:12. ¿De qué modo es la vida de Jesús un ejemplo de "vivir en función de la entrega"?

4. La página 32 dice: "Cuando inclino mi taza medidora, las líneas se vuelven irrelevantes, y eso es hermoso". ¿Cómo has visto esta verdad reflejada en situaciones reales? Cuenta una ocasión en la cual elegiste servir y eso ayudó a que dejaras de compararte con otras personas.

Lección 2: La sabiduría que nace de la envidia

Lee Santiago 3:13-18 y recuerda los dos tipos de sabiduría.

1. ¿De qué manera los celos y la ambición egoísta son como un

grafiti en los muros de nuestra vida que dice "Satanás estuvo aquí" (p. 35)?

2. La sabiduría quiere tomar tu mano y guiarte, diciendo: "Debes hacer esto". ¿Cómo puedes distinguir entre los dos tipos de sabiduría (pp. 36-37)?

3. Después que Salomón recibió sabiduría sobrenatural, tuvo que mediar en un conflicto entre dos madres de recién nacidos. ¿De qué manera la "solución" de Salomón sacó a la luz el egoísmo extremo y la abnegación extrema de las madres? ¿De qué manera ejemplifican estas madres los dos tipos de sabiduría?

4. Recuerda la historia acerca de Melissa en las páginas 35-36 y 39. ¿Qué habría sucedido si Shannon se hubiera apartado de su amiga por celos y por el afán de autoprotegerse? ¿Cómo encontró la libertad?

5. ¿De qué manera los celos o la ambición egoísta han provocado conflictos o han deteriorado tus relaciones? ¿Cómo puedes poner en práctica Santiago 4:10?

Lección 3: Los muros de comparación reforzados con el orgullo

Lee 1 Pedro 5:5-11.

¿De qué manera la comparación agrava el aislamiento y la división en las relaciones?

1. Recuerda la anécdota acerca de la "millonaria" Penny (pp. 40-41). ¿Por qué tuvo que mudarse Penny? ¿De qué manera el orgullo alimentado por la comparación lleva a las mujeres a aislarse o a romper relaciones?

*2. De los tipos de orgullo citados en la página 41, ¿a cuál eres más propensa? ¿Cómo alimenta la comparación ese tipo de orgullo?

3. **¿Con cuáles verdades de 1 Pedro 5:5-11 te desafía Dios hoy? ¿Cuál va a ser tu respuesta (p. 47)?**

4. Lee esta cita de la página 47:

"Cuando hablamos acerca de nuestros temores, luchas, sufrimientos y dificultades, en lugar de tratar de ocultarlos de los demás para protegernos, se derrumban los muros de la comparación. Cuando alguien es vulnerable y auténtico, el grupo se siente identificado. Es una invitación a la empatía, la compasión, el compañerismo y la autenticidad".

¿De qué manera la vulnerabilidad creó lazos en la historia acerca de Julie (pp. 46-47)? ¿Por qué fue esta conexión más importante de lo que Julie comprendió en aquel momento?

*5. Confiesa delante del grupo algún miedo, lucha, dolor o dificultad personal, algo que hayas callado hasta ahora. Conforme las demás revelan su realidad, mira de qué manera puedes responder con empatía y compasión. Después de que todas hayan contado algo, comenten si este ejercicio ayudó al grupo a acercarse a las demás y por qué es importante hacerlo.

Lección 4: Un rival llamado Jesús

Lee Juan 3:22-36.

¿Cuál fue el ministerio de Juan el Bautista? ¿Cómo habían cambiado de repente las cosas para él?

1. Cuando los discípulos de Juan se volvieron a Jesús, esto creó una situación perfecta para la comparación. ¿Cómo demostró Juan humildad? ¿Qué relación observas entre la humildad de Juan y su capacidad para resistir la tentación de compararse con Jesús?

2. ¿Qué imagen usa Juan para describirse a sí mismo como quien está "a un lado"? ¿Cómo nos representa esta imagen a cada una de nosotras?

3. Revisa la anécdota de "la invitada centrada en sí misma" (lo opuesto a la imagen de Juan), que aparece en las páginas 54-55. ¿De qué modo nuestra incomodidad exagerada a veces revela que estamos atrapadas en el modo selfie?

4. **¿Cómo has visto confirmada la verdad de esta declaración: "tratar de resolver el problema del egocentrismo con más egocentrismo no va a funcionar" (p. 55)?**

5. **¿De qué forma has sentido que otras personas te marginan o no te aprecian? ¿De qué modo tu tiempo de "menguar" te brinda la oportunidad de exaltar a Cristo y de darle importancia (pp. 55-56)?**

Lección 5: Un lugar al cual pertenecer

Lee 1 Corintios 12:1-11.

Recuerda la metáfora bíblica del cuerpo de Cristo. ¿Qué describe?

1. ¿Cómo has observado que la repulsión ahonda las divisiones entre las personas? ¿Cómo piensas que podrías estar comunicando más repulsión de lo que crees?

2. Revisa la ilustración de los bocadillos del Súper Bowl en la página 58. ¿De qué manera dispuso Dios nuestras diferencias para cultivar la unidad, no la uniformidad?

*3. Lee esta cita de la página 59:

"Cuando inclino mi taza medidora, mis diferencias adquieren un nuevo propósito. En lugar de tener el impulso de llenarme o vaciarme de ego, de repente mis diferencias me ofrecen un medio único de servir a otros con generosidad. Al compararme con alguien, digo: '¿Cómo puedo suplir la necesidad de ella?', o '¿Cómo usará Dios los dones de esta mujer para ayudarme a crecer?'".

Menciona algo único que Dios ha puesto en tu taza medidora y que te permite servir de una manera particular. Puede ser un don único, una experiencia en tu trasfondo, algo que te apasiona o un rasgo de personalidad.

*4. **Cuenta una ocasión en la cual experimentaste un sentido de pertenencia con otros cristianos. ¿Cómo fueron reconocidos y recibidos tus singulares dones? ¿Cómo reconociste y recibiste los dones de otros (p. 64)?**

5. ¿De qué forma la humildad hace al grande aún más grande (pp. 62-63)? ¿Se te ocurre un ejemplo de esto en un caso específico?

Para meditar

¿Qué meditación de este capítulo es más significativa para ti? ¿En cuál quisieras concentrarte en el futuro? Elige una frase o una verdad para elevar a Dios y concluir la reunión.

≈ **Lección 1: Marcos 10:45.** Cuando inclino mi taza medidora y la derramo para servir a otros, las líneas dejan de importar. *Señor, ayúdame a experimentar libertad de la comparación humillándome como tú te humillaste.*

≈ **Lección 2: Santiago 3:14-15.** La sabiduría terrenal dice que "debes hacer lo que más te conviene *a ti*". La sabiduría de lo alto dice que "debes hacer lo que conviene a los demás". *Dios, ayúdame a resistir al diablo negándome a actuar por celos, egoísmo o autodefensa.*

≈ **Lección 3: Filipenses 1:27.** El orgullo que se alimenta de la comparación nos impide tener comunión, mientras que cuando gozamos de la vida en comunidad revestidos de humildad, nos defendemos contra los ataques del enemigo.

Señor, dame el valor para ser vulnerable como corresponde, a fin de conectar con aquellos que juntamente conmigo resisten al enemigo.

≈ **Lección 4: Juan 3:30.** Cuando yo quiero ser exaltada más que Jesús, lo convierto a Él en mi rival. Mi libertad viene cuando renuncio al yo. *Señor, ayúdame a encontrar el gozo haciéndome a un lado en una historia cuyo único protagonista eres tú.*

≈ **Lección 5: 1 Corintios 12:24-25.** Dios creó nuestras diferencias para unirnos. Nuestro enemigo usa nuestras diferencias para separarnos. La unidad, no la uniformidad, es la meta. *Señor, quiero aportar mis dones y recibir los dones de otros, a fin de darnos mutuamente un propósito y un lugar al cual pertenecer.*

NOTAS PARA LA LÍDER

En este primer capítulo hemos mencionado una y otra vez la imagen de una taza medidora para contrastar el reino de Jesús con el reino de este mundo. Para reforzar la continuidad de este capítulo específico, podría ser útil traer algunas tazas medidoras que las participantes usen durante la discusión acerca de las "líneas" y la "boca" de la taza referidas a sus propias vidas.

En la lección 2 hablamos acerca de cómo la sabiduría terrenal dice: "Debes hacer lo que te conviene", mientras que la sabiduría de lo alto nos enseña a hacer lo que es provechoso para los demás. Por favor, ten en cuenta que algunas veces las mujeres que sufren maltrato en una relación pueden malinterpretar esto. Si estás segura o sospechas que alguna mujer en tu grupo ha sido víctima de maltrato, conviene que llames la atención del grupo a la nota que se incluye en la página 37:

El propósito de la sabiduría de lo alto es liberarnos del cautiverio del egocentrismo. Con su astucia, Satanás tergiversa la verdad, llevando a algunos a caer en el cautiverio del menosprecio de sí mismos, en especial cuando sufren maltrato. Si crees que alguien está en una relación abusiva, te ruego que busques el consejo de un pastor, un amigo o un consejero de confianza antes de tomar decisiones drásticas en el intento de practicar el mensaje acerca de "ser libre" según enseñan Santiago 3:14-15 y este libro.

Comparar tu pecado y el mío

Lección 1: Indignación y repulsión

Lee Lucas 18:9-14.

Recuerda la historia que relató Jesús acerca del fariseo y el publicano. ¿Qué comparación instructiva usó Jesús para concluir la historia y por qué?

1. Cuando narró la historia, ¿cuál es el mensaje de Jesús para quienes se comparan mirando a otros con desprecio?

2. Vuelve a leer esta cita de la página 70:

   "Este es el problema. Las mujeres que comparamos tenemos la tendencia a minimizar nuestro propio pecado de mirar con aires de superioridad a las personas en pecado. Es uno de esos 'pecados respetables' que aun las más piadosas entre nosotras... cometen con regularidad".

   ¿Podrías afirmar que esto es cierto? ¿Qué efectos produce esto en tu vida?

3. ¿En qué sentido son opuestos el amor y la repulsión (pp. 70-71)?

4. En la página 73, Shannon dice: "Cuando tratamos a otros pecadores con señalamientos e indignación, activamos sus defensas y los alejamos de nosotras". ¿Has comprobado la veracidad de esta afirmación en tu propia vida? ¿Hay alguien cuya relación hayas perdido o influenciado negativamente por haber expresado repulsión?

*5. ¿Has practicado o te gustaría practicar "el desafío para vencer la repulsión"? ¿Qué crees que aprenderías acerca de ti misma?

Lección 2: Un tribunal vacío

Lee Lucas 18:9-14.

¿Qué tipo de lenguaje legal usó Jesús cuando terminó su historia acerca del fariseo y el publicano?

1. En las páginas 77-78, Shannon enumera algunas situaciones que despiertan en ella la ambición de competir y la impulsan a regresar al tribunal y a reabrir su caso para defenderse. ¿Qué situación te tienta más a ti a hacer esto?

2. Vuelve a leer esta cita de la página 79:

   "Imagina esto. Si Jesús hubiera continuado su historia y hubiera dicho que el publicano, después de volver a su casa justificado, regresaba al templo día tras día orando como el fariseo con una lista de toda la evidencia de su justicia, ¿qué pensarías? Después de experimentar semejante misericordia, eso no encajaría, ¿estás de acuerdo? Sin embargo, esto es exactamente lo que yo hago cuando, después de ser justificada por Dios, regreso al tribunal para alegar mi caso".

   ¿Te das cuenta de que vuelves al tribunal? ¿Qué efecto produce esto en tu corazón y en tus relaciones?

3. ¿Qué preguntas sugiere Shannon que nos formulemos antes de volver al tribunal (p. 79)? ¿En qué situación sería útil hacerte estas preguntas?

4. **¿Has enfrentado a alguien "en el tribunal"? ¿Has puesto palabras en boca de esas personas? ¿Te ha intimidado la condenación (ya sea real o imaginaria) que ves en sus ojos?**

¿De qué manera concedes más importancia a la opinión de otros acerca de tu pecado que a la de Dios? ¿Cómo te guía Dios a tener una conversación fuera del tribunal (p. 82)?

Lección 3: El tribunal es solo de Dios

Lee Lucas 7:36-50.

¿Qué sucedía en la cena en casa de Simón que era inusual?

1. ¿Cuál era la historia que tenía lugar en su mesa según la versión del juez Simón? ¿Cómo se equivocó en su juicio?

2. Compara el saludo de Simón con el de la mujer. ¿Por qué crees que Jesús denunció el contraste?

3. ¿Cuál era el problema que planteaba la historia para Simón? ¿Cómo usó Jesús la respuesta de Simón para reasignar los papeles en la versión *real* de la historia que sucedía en ese momento y lugar?

4. Cuando Simón se comparó en actitud de superioridad para criticar sin piedad, salió a relucir su orgullo. ¿Te has subido al estrado del juez y te has comparado con esa misma actitud?

5. Recuerda la historia del bikini. ¿Crees que las personas que han estado más tiempo en la iglesia luchan más con el pecado de juzgar a otros? ¿Cómo puede herirnos a nosotras, a otros y a la iglesia en su conjunto el hecho de "jugar a ser juez"?

6. Responde a esta cita de la página 90: "No debemos pasar por alto el pecado de los demás. Esa no fue la estrategia de Jesús. (Pregúntale, sin ir más lejos, a Simón). Tampoco debemos actuar como si el pecado fuera una enfermedad de la cual solo nosotras nos hubiéramos librado". Traten de idear estrategias mejores para responder a la situación de las drogas que escondió Jack en su casillero.

Lección 4: Mediciones de lado y lado

Lee Mateo 7:1-5.

¿Cómo respondió Jesús a las palabras de Simón? ¿Cómo ejemplifica esta historia la comparación instructiva de Lucas 18:14 según la cual quienes se exaltan serán humillados y quienes se humillan serán exaltados?

1. Recuerda la historia del pequeño accidente en el estacionamiento que aparece en las páginas 91-92. Observa lo opuestas que son la actitud natural de examinar con minucia las faltas de otros que han afectado tu vida, y la actitud contraria a la naturaleza de examinar tus propias faltas.

2. ¿Qué significa "darle vuelta a tu regla" con la que mides? ¿Cómo practicó esto la hija de Shannon en su actitud hacia la compañera de trabajo que actuaba tontamente? ¿Se te ocurre una situación en la que necesites darle vuelta a la regla que usas para medir?

3. ¿De qué manera usaba Simón el lado de la regla que medía en milímetros cuando vio a la mujer besar los pies de Jesús? ¿Cómo nos enceguece a nuestra propia arrogancia del tamaño de una viga el hecho de enfocarnos en las ofensas que son del tamaño de una paja (ya sean pecaminosas o no)? ¿Se te ocurre un ejemplo en tu propia vida?

*4. **Comenta qué papel has desempeñado últimamente: el repulsivo Simón o la mujer perdonada. Sustenta tu respuesta con ejemplos (p. 97).**

5. Repasa la historia de la confesión de Tracy en las páginas 96-97. **¿Te pide Dios hacer una confesión como Tracy? ¿Cómo te impediría esto actuar como Simón? ¿Cómo podría esto ser una invitación a otros para que celebren el perdón de pecados (p. 97)?**

Para meditar

¿Qué meditación de este capítulo es más significativa para ti? ¿En cuál quisieras concentrarte en el futuro? Elige una frase o una verdad para elevar a Dios y concluir la reunión.

≈ **Lección 1: Romanos 4:7-8.** Cuando yo mido mi pecado mirando a los otros y en actitud repulsiva, lo único que logro es alimentar mi orgullo y mi confianza en mi propia justicia. En lugar de eso, yo debería mirar a lo alto. *Dios, ten misericordia de mí, la pecadora. Gracias porque Jesús hizo posible que mi pecado fuera limpiado.*

≈ **Lección 2: Romanos 8:1.** ¿Por qué insisto en entrar al tribunal vacío para defender mi caso? ¿Por qué importa tanto que alguien conozca mi pecado? ¡El veredicto ya fue emitido! Se ha levantado la sesión. *Dios, gracias porque en Jesús he sido justificada.*

≈ **Lección 3: Romanos 14:10.** Cuando asumo el papel de juez, me siento en el lugar de Dios. *Señor, ayúdame a ejercer humildemente el buen juicio y, en cambio, a dejarte solo a ti ser el Juez.*

≈ **Lección 4: Lucas 7:48.** Ya que toda mi pila de pecado ha sido perdonada, una pila más alta solo es un motivo para amar más. *Señor, cuando quiera medir milimétricamente las pajas de pecado de los demás, daré vuelta a mi regla y me arrepentiré de mi orgullo que es del tamaño de una viga.*

Notas para la líder

En la lección 2 usamos la imagen del tribunal para hablar acerca de cómo el Juez Dios abrió el camino para que nuestros antecedentes pecaminosos fueran perdonados por medio de la sangre de Jesús. Si en tu grupo hay una mujer que todavía tiene preguntas acerca de la salvación y la justificación, te pido que consideres llamarla y repasar con ella esta lección para confirmar si tiene dudas. Puede que desees guiarla a leer Romanos 3:23-24 o Romanos 5:8-9. ¡No olvides orar y pedir al Espíritu que abra sus ojos a la verdad!

En la lección 2 hablamos también acerca de tener conversaciones fuera del tribunal con personas a quienes hemos enfrentado silenciosamente "en el tribunal". En el ejemplo de Nichole y Kelly, no hubo un pecado extremo, sino una reacción exagerada y dureza de corazón. Sin embargo, asegúrate de llamar la atención de tu grupo a la declaración de la página 82 que se aplica a situaciones que involucran patrones pecaminosos más continuos y destructivos: "Ciertamente, hay ocasiones en las que tratar heridas profundas y ofensas continuas requiere conversaciones difíciles que incluyen arrepentimiento y perdón". Si alguien está enfrentando una situación compleja, sugiero la lectura de *Escoja perdonar*, de Nancy Leigh DeMoss.

Capítulo 3

Comparar la riqueza

Lección 1: Abandonar las etiquetas

Lee Mateo 19:16-22.

¿Qué vino a preguntar el joven rico a Jesús?

1. Explica si estás de acuerdo con esta afirmación, y por qué: "Cuanto más tenemos, más difícil es dejar de fijarnos en las líneas medidoras" (p. 100).

*2. Lee esta cita de la página 102:

   "Como mujer que te comparas, ¿necesitas que otros sepan que tienes dinero? ¿Mencionas tus últimas vacaciones o tus lujosas compras en las conversaciones? ¿Tienes el impulso de mostrar tu casa a todo el que entra en ella? ¿O les muestras fotos de tu yate? O tal vez sea lo contrario. ¿Tratas de ocultar tus compras en tiendas de segunda o tratas de estacionar tu auto de tal manera que no se vea la parte que está oxidada? ¿Prefieres encontrarte con las personas lejos de tu casa para que nadie sepa dónde vives? De todas las etiquetas con las cuales nos medimos y Jesús pide que nos despojemos, es posible que la más difícil de entregar sea nuestro estatus financiero".

3. ¿Qué detalle de tu vida define más tu identidad? En una escala del 1 al 10, ¿qué tan segura estás de abandonar la etiqueta financiera y de ponerla en la mesa si Jesús te lo pidiera?

4. En vez de decirle al joven rico que incendiara su riqueza, Jesús le

pidió que la diera. ¿Por qué pone Dios escasez y sobreabundancia una al lado de la otra en nuestras tazas medidoras (p. 103)?

5. Recuerda la experiencia de la reunión con pocos asistentes, relatada en las páginas 103-104. ¿Has tenido una experiencia similar de una comunidad que se anima a dar? Si no la has tenido, ¿por qué te gustaría tenerla?

*6. Lee esta cita de la página 104:

"Quienes tenemos dinero de sobra en nuestra taza medidora a menudo entramos por las puertas de la vida dando por hecho que está bien ir de primero. No nos consideramos privilegiadas ni con derechos especiales. Sentimos que hemos ganado cada dólar en nuestra cartera. Y los constantes "pedidos" se resienten como una intromisión. Sin embargo, nuestra actitud nunca va a cambiar, a menos que adoptemos una perspectiva diferente de cómo nos vemos a nosotras mismas. El privilegio nunca *se percibe* como tal. Sin embargo, la manera práctica de ponernos de últimas en la fila es limitar nuestros gastos, lo cual nos permite tener más para dar".

¿Cuál es una manera de ponerte de "última" en la lista negándote algún privilegio financiero? ¿Cómo ha cambiado esto tu perspectiva?

Lección 2: Los camellos son grandes; las agujas, pequeñas

Lee Mateo 19:16-26.

¿Qué pasó con el joven rico y por qué?

1. Recuerda el berrinche de Shannon cuando despedazó la servilleta, en las páginas 107-108. ¿Alguna vez has tenido un

berrinche de mujer que se compara? ¿Alguna vez has hecho exigencias a Dios, a tu esposo o a alguien más para dar la talla?

2. ¿Cómo provee la instrucción de Jesús un momento decisivo para el joven rico que pensaba que acataba los diez mandamientos? ¿Qué mandamientos estaba desobedeciendo (pp. 109-110)?

3. Vuelve a leer esta cita de la página 110:

"Como mujeres con más ingresos disponibles que cualquier otra generación pasada, tenemos que considerar que la codicia puede ser un problema mucho más serio de lo que reconocemos. Algunas que tenemos dinero en exceso (esa soy yo, y tal vez tú también), a menudo nos consideramos bendecidas por Dios. Pero ¿y si en realidad Él nos estuviera *probando*? ¿Y si Dios señala nuestras carteras y cuentas bancarias y pregunta: '¿Me amarás más? ¿Me adorarás a mí, no al dinero? ¿Me servirás *a mí* con lo que tienes, no con lo que eres?'".

¿Alguna vez has considerado el dinero que tienes de más como una prueba de Dios? ¿Cómo has mostrado que lo amas más a Él que a tu dinero? ¿Cómo lo has servido a Él, no a ti misma, con tu riqueza?

*4. Relata alguna experiencia que fortaleció tu confianza en Dios cuando...

- Abriste tu mano, diciendo: "Para empezar, esto no era mío".

- Abriste tu mano para recibir, diciendo: "Dios provee a través de lo que ella da".

*5. ¿Cuál de estas afirmaciones te describe mejor?

- Estoy aferrada a mi taza medidora, por miedo a que Dios me pida demasiado.

- He escuchado al mundo que asegura que el dinero es lo que me hace importante.

- He escuchado a Jesús que me dice que me haga pequeña y que el acto de dar me transforma.

Lección 3: Recompensas que puedo perder

Lee Mateo 19:27-30.

¿Qué preguntó Pedro cuando el joven rico se fue? ¿Por qué crees que Jesús concluyó con una comparación instructiva acerca de quién sería el primero y el último?

1. ¿Cuál es el "gozo en conflicto" de las páginas 117-118? ¿De qué modo la historia del hombre que compró el campo con el tesoro escondido replantea tus conceptos equivocados?

2. Jesús no reprende a Pedro por compararse con el hombre insensato que se alejó de Jesús. En lugar de eso, ¿cómo alienta Jesús a Pedro (pp. 118-119)?

3. ¿Qué te enseña la historia de las monedas de cobre que ofrendó la viuda acerca de las matemáticas celestiales (pp. 119-120)?

4. **Cuenta una ocasión en la que miraste la riqueza de alguien y pensaste "no es justo". ¿De qué manera te anima el mensaje de Mateo 19:29 acerca de los dividendos "más que justos" de tu inversión en el reino? (p. 123)?**

*5. Lee esta cita de la página 121:

"Dios, que ve todo y a quien ningún detalle se le escapa, recompensará cada sacrificio, hasta el vaso de agua más pequeño. Por supuesto, no seremos recompensadas por el desperdicio o las elecciones necias y costosas. No obstante, en la misma medida en que sufrimos pérdidas por causa de Cristo, nos gozaremos de haberlo hecho.

Tal vez leas esto y te emocione lo que te espera. O tal vez, como yo, pienses: 'Eh, un momento. No estoy segura de haber entregado lo suficiente'".

¿Qué descripción encaja más con tu caso personal: emocionada por lo que te espera o insegura de no haber dado aún lo suficiente?

PARA MEDITAR

¿Qué meditación de este capítulo es más significativa para ti? ¿En cuál quisieras concentrarte en el futuro? Elige una frase o una verdad para elevar a Dios y concluir la reunión.

≈ **Lección 1: Mateo 19:21.** Dios pone, una al lado de la otra, la escasez y la abundancia de nuestras tazas medidoras, y lo hace con un propósito. El acto de dar cambia la manera en que me veo a mí misma y a los demás. *Señor, quiero limitar mis gastos y practicar la generosidad. Quiero vivir de tal modo que ponga a los demás primero, a fin de poder experimentar la comunión con otros, la libertad de la tiranía del yo, y el gozo.*

≈ **Lección 2: Lucas 12:15.** La bendición adicional también constituye una prueba adicional de Dios. ¿Voy a abrir mi mano para dar el excedente que Dios pone en mi bolsillo para compartir con alguien más? *Señor, quiero confiar en ti, no en mi cuenta bancaria. Quiero adorarte a ti, no a este dinero que tengo. Quiero servirte a ti con lo que tengo, no a mí misma. Te pido que hagas lo que para mí es imposible y me ayudes a dar.*

≈ **Lección 3: Mateo 19:30.** Jesús no me reprende por preguntar acerca de las recompensas en los cielos. Él me anima a pensar de manera estratégica y a permitir que fluya mi generosidad. *Señor, dejaré de taparme los oídos y con gozo soñaré en grande con los sacrificios que tú me pidas hacer.*

Capítulo 4

Comparar las apariencias

Lección 1: Una seguridad mayor que las apariencias

Lee Mateo 4:23–5:11.

Describe la multitud que se congregó para el "sermón inaugural" de Jesús. ¿En qué se diferencian las "bienaventuranzas" de lo que el mundo dictamina?

1. La página 126 dice: "Raquel hizo una elección, allí en el asiento trasero del auto de su padre, de dejar de concentrarse en la belleza interior. Estaba decidida a esforzarse por conseguir aquello que todos los demás podían ver". Lee 1 Pedro 3:3-4. ¿En qué trabajas más ahora: en la parte que ven los demás o en la parte de tu ser que no es visible a los demás?

2. ¿Te preocupa a veces que tu apariencia te detenga? ¿Te motiva cambiar tu apariencia para lograr lo que quieres o dar la talla? ¿Cómo evidencia esta mentalidad que has sido influenciada por el enemigo, no por Jesús?

*3. ¿De qué manera tu apariencia te produce sufrimiento físico o emocional? ¿Has presentado esas inquietudes a Jesús? ¿Por qué sí o por qué no?

4. Lee Mateo 6:28-30. ¿Qué lógica ofrece Jesús a quienes se preocupan por su apariencia física (pp. 127-128)? ¿Cómo puedes aplicar esa lógica en la actualidad?

5. Relata de nuevo la historia de Jesús en la que compara al hombre sabio y al necio. La página 128 dice: "¿Cuál era la diferencia entre estos dos? El sabio escuchó e hizo lo que Jesús dijo. Dio

importancia a las palabras de Jesús y edificó su vida sobre las promesas de Jesús. El necio no". ¿Qué diferencia observas entre las mujeres que acuden a las palabras de Jesús acerca de su apariencia para encontrar seguridad y las que acuden a su espejo para tratar de dar la talla? (Mira los ejemplos en la página 129).

*6. **Enumera las "tormentas" que han amenazado tu seguridad frente al espejo. ¿Sobrepeso? ¿Quimioterapia? ¿Un amorío de tu esposo? ¿La soltería? ¿Qué verdades han establecido un cimiento en tu vida? (p. 131).**

Lección 2: Para ser vista

Lee Mateo 23:1-12.

¿Qué comparación instructiva refirió Jesús en Mateo 23:11-12? ¿Cuál era el contexto y por qué Jesús la comunicó?

1. ¿Qué hacían los fariseos para ser vistos? ¿Qué paralelos observas en nuestra cultura actual?

2. Responde a esta cita de las páginas 136-137:

"Lo mismo nos sucede a nosotras. La ropa que vestimos, las selfies que tomamos y las lágrimas que derramamos en nuestra báscula del baño solo revelan el *verdadero* problema, que está en nuestros corazones. Como los fariseos, ansiamos ser admiradas y, dado que sabemos que nuestra cultura valora por encima de todo cuerpos delgados y rostros bonitos, eso es lo que medimos. Nuestros ojos funcionan como cintas de medir láser que toman medidas instantáneas de cada persona que encontramos y de cada imagen a la cual nos exponemos. Y los billones de dólares que se gastan cada año en cosméticos, dietas y cirugías estéticas revelan cuán obsesionadas estamos con nuestra belleza física.

Para algunas de nosotras, nuestra obsesión consiste en mantener la belleza que hemos cultivado. Preferiríamos morir antes que ver nuestra belleza marchitarse. Para otras, nuestra obsesión consiste en esconder defectos y deficiencias. Somos extremadamente inseguras a la hora de ser vistas y preferiríamos morir antes que ser fotografiadas sin estar perfectamente arregladas para la ocasión".

¿Te ves respondiendo en alguna de estas formas o en formas similares? ¿Qué revela esto acerca de tu corazón?

3. Recuerda la experiencia de Lindsay en la cuaresma y cómo, al limitar el tiempo que pasaba frente al espejo, ella pudo enfocarse más en los demás. ¿Alguna vez has descubierto la veracidad de esta afirmación? ¿Por qué sí o por qué no?

"Cuanto más nos obsesionamos con nuestra propia imagen en el espejo, más egocéntricas seremos en nuestras interacciones con los demás. Cuanto mayor es nuestra obsesión con las líneas medidoras (que en este caso incluyen las medidas de nuestro cuerpo), menos libres somos para enfocarnos en la boca de la taza medidora, es decir, menos pensamos en la entrega y la generosidad" (pp. 137-138).

4. Shannon dice en la página 138 que nuestros problemas de ansiedad parecieran ir a la par con el auge de los medios de comunicación digitales. ¿En qué sentido es esto verdad en tu vida?

5. Vuelve a leer esta cita de la página 139:

"Jesús quiere que disfrutemos de nuestros cuerpos y amemos su diseño único. Desde un principio *fuimos* creadas para ser diferentes en forma, tamaño y color. Dios nos llama a la unidad, no a la uniformidad, ¿recuerdas? El cautiverio y la distancia ocurren cuando nos comparamos en una actitud de inseguridad, o cuando nos comparamos en actitud de superioridad. La unidad y la conexión ocurren cuando en humildad desechamos nuestro perfeccionismo en el afán de dar la talla".

¿Has estado sometida a algún yugo (desórdenes alimenticios, obsesión con el ejercicio, ansiedad, etc) por causa de la comparación? ¿Te has alejado de una persona por su apariencia, al compararla con la tuya (p. 140)?

6. En respuesta a algunas personas que estaban obsesionadas con las apariencias, Jesús ofreció esta comparación instructiva: "El que es el mayor de vosotros, sea vuestro siervo. Porque el que se enaltece será humillado, y el que se humilla será enaltecido" (Mateo 23:11–12). ¿Cómo puede el servicio desinteresado proveer un antídoto contra la preocupación por las apariencias?

Lección 3: Lo de dentro

Lee Lucas 11:37-41.

¿Qué no hizo Jesús que causó revuelo? ¿Cómo responde Jesús a la indignación de los fariseos?

1. ¿De qué manera la obsesión con la limpieza exterior produce una suciedad de orgullo, egoísmo o inseguridad interior? ¿Cómo has visto suceder esto en tu vida?

2. Vuelve a leer esta cita de la página 147:

"La avaricia crece en el interior. Por lo general, una mujer avariciosa que se compara no se da cuenta de su obsesión con el yo que contamina su corazón, porque está demasiado ocupada mirándose en el espejo. Mantiene su exterior impecable, mientras que en su interior es un desastre egoísta y mugriento. Pasa su vida entera acumulando todo lo que puede, sin dar nada.

Veamos cómo funcionan las tazas medidoras. Es imposible llenar tu taza con una actitud egoísta y a la vez vaciarla con generosidad. Por eso, la entrega generosa sirve para limpiar nuestro interior de avaricia y desenfreno. ¿Por qué no lo pruebas por ti misma? Si tu avaricia tiene que ver *con la moda*, trata de regalar algunas prendas o accesorios favoritos. Si tu avaricia tiene que ver *con la atención*, trata de prodigar atención a un bebé en la guardería de la iglesia. Si tu avaricia tiene que ver *con afirmación*, intenta enviar mensajes de texto selectos con versículos para animar a tus amigos y familiares. Si tu avaricia tiene que ver *con aprobación*, trata de atender las necesidades de una adolescente insegura" (cursivas añadidas).

¿Qué clase de avaricia (en cursivas) detectas en tu corazón? ¿A qué actividad de dar con generosidad puedes comprometerte esta semana?

3. Recuerda la historia acerca de cómo Raquel fue libre (p. 148). Cuando Raquel empezó a leer la Biblia y a ver la vida desde la perspectiva de Dios, ella pensó: *Tal vez he pensado demasiado en mí misma*. Haz una lista mental de las quejas o temores más comunes que te asaltan respecto a tu apariencia. ¿Piensas quizá que te has enfocado demasiado en ti misma? ¿Cómo funcionaría en tu vida el ser libre de la tiranía del yo?

Lección 4: Sepulcros blanqueados

Lee Mateo 23:25-28.

¿Por qué los líderes religiosos blanqueaban los sepulcros cada primavera? ¿Por qué no era un halago de parte de Jesús llamar a los fariseos "sepulcros blanqueados"?

1. Vuelve a leer esta cita de las páginas 151-152:

"Como sucedía con aquel demente, la obsesión con la muerte es un síntoma inequívoco de la influencia del enemigo en nuestra vida. Últimamente pareciera que las sugerencias predilectas de Satanás son el suicidio, lacerarse y autoinfligirse daño. Sin embargo, antes de considerar estas conductas inspiradas por la muerte, el enemigo primero nos incita a la vergüenza y nos convence de que somos despreciables. Él se deleita en atormentar nuestros corazones que deambulan por cementerios con ecos del pasado, mensajes que pronunciaron personas pero que el enemigo repite. *Nunca serás lo bastante buena. No vales la pena. Eres un desastre. Ellos desearían que no existieras.* Algunos de los mensajes que duelen más profundamente tienen que ver con nuestra apariencia. *Eres fea. Eres gorda. ¿Quién podría fijarse en ti?*

Lo mejor que podemos hacer es correr en busca de ayuda, alimentarnos de la verdad y examinar estas burlas en la luz. No obstante, muchas veces hacemos lo contrario. Blanqueamos nuestras faltas y nuestro dolor. Proyectamos confianza cubriéndonos de estilo y personalidad para ocultar nuestro sentimiento de indignidad. Abotonamos mangas de un blanco impecable para cubrir los lugares donde hemos despedazado nuestra propia piel. Maquillamos una sonrisa para desviar la atención de nuestros dolorosos complejos. Incluso irradiamos vida y vigor, pero por dentro seguimos viviendo entre los sepulcros".

¿Alguna vez te han atormentado mensajes como estos que te declaran indigna? ¿Has corrido en busca de ayuda? ¿O has tratado de blanquear las tinieblas que hay en tu interior?

2. ¿De qué maneras las mujeres de nuestros días expresan la tendencia a "blanquear" su realidad y a mantenerse a distancia?

*3. **¿Has sido más propensa al orgullo que se enaltece o al que se desprecia? ¿De qué manera te impide el orgullo mostrar tu debilidad (p. 156)?**

*4. La página 153 dice: "Es saludable y normal verse diferente de nuestras amigas, nuestras hermanas, nuestras vecinas, e incluso nosotras mismas... en un espacio de diez años". Cuenta a tu grupo una manera en la que te ves diferente de las demás. O refiere una manera en la que tu apariencia ha cambiado en los últimos diez años. Después pide a cada persona que exprese algo. Anima al grupo a responder diciendo: "¡Eso es saludable y normal!".

5. Lee esta cita de las páginas 155-156:

"Mujer que te comparas, sea cual sea la historia de orgullo o indignidad que te repitas a ti misma, Jesús, nuestro Rey que nos restaura, cuenta una historia mucho mejor. ¿Hay una piedra de sepulcro que necesitas que Jesús quite? ¿Hay un rincón oscuro de vergüenza al cual necesitas que Él entre? ¿Hay algún recuerdo muerto y putrefacto que necesitas que Él toque con su luz? ¿Hay una voz inmunda del pasado que necesitas que Él silencie con su rugido?

 Jesús vino para embellecernos y limpiarnos. Por causa de Él, todas podemos dejar de blanquearnos y de guardar distancia. Cuando nos acercamos las unas a las otras en nuestra vulnerabilidad, nuestras imperfecciones quedan al descubierto, pero no hay riesgo alguno, porque Dios ve la obra maestra que somos realmente, y sus ojos son lo único que importa".

¿Cómo te ha restaurado Jesús con la verdad? ¿Hay algo que hayas blanqueado en tu vida y que necesite salir a la luz? (Líder, invita a las integrantes de tu grupo a mostrar su lado vulnerable. Recuerda a cada mujer que abre su corazón que Dios la considera una obra maestra).

Para meditar

¿Qué meditación de este capítulo es más significativa para ti? ¿En cuál quisieras concentrarte en el futuro? Elige una frase o una verdad para elevar a Dios y concluir la reunión.

≈ **Lección 1: 2 Corintios 4:16.** Mi trabajo de belleza más importante no se hace frente al espejo, sino en la parte que nadie puede ver. Mi confianza en Dios se extiende como un cimiento debajo de mi armario, de mi espejo y de mi vida. *Jesús, quiero abandonar mi mentalidad de competencia y edificar mi vida sobre lo que tú dices que importa, no en cómo me veo, sino en Quién confío.*

≈ **Lección 2: Lucas 22:27.** Como sierva, no trato de ser vista ni temo no ser vista. Estoy demasiado ocupada invirtiendo en otros como para preocuparme acerca de cómo me evalúan. *Señor, en vez de buscar que otros me vean o admiren, quiero convertirme en una de las más importantes que sirven a los demás.*

≈ **Lección 3: Mateo 23:26.** Cuanto más me concentro en mi parte exterior, más ciega soy a la suciedad interior que *es la raíz* de mi enfoque equivocado con lo externo. Jesús me invita a participar en la limpieza del interior de mi vaso mediante la entrega generosa de mí misma. *Señor, muéstrame las maneras en las que me he fijado de manera excesiva en mí misma.*

≈ **Lección 4: Mateo 4:16.** En una actitud de orgullo, yo "blanqueo" mi vida, para lucir bien desde lejos. En humildad, abandono ese perímetro que me mantiene alejada. *Jesús, gracias por acercarte y limpiarme. Confiaré en tus ojos en lugar de los míos, para determinar mi valor.*

Capítulo 5

Comparar nuestros ministerios

Lección 1: Expectativas elevadas

Lee Mateo 19:27–20:16.

Pide a alguien que sintetice la historia que Jesús contó. ¿Cuál es la comparación instructiva que usa como introducción?

1. **¿Qué obreros de Mateo 20:1–7 te representan mejor? ¿Por qué (p. 164)?**

2. ¿Cuál fue la motivación de Jesús para contar esta historia (p. 164)? ¿Qué motivo de comparación percibes en la pregunta de Pedro (Mateo 19:27)?

3. Relata cómo una trampa de comparación ha sido una fuente de distracción en la obra de Dios en tu vida o en alguien más.

4. ¿Alguna vez has tenido una experiencia como Matt y Trish en la que a pesar de trabajar duro para Dios no recibieron la recompensa esperada (p. 162)? ¿Qué tentación enfrentaste para llenarte de amargura?

5. ¿Cuáles son algunas de las maneras prácticas en las que podemos rechazar la "copa amarga" (pp. 162-163) que nos ofrecen beber?

6. ¿Cómo usó Dios a Trish de una forma inesperada (p. 164)? ¿Cómo es esto un ejemplo del poder de Dios que se glorifica en la debilidad (2 Corintios 12:9-10)?

Lección 2: Tratadas por igual

Lee la versión alternativa de la historia de Jesús en la página 166.

¿De qué manera pone de relieve Jesús los problemas de comparación al relatar la historia como lo hizo?

1. ¿Qué detalle añade Jesús que amplifica la desigualdad (pp. 165-166)? ¿Por qué crees que Jesús añadió este detalle?

2. Lee la sección titulada "En el mismo saco" en las páginas 167-168. ¿Alguien ha sido recompensado de tal modo que quieres reclamar a Dios "¿la has hecho igual a mí?" (Ten cuidado de no revelar nombres).

*3. ¿A qué creencias equivocadas eres más propensa (pp. 168-170)? Refiere una ocasión en la que has expresado esta creencia equivocada.

   • Creencia equivocada 1: La importancia es obvia.

   • Creencia equivocada 2: Adaptarse a las circunstancias elimina los celos.

   • Creencia equivocada 3: El reino se caracteriza por la igualdad.

4. Recuerda la historia de Shannon acerca de Alice. ¿Cómo puso ella en práctica Filipenses 2:3 (pp. 171-172)? ¿Cuáles fueron los resultados? ¿Cómo te pide Dios que pongas en práctica este versículo durante esta semana?

Lección 3: "Primeros" frustrados

Lee Mateo 20:1-16.

¿En qué se sintieron los obreros de la viña ofendidos por el propietario?

1. Recuerda la frustración de Jill por las bicicletas robadas. ¿Alguna vez has pensado (consciente o inconscientemente): "Esto es lo que te he dado, Dios. Ahora, esto es lo que espero que me des"? ¿Por qué está mal pensar que Dios te ha agraviado (p. 175)?

2. ¿De qué manera la actitud resentida del obrero por la manera como Dios prospera la fructificación de otro obrero le roba la gloria a nuestro Dios generoso?

3. En privado, escribe el hombre de alguien a quien Dios ha bendecido en gran manera (más que a ti, en tu opinión) en su ministerio como mamá, obrera en la iglesia o evangelista.

   • ¿Cómo engrandecería la gloria de Dios tu respuesta de alabanza por su generosidad?

   • ¿Cómo frenaría la gloria de Dios tu actitud de resentimiento por su generosidad?

4. Recuerda la historia acerca de Steve y de Matt, su compañero de cuarto (pp. 178-179). **Considera si Dios desea tal vez que confieses tu envidia como lo hizo Steve.**

Lección 4: "Últimos" exaltados

Lee Mateo 20:1-16.

Imagina a los discípulos escuchando la historia de Jesús acerca de los obreros de la viña. ¿En qué parte de la historia crees que se vieron reflejados?

1. **Relata una ocasión en la que te sentiste como "última" comparada con otros siervos de Cristo. ¿Cómo te sientes al saber que Dios reprende a cualquiera que diga que tu obra debería valer menos (p. 185)?**

*2. Describe una manera en la que te sientes inferior frente a otros por lo que tienes en tu taza medidora para servir al Señor. ¿Crees que tienes menos talento, riqueza, influencia o capacidad? ¿Por qué esto carece de importancia para Jesús (p. 182)?

3. Recuerda el ejemplo de Shannon siendo maestra de cuarto de primaria en las páginas 182-183. ¿Qué mensaje quiso ella transmitir a los niños que se sentían menos? ¿Y qué de los niños que se sentían superiores? ¿Cómo envía Jesús este mismo mensaje con su parábola?

4. Como en el caso de Alicia, ¿te ha pedido alguna vez Dios intercambiar un gran sueño por algo más pequeño? ¿Por qué sería un error usar las líneas medidoras del mundo para calcular el valor de tu servicio a Dios?

5. ¿Cómo te ha usado Dios más de lo que imaginabas cuando simplemente diste de lo que tenías?

Para meditar

¿Qué meditación de este capítulo es más significativa para ti? ¿En cuál quisieras concentrarte en el futuro? Elige una frase o una verdad para elevar a Dios y concluir la reunión.

≈ **Lección 1: Hebreos 12:11.** Debo cuidarme de las trampas de comparación en la iglesia, especialmente cuando he trabajado por mucho tiempo o con mayor empeño. Buscar mayor reconocimiento o validación no es la manera en que opera el reino. *Señor, apartaré mi rostro de la copa de amargura y en humildad esperaré dar fruto espiritual*

≈ **Lección 2: 1 Pedro 5:6.** Cuando doy un pisotón y reclamo diciendo: "¡La has hecho igual a mí!", es evidente que he olvidado que *yo* merezco muerte, no vida eterna. *Señor, quiero* *animar a mi compañera en la obra de la viña y preguntarme con humildad: "¿En qué difiere mi tarea de la suya?".*

≈ **Lección 3: Mateo 20:15.** Cuando Dios recompensa generosamente a mi hermana en el ministerio, tengo la opción de silenciar la gloria de Dios con mis protestas envidiosas o de multiplicar su gloria con mi alabanza. *Dios, ¿quién soy yo para envidiar tu generosidad? ¡Voy a gozarme en el ministerio y en la vida de ____________!*

≈ **Lección 4: 2 Corintios 12:9.** En las manos de Dios, aun el acto más insignificante de servicio puede ser multiplicado y usado en gran manera. Él no me ve como "primera" ni como "última", sino como una de las obreras que le pertenecen a Él. *Señor, ayúdame a dejar de mirar con actitud de superioridad a tus siervos, y a dejar de comparar. Te pido que manifiestes tu poder en mi debilidad.*

Capítulo 6

Comparar el estatus

Lección 1: Igualdad de oportunidades

Lee Marcos 9:33-37.

Describe la escena en la cual Jesús toma en sus brazos a un bebé.

1. ¿Qué es estatus (p. 187)?

*2. ¿En qué situación social te sientes pequeña y superada por los demás? ¿En qué situación social te resulta fácil hacer sentir a otros pequeños o superados por ti?

3. ¿Cómo usó Jesús una comparación instructiva para corregir la idea de grandeza de los discípulos (pp. 187-189)? ¿Qué crees que Jesús habría dicho si hubiera corregido la *búsqueda* de grandeza de los discípulos?

4. ¿Qué lección objetiva usó Jesús refiriéndose a la persona más pequeña que estaba presente en ese lugar? ¿De qué manera esto supuso la puesta en práctica de su comparación instructiva (Marcos 9:35)?

5. Con frecuencia, Jesús usó la frase "pequeños" para referirse a personas con poco estatus. ¿Cuáles son algunos criterios para considerar a alguien "pequeño"?

6. La página 191 dice: "El modelo de grandeza de Jesús libera a las mujeres para considerar la maternidad como una opción viable para una vida satisfactoria, no un simple obstáculo que puede anular por completo a la mujer". ¿De qué modo la perspectiva de Jesús acerca de los bebés choca con nuestra cultura? ¿Cómo choca esta perspectiva con la tuya?

7. ¿Estás de acuerdo con que "el reino de Jesús ofrece, para las mujeres, igualdad de oportunidades en el sentido más verdadero" (p. 192)? ¿De qué forma tu situación actual te ofrece la oportunidad de alcanzar la grandeza por medio del servicio? ¿Se te ocurre alguna situación (aparte del egoísmo) que podría limitarte?

Lección 2: Hacerme pequeña

Lee Mateo 18:1-4.

¿Qué pregunta tenían los discípulos para Jesús?

1. Recuerda la anécdota de Shannon cuando sin darse cuenta conoció a John Gordon, uno de los propietarios de la compañía donde trabajaba su esposo. ¿Cómo la humildad amplifica la grandeza en lugar de disminuirla?

2. Describe la imagen mental que tenían los discípulos del Mesías que venía a reinar sobre Israel (pp. 194-195). ¿Qué detalle intentaban aún resolver? ¿En qué sentido era distorsionada su perspectiva?

3. En la lección 1, ¿cómo *demostró* Jesús grandeza? En esta lección, ¿cómo amplió Jesús la lección objetiva? ¿Cómo quién deberíamos llegar a ser (Mateo 18:3)?

4. ¿Cómo expresan egocentrismo los discípulos? ¿Cómo se habría amplificado ese problema si Jesús hubiera respondido como ellos querían, es decir, asignando tronos? ¿Qué lecciones podemos aprender de esto? ¿Podría ser inútil que respondamos al egocentrismo con más egocentrismo (es decir, recordándonos a nosotras mismas que somos especiales e importantes)?

5. Da un ejemplo de "hacerte pequeña", en contraste con "menospreciarte a ti misma". ¿Cómo se hizo pequeño Jesús sin renunciar a su propia dignidad (pp. 197-198)?

6. ¿Cómo se despojó Jesús a sí mismo al volverse un bebé? ¿Y qué de la cruz? ¿De qué forma es Jesús el ejemplo más extraordinario del despojo de sí mismo (pp. 198-199)?

Lección 3: Petición de privilegios

Lee Mateo 20:20-28.

¿Dónde encaja esta historia en la línea de tiempo de la vida de Jesús? ¿Qué sucedió en el camino a Jerusalén?

1. ¿Qué pidió Salomé? ¿Qué quiso decir Jesús cuando afirmó que ella no sabía lo que pedía (Mateo 20:22)?

2. La página 202 dice: "En el reino, cuando Dios llama a una persona a una grandeza extraordinaria, Él primero vacía su taza medidora de maneras extraordinarias". ¿Cómo se ha cumplido esto en la vida de Jen Barrick (p. 200)? ¿Cómo se ha cumplido esto en otras personas que conoces?

3. ¿Por qué la petición de Salomé vino en el momento más inoportuno (pp. 202-203)?

4. En la página 203, Shannon escribe:

"¡Ay, Salomé, cómo me identifico contigo! También he oído la historia de la cruz y le he dicho a Jesús que estoy lista para seguirlo. Y también me he puesto de rodillas para rogarle que mis hijos sean importantes en el reino. Tal vez Dios *escoja* a uno de mis hijos para sus grandes propósitos, pero, si eso es así, irá acompañado de una copa de sufrimiento amargo que tendrá que beber. Cuando me presento delante de Jesús con mirada ilusionada, diciendo: "¿Puede mi hijo ser elegido para ser importante en el reino?", es evidente que, al igual que Salomé, no tengo ni idea de lo que estoy pidiendo".

¿Alguna vez has pedido que tu hijo o alguien a quien amas sea escogido para la grandeza en el reino? ¿Qué gravedad imparte esta historia a tus oraciones?

5. En el reino, el sufrimiento siempre precede a la grandeza. ¿Cómo sufrió Salomé (pp. 204-205)? ¿Cómo se tradujo esto en grandeza para el reino?

6. ¿Cómo se te pide que entregues a Dios tus ideales de grandeza, tanto para ti misma como para tus seres queridos?

Lección 4: Círculos que restauran

Lee Mateo 20:20-28.

¿Cuál crees que fue la respuesta de los otros discípulos a la petición que hizo Salomé?

1. ¿De qué formas has observado que los líderes en la iglesia usan el liderazgo como una forma de promocionarse? ¿En qué sentido es esto contrario a la ética de la comparación instructiva que Jesús presentó a su equipo de liderazgo en esta lección?

2. ¿Qué argumentos crees que los otros diez discípulos habrían expuesto para merecer los tronos a lado y lado de Jesús (pp. 206-207)?

3. Hacia el final de su programa de entrenamiento de tres años, ¿por qué la expresión de arrogancia e indignación de los discípulos resultaba especialmente irónica para el equipo de lanzamiento de la iglesia (pp. 208-210)?

4. ¿En qué sentido resulta sorprendente la respuesta de Jesús (pp. 209-210)?

5. ¿Qué estilo de liderazgo arrogante, dominante y sediento de estatus podría ser la versión contemporánea de "Roma"? ¿De

qué manera la comparación instructiva de Jesús (p. 209) contrasta con este modelo de liderazgo?

6. ¿Por qué era contrario a la lógica y además radical el hecho de que en ese momento uno de los discípulos se inclinara y sirviera en el círculo?

7. Piensa en un círculo en tu vida (tu familia, tu lugar de trabajo, tu vecindario, etc.) donde todos están tratando de superar a los demás. ¿Cómo sería contrario a la lógica y radical el hecho de inclinarte y servir a los demás?

8. Responde a esta cita: "Las personas que sirven humildemente invitan a otros a hacer lo mismo" (p. 210). ¿Cómo se cumplió esto en la vida de Brittney (pp. 211-212)? ¿Cómo te llama Dios a ayudar a restaurar un círculo en tu vida?

Lección 5: Un Rey partido y entregado

Lee Lucas 22:14-27.

¿Dónde encaja esta historia en la línea de tiempo de la vida de Jesús? ¿Qué quiere Jesús que sepan sus discípulos?

1. ¿Cuáles son dos imágenes que Jesús dejó a sus discípulos para que lo recordaran (p. 216)? ¿De qué forma contrastan con la manera en que el mundo busca estatus?

2. ¿Qué suscita la discusión acerca de "quién es el más grande ahora" en la mesa?

3. Lee la sección "El que sirve" en las páginas 218-219. ¿Qué hizo Jesús en vez de reprender a los discípulos? ¿Cómo quería Él ser recordado?

4. **¿Cómo te invita Jesús a ir contra la corriente del mundo con sus marchas y megáfonos, y seguirlo para ser, como Él, "partido y entregado" por otros (p. 219)?**

Conclusión: "Señor, ¿y qué de ella?"

Lee Juan 21:1-23.

¿Acerca de qué necesitaban hablar Jesús y Pedro? ¿Por qué Jesús no ve menos potencial en Pedro?

1. ¿Qué dice Jesús cuando Pedro pregunta acerca de Juan? ¿En qué sentido es lo mismo que Él nos dice a ti y a mí cuando recaemos en la comparación con otras personas?

2. ¿Qué has aprendido en las lecciones de Jesús presentadas en este libro acerca de vivir libre de la tiranía del yo?

3. ¿Qué quieres recordar acerca de vivir en la entrega, no en la comparación?

PARA MEDITAR

¿Qué meditación de este capítulo es más significativa para ti? ¿En cuál quisieras concentrarte en el futuro? Elige una frase o una verdad para elevar a Dios y concluir la reunión.

≈ **Lección 1: Marcos 9:35.** En el reino de Jesús, ninguna mujer está excluida de ninguna oportunidad, puesto que toda mujer puede alcanzar la grandeza dondequiera que ella sirve. *Señor, ayúdame a ser sierva de* todos, *a no excluir a nadie, y a invitarte a estar cerca de mí.*

≈ **Lección 2: Mateo 18:4.** Humildad no significa fingir que mi taza medidora está vacía ni renunciar a mi dignidad. Ser humilde es despojarme de cualquier estatus y volverme la persona más pequeña dondequiera que estoy. *Señor, ayúdame a volverme "más grande" conforme "hago pequeño" mi yo, en humildad.*

≈ **Lección 3: Romanos 8:18.** La grandeza extraordinaria del reino supone vaciar mi taza medidora de una manera extraordinaria. *Señor, quiero renunciar a mis ideales de grandeza para mí* *misma y para los demás. Ayúdame a beber la copa del sufrimiento que pongas delante de mí, segura de que contigo no tengo que temer.*

≈ **Lección 4: Mateo 20:25-26.** ¿De qué manera comunico superioridad arrogante o indignación altiva? Esto causa divisiones en mi círculo. *Señor, ayúdame a ser una de las grandes que sirve a los demás. Quiero ayudar a edificar o restaurar mi círculo inclinándome a servir, escuchando y tratando de comprender a los demás.*

≈ **Lección 5: Lucas 22:19.** Jesús me dejó dos imágenes para recordarlo: un trozo de pan partido y una copa vacía. *Señor, ayúdame a buscar el quebrantamiento, no la perfección. Ayúdame a vaciarme a mí misma de estatus y a servir a otros como tú lo hiciste.*

Únete a Shannon mientras comparte lo que ha descubierto sobre sus propias luchas de control y acerca de Dios, estudiando a siete mujeres controladoras en la Biblia. Ya sea la incapacidad de Sara para esperar que Dios actuara o la mano controladora de Rebeca sobre el futuro de su familia, cada una de estas historias de mujeres contiene advertencias y lecciones para nosotras hoy.